为生命添彩

梁德华◎著

光明日报出版社

图书在版编目(CIP)数据

为生命添彩 / 梁德华著 . -- 北京:光明日报出版社,2014.4

ISBN 978 - 7 - 5112 - 6369 - 8

Ⅰ.①为… Ⅱ.①梁… Ⅲ.①生命哲学—教学研究—中小学 Ⅳ.①G633.202

中国版本图书馆 CIP 数据核字(2014)第 073306 号

为生命添彩

著　　者:梁德华

责任编辑:钟祥瑜　　　　　　　责任校对:张明明
封面设计:中联学林　　　　　　责任印制:曹　净

出版发行:光明日报出版社
地　　址:北京市东城区珠市口东大街 5 号,100062
电　　话:010 - 67078248(咨询),67078870(发行),67078235(邮购)
传　　真:010 - 67078227,67078255
网　　址:http://book.gmw.cn
E - mail:gmcbs@ gmw.cn　　zhongxiangyu@ gmw.cn
法律顾问:北京天驰洪范律师事务所徐波律师

印　　刷:北京天正元印务有限公司
装　　订:北京天正元印务有限公司
本书如有破损、缺页、装订错误,请与本社联系调换

开　　本:710 × 1000 毫米　1/16
字　　数:359 千字　　　　　　印　　张:20
版　　次:2014 年 5 月第 1 版　　印　　次:2014 年 5 月第 1 次印刷
书　　号:ISBN 978 - 7 - 5112 - 6369 - 8
定　　价:49.00 元

编　委　会

主　编:梁德华

副主编:曲夕文　　王青埂　　李玉娜　　侯燕妮
　　　　解云静　　于承志

编　委:岳秀峰　　陈　静　　姜学龙　　张爱民
　　　　孙红伟　　于红平　　周继伟　　车保荣
　　　　彭晋海　　张艳丽　　王丽华　　刘桂琴
　　　　隋晓红　　宋妍君　　张丽芳　　刘兰芳
　　　　孙立静　　张玉霞　　张淑娜　　梁泉红
　　　　邢　进　　褚晓琴　　徐发荣　　肖连玲
　　　　王凌燕　　梁英红　　王华妮　　王维菲
　　　　宁向军　　鞠英光　　赵春英　　钱秀丽
　　　　杨　强　　张　强　　韩　生

序　言

　　我与荣成市实验中学结缘是在 2013 年,那年春天,我与几个专家到该校就构建高校课堂等问题,为教师们做报告。进校的第一印象是学校很大气,校园是新建的,面积很大,各种设施的现代化程度很高,让人眼前一亮。但是随着接触的深入,真正打动我的是这所学校昂扬向上的良好风气,是从学校领导到教职工只争朝夕的工作热情。在与校长梁德华的交谈中,才知道学校由两所学校合并而成,一所是原荣成市实验中学,一所是荣成市第二十六中学,两校文化底蕴丰厚,都曾有过辉煌的历史。合校后,学校确立了"为生命添彩"的办学理念,树立了三到五年内把学校建成"威海一流,省内知名"的窗口学校的目标。谈话中梁校长兴致勃勃地向我介绍了学校的发展愿景和工作思路,他的激情和执着让我心动。后来了解到他是山东省"齐鲁名校长工程人选",这更令我对该校的发展充满了信心。当年,我又到过该校两次,每一次都能发现学校各方面的变化,耳闻目睹间,我能感受到这所学校的领导和教师追求卓越、干事创业的豪情。在确立该校培育学校特色方向时,学校也征求了我的意见。我觉得,他们将"绿色生命教育"确定为办学特色,很好得对接了学校的办学理念,使特色建设更好地融入学校的日常工作中,为特色建设搭建了一个大的舞台,这样就能够保证这项工作深入持久地开展下去。这本书稿,就是他们辛勤努力的成果。

　　关于特色学校建设,1993 年 2 月党中央国务院发布的《中国教育改革和发展纲要》中提出:"中小学要办出各自的特色",这在当时不失为高瞻远瞩。因为随着教育现代化进程的逐步加快,随着素质教育和课程改革的不断深入,传统的"千校一面"的发展状况已难以适应教育改革的要求,教育的个性化和办学的特色化已经成为我们的必然选择。新的形势要求我们,在坚持统一性与多样性相结合的原则下,打破"千校一面、千人一面"的单一格局,追求学校的特色化和学生的个性化,这符合教育发展的国际大趋势。

　　在特色建设中,应该分清两个概念——"学校特色"与"特色学校"。学校特色是学校在办学过程中逐步形成的独特的个性风貌,指的是学校在教育教学的某个方面形成的特色,具有局部特征。而特色学校则是特色渗透在学校工作的各个方面,体现出学校工作的整体风貌。学校特色与特色学校是相互关联的,在学校特色的基础上可以发展为特色学校,这是一个由局部向整体推进的过程。在学校特色建设中应该坚持几个原则:独特性原则、科学性原则、系统性原则、长期性原则、本土化原则等,逐步形成完善的建设体系。只有这样,再加以坚韧不拔的努力,特色建设才能真正落到实处。

该校把办学特色确立为"绿色生命教育",是指以"为生命添彩"为核心,通过创设绿色精神文化、制度文化、环境文化、行为文化、课程文化、网络文化和班级文化这样一个全方位文化管理、文化育人的氛围,让师生在认识生命、尊重生命、顺遂生命、成就生命的过程中共同感知生命存在,体验生命历程,提升生命质量,从而获得生命价值。基于生命自然特征、精神特征和社会特征,"绿色生命教育"有三个关键词:健康、和谐、发展,具体地说是"身心健康、教与学和谐统一和有价值的发展"。"绿色生命教育"将绿色与生命融为一体,将教育与绿色与生命和谐归一。"绿色生命教育"是在尊重自然生命生长规律的同时,将教育深入到精神层面,唤醒生命的主体意识,通过学校丰富多彩的教育教学内容,使学生在生命体验中实现知识的有效转化以及综合素质的全面发展,进而追求生命价值与生命意义的一种学校教育体系。

方向确立后,该校围绕这一理念开展了一系列工作。

首先,他们将突破口选在课堂改革上。作为实施教育的主渠道,课堂永远是学校一切工作的中心,永远是一切教育形式和教育内容的载体。教育界有句行话,"改到深处是课堂,改到本质是课堂",离开了课堂,包括特色建设在内的其他学校工作都将是空中楼阁。所以,他们以此为突破口,确实是抓住了问题的关键。而且"绿色生命教育"本身,也包含着对课堂的全面改革。

该校课堂改革的一个重要内容,是构建"五环节高效课堂教学模式"。五环节是指:(一)情景导入:要求老师创设问题情景,然后以知识树的形式导入学习。(二)呈现目标:要求教师做到:目标源于课标、根据目标设计相应模块、学习重点要从"知识技能"层面向"过程方法"层面迁移。(三)探究应用:学习内容以模块化的形式出现,根据三维目标每个模块的基本形式是问题+小结+检测。(四)课堂小结:引导学生总结归纳,寻找解题的规律、技巧和方法,鼓励用知识树或网络图的形式形成完整的知识体系。(五)检测反馈:注重考察本节课的知识点、面广但难度不高,处理方式为学生展讲为主、教师补充为辅,做到堂堂达标,人人达标。在此模式下,教师还根据不同的教学内容,选择不同的教学方式。这些方式主要包括:"合作学习"教学方式、"差异教学"教学方式、"研究性学习"教学方式。在教学过程中,教师要根据教学内容和教学要求,选择一种或几种教学方式,使之与"五环节高效课堂"教学模式高度融合,以调动学生的主动性,提高教学效果。

课堂改革之外,学校还建立起了完善的特色教育体系,包括校本课程建设、校园文化建设、制度文化建设、评价体系建设、心理健康教育等,形成了多要素、全领域的教育支持系统,为师生成长创造了良好的环境和氛围。

在这些改革措施的引领和推动下,学校特色建设得以扎实推进,师生的精神面貌和学校教育质量都发生了很大变化。在新校成立不到两年的时间里,教师在各类专业报刊上发表教学论文 10 余篇,5 人获得省优质课一、二等奖,9 人在威海市优质课评选中获奖,1 名教师被评为"威海市十大创新教师",3 位教师被评为"威海名师",1 人被评为"威海市名班主任",语文组被评为"威海市名课程团队",学校各项工作均处于高位运行状态。

这本书稿是荣成市实验中学对特色建设进行深入研究实践的结晶,它记录着教师们探索的足迹。书中包含了"绿色生命课程的开发是实施绿色生命教育的引领""绿色生命课堂的深化是实施绿色生命教育的关键""绿色生命活动的开展是实施绿色生命教育的载体""多元评价体系的构建是实施绿色生命教育的保障"等五个部分,有理论阐述,有经验总结,有案例呈现,真实地反映了该校在特色建设中的探索历程,很有启发意义。

在梁德华校长的带领下,荣成市实验中学正满怀信心、扎扎实实地在"绿色生命教育"的沃野中耕耘、播种。我相信,随着研究的不断深入,这项工作对于该校早日实现办学理念、达成办学目标,将起到极大的推动作用。祝愿他们在今后的工作中大胆探索,不断努力,在特色建设上闯出一条新路。

王敏勤

2014 年 2 月 16 日

王敏勤,教育学硕士,天津市教育科学研究院基础教育研究所原所长,天津师范大学兼职教授,天津市人民政府教育督学,天津市高中课改专家组成员,天津市普通高中特色办学专家组成员,天津市"十五"立功先进个人,天津市教育系统优秀共产党员。中国当代著名教学流派和谐教学法的创立者,全国和谐教学法研究会理事长。其实验学校遍布全国近 20 个省市自治区。

目　录
CONTENTS

第一章 01

"绿色生命教育"特色学校建设方案

荣成市实验中学始建于 1986 年,是荣成初中教育的窗口。2012 年 9 月与原荣成 26 中合并迁入新校址。新校占地 365 亩,建筑面积 5.9 万平方米,总投资 1.6 亿元。学校现有教学班 60 个,学生 2900 多人,教职工 270 多人。学校按照省级规范化学校标准建设,建有 4 栋教学楼,4 个大型合堂教室,另建有 400 米塑胶跑道、300 米塑胶跑道操场各一个,图书电教楼、实验楼、学生餐厅、学术报告厅、室内体育馆等一应俱全,是荣成乃至威海现阶段义务教育学校中教学设施最完备、生活功能最完善、现代化程度最高的初中学校。学校全体教职工铭记社会的期望、历史的责任、时代的使命,自我加压,负重前行,以建设"汇聚海之气韵的教育明珠"为愿景,实施"质量立校、科研强校、文化润校"的发展战略,认真贯彻落实党的教育方针,坚持走内涵发展之路,努力打造精品教育,在办学效益、办学质量、办学水平上实现持续发展和不断跨越。全体师生有信心、有决心在三至五年内把学校打造成威海一流、省内知名的窗口学校,在素质教育、教研教改、办学特色等方面创出自己的品牌,并充分发挥辐射带动作用,引领荣成市义务教育的全面发展。

一、特色定位

1. 特色主题:绿色生命教育

2. 主题解读

"绿色生命教育"是指以"为生命添彩"为核心,通过阳光教师团队的构建、绿色生命课程的开发、绿色生命课堂的打造、绿色生命活动的开展、绿色评价体系的实施凸显学校的绿色精神文化内涵,让师生在认识生命、尊重生命、顺遂生命、成就生命的过程中共同感知生命存在,体验生命历程,提升生命质量,从而获得生命价值。

在中国古代,北宋张载就曾经说过:"为天地立心,为生民立命,为往圣继绝学,为万世开太平。"他把大自然的规律和人的发展规律统一起来,描绘了一幅自然、社会和人的生命成长融合的教育图景。自然的就是绿色的,绿色之于教育,意味着对生命个体的最大尊重,意味着关注差异,意味着教育的可持续发展,意味着教与学的和谐统一。将绿色作为学校里的"教育基色",与师生的身心成长融为一体,体现了学校对每一个师生的人文关怀。

生命教育是在生命活动中进行教育,是通过生命活动进行教育,是为了生命而进行教育。生命教育的终极目标在于认识和尊重生命、感悟和呵护生命,完善和发展生命,培养一种积极生活的精神态度。

基于生命自然特征、精神特征和社会特征,我们将"绿色生命教育"定位三个词:健康、和谐、发展,具体地说是"身心健康、教与学和谐统一和有价值的发展",这是对"为生命添彩"这一核心理念的进一步诠释。在这一理念的引领和践行中,我们期待学生具有这样的特质——自主、自律、自信,即在学习及生活的各个领域,有自主发展的意识和要求,并能够自我约束,严于律己,进而自信大方的张扬自己的个性;我们希望老师具有这样的特质——悦纳、反思、成长,悦纳不仅指悦纳自我,拥有自信,更指悦纳同伴、悦纳学生,拥有博爱的胸怀,在这样的基础上每日三省吾身,定能获得生命的成长,成长不仅是执指向终极的目标,也是一种享受的过程。他们的层次关系如下图:

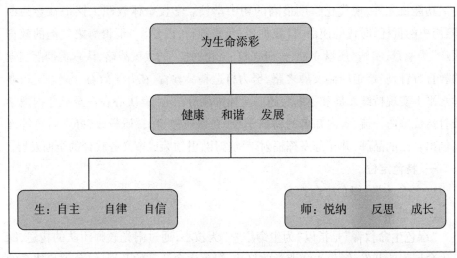

我们所提的"绿色生命教育"将绿色与生命融为一体,将教育与绿色与生命和谐归一。"绿色生命教育"是在尊重自然生命生长规律的同时,将教育深入到精神层面,唤醒生命的主体意识,通过学校丰富多彩的教育教学内容,使学生在生命体验中实现知识的有效转化以及综合素质的全面发展,进而引导学生追求生命价值与生命意义的一种学校教育体系。

3. 文化提炼

精神品质和文化品位是一所学校的灵魂。在广泛征集广大教职工及学生意见的基础上,参考社会各界关心学校发展的仁人志士的意见,我们完善并确立了基于"绿色生命教育"核心思想的精神文化。

办学理念——为生命添彩。

发展愿景——汇聚海之气韵的教育明珠。

校训——明德致和 力学笃行。

校风——博采乐知 诚爱润心。

教风——铭责于心 大爱于行。

学风——学思蕴乐 言行致美。

学校宣言——荣成市实验中学,背山面海,山之巍巍,赋予我们自强不息的品格,水之汤汤,导引我们上善若水的追求。久毓山水灵性,放眼现代教育,肩扛起传承中华文明,培育现代新人的使命。

学校得素质教育之精髓,建和谐校园,为生命添彩,成教育梦想。学生乐于学,勤于思,用快乐描绘诗意年华;教师责于心,爱于行,以幸福支撑教育生命。在这里,人文精神得以高扬,天性得以自然释放,快乐幸福处处闪现;在这里,进步丈量成功,拼搏成就未来,道德之花尽情绽放,智慧之泉充分流淌。

除此之外,我们于2012.5-6月还创编了校歌,设计了校旗、校徽。

二、可行性分析

1. 依据一:国家中长期教育改革和发展纲要

《纲要》中多次提到把"育人为本"作为教育工作的根本要求,明确提出要重视生命教育,把促进学生成长成才作为学校一切工作的出发点和落脚点。通过回顾学校二十七年的发展历程,特别是总结近五年来实验中学的发展特点和发展趋向,我们将学校的育人目标定位为:培养畅享绿色生命的现代学子。教育是一项崇高的事业,它是对每一棵稚嫩生命的呵护和关爱,对每一个成长个体的抚育和扶植,对每一个生命灵魂的理解和尊重。学校重视提升学生生命质量,培养学生高雅的情趣、良好的道德和行为习惯,培养学生的善良之心、宽容之心和感恩之心,培养学生的社会责任感,让学生树立正确的生命观,领悟生命的价值和意义,提高人生境界,提升生命质量。学校在激励赏识学生,让他们乐知乐学、尽情释放内在潜力、涵养绿色生命、成就美丽人生的同时,引领他们与时代同步,与科技同行,以创新的思想引领个人发展,不断接受新知识,从而适应新环境,迎接新挑战,做一个符合时代发展的现代学子。

2. 依据二:学校发展需要

生命教育是现代教育的呼唤。实验中学在2008年尝试绿色心育教育、生命化课堂课题研究的基础上于2012年启动了"绿色生命教育",探索了一条"为生命添彩"的特色发展之路,初步形成了"绿色人文管理""绿色生命课堂""绿色心育载体""绿色社团课程""绿色生态校园"五大教育阵地。一年来,我们以"绿色生命教育"为学校特色建设的抓手,促进学校内涵发展,取得了初步成果。

一是学校校园环境和师生学习工作环境面貌一新,搬迁不足一年的新校围绕"绿色生命教育"的办学特色形成了主题鲜明的校园文化。"明德致和 力学笃行"的校训激励师生以美德去悦纳人,感染人,从而形成一种和睦相处,团结互助的良好校园氛围;以坚韧的毅力去探索求知,不断提升道德修养,丰厚知识蕴藉。"博采乐知 诚爱润心"的校风意在引导师生乐于钻研、乐于求知,学生、教师、领导之间待之以诚,施之以爱,产生了强大的凝聚力和向心力,营造出和谐的校园氛围。"学思蕴乐　言行致美"的学风启示学生在求知过程中发现快乐、感受快乐,从而激发潜能,学有所成,思有所获。从而让学生浸润在真善美、礼义信等民族传统美德中,展示道德之美,内化于心,外化于行。健康、和谐、发展的师生面貌成为学校文化的标志。

二是确立了荣成市实验中学的学校愿景——汇聚海之气韵的教育明珠。以开放的眼光办教育,积极探索,汲取先进教育理念,打造优质教育,以一流的追求谋发展,拼搏进取,坚持不懈,创造一流佳绩,办人民满意的教育是所有实中人的共识。"质量立校　科研强校　文化润校"的发展策略促进了教师的专业发展和幸福成长,"铭责于心　大爱于行"的教风激发了老师们创业的激情和工作的热情,为学校可持续发展注入了不竭动力。

三是开设"课改论坛"活动,在专家引领下,开展和谐高效课堂的探索,开启了教学改革的新起点。初步形成了实验中学"五环节和谐高效"绿色生命课堂教学模式,各学科一科多模的教学方式初见成效。

四是丰富的德育活动、心理健康教育活动、特色班级活动、社团活动、阳光体育活动、家长进学校送课活动为学生综合素养的提升搭建了广阔的平台,"呵护生命本体、涵养绿色心态、享受幸福人生"成为实中人的写照。

但尽管如此,学生离我们预期的发展目标还有一段距离,学校离省内外知名学校的发展步伐还有差距,因此我们希望通过"绿色生命教育"这一抓手引领学校更好地发展,为学生提供更好的成长环境!

依据三:学校拥有一支干事创业、敢于吃苦的班子队伍和追求一流业绩的教师队伍,借助1751和齐鲁名校长互助合作的交流平台,我们定能吸纳、探索、创新,从而形成我们鲜明的办学特色。

3. 探索及初步成果

学校先后获得"山东省绿色学校""威海市规范化学校""威海市教学示范校"等荣誉称号。近五年,实验中学被授予荣成市首批心理健康教育示范校、山东省心理健康教育先进学校。去年9月承办了山东省"区域推进心理健康教育工作经验推介会暨学习心理专题研讨会";2011年,我校被确定为威海市生命化课堂深化研究课题实验校,在此课题研究方面取得了一定成绩;今年,来自省市内外不同学校的领导和老师先后来我校参观绿色生命课堂、绿色生态校园,这些都展示了学校"绿色生命教育"阶段性成果。我们希望通过"绿色生命教育"办学特色的推进,进一步挖掘学校文化内涵创新办学思路,将绿色生命教育核心理念"为生命添彩"进一步发展为每一位师生的生活理念和价值追求,进而进一步提高办学水平。

三、特色目标

1. 总目标

我们的总目标是:通过"绿色生命教育"的深层次研究和实践,将学校切实引入内涵发展和特色建设之路上来。我们力求培养的学生既获得知识和智能的发展,又获得情感和人文素养的发展,符合国家对未来创新人才的要求。按照目标,我们整体构建了学校未来三年的发展蓝图。

经过我们进一步分析和论证,进一步完善确定了五大实施领域,分别是阳光教师团队的构建、绿色生命课程的开发、绿色生命课堂的打造、绿色生命活动的开展、绿色评价体系的推进。用体现绿色生命教育的"和谐"文化(和谐即自然,自然即绿色)引领促内涵发展,从教师培养、教与学活动、师生的行为方式以及学校的传统、仪式、典礼和学校环境、建筑方面整体提升学校精神追求和行为方式的体现,创设生机勃勃的生命化校园。

每一个阵地建设项目,我们都力求做到有措施成体系,力争用三年时间,在学校文化建设、课程体系、教学模式、学生个性养成及教师专业成长方面实现全方位改革,全面提升学校的办学品质和文化内涵。

2. 分目标

从育人层面说,全面实施绿色生命教育,不仅是要在绿色生命活动中引领学生涵养绿色心态、享受幸福人生,更要培养学生的自主、自律、自信的优良品质。

从教师层面说,实施绿色生命教育的过程也是自身得到悦纳、反思、成长的过程,他们生命获得的浸润会更好的惠及学生的全面发展。

从学校层面说,是以绿色生命教育为载体,实现在课程文化、环境文化、精神文化、制度文化等各个领域的全面构建与创新,实现从"学校特色"到"特色学校"的升华。

1. 以"探究、体验、实践、成长"为主线,开发拓展绿色生命教育课程体系,挖掘国家课程资源,借鉴地方课程资源,探索校本课程,构建特色课程文化。

2. 以绿色生命课堂为切入点,拉动阳光教师团队的成长及学生综合素质的全面提升,让健康、和谐、发展成为师生外显的名片,实现三级建模的目标,打造特色课堂文化。

3. 通过丰富的绿色生命活动,让学生在活动中丰富知识、提升能力、体验成功、感悟责任、收获成长,让教师在学习、实践、反思、再实践的历程中,提升师德素养和专业能力,多元评价体系的形成和深化助推活动向纵深发展,形成特色精神文化。

4. 通过课程文化、课堂文化、精神文化、活动文化的全面构建,培植以和谐文化为主线,以自主学习、享受教育为核心的特色育人文化,以和求共进、博竞一流的学校精神引领师生成长和学校发展。

四、实施途径

教育的落脚点是学生,我们通过分析和论证,从传统的制度管理向文化管理转变,将传统课堂逐渐构建为生命课堂,由主题分散的德育活动和社团活动整合为关注绿色生命体验的情感德育模式。我们力求培养的学生既获得知识和智能的发展,又获得情感和人文素养的发展,符合国家对未来创新人才的要求。

1. 以管理促发展,调控教育教学整体进程和细节落实

学校教研制度、学科组研讨制度比较完善,各项教育常规常抓不懈。教师队伍建设走常规化、科学化发展之路。通过名师培养工程、青年教师培养工程、首席班主任工程,制定培养标准,细化培养内容,明确考核和评估要求,鼓励老师们将教育反思经常化,教育成果体系化。力求让老师们形成这样一种习惯:备课之前读书;上课之前集体备课;上课之后,名师引领、学科组研讨;研后整理上交教学设计,教学设计还要包含教学反思;利用论文评选等机会,将教育教学反思提升,形成教育论文;新理念回归教育教学实践。

2. 以培训促提升,引导教师走内涵发展之路

要想让课堂教学焕发生机,首先得唤醒教师的成长意识。每年暑期研修是我们可以借力的最佳培训方式。去年,我们通过训前动员、过程督导、评价跟进的方式取得了威海市暑期研修第一名的好成绩。针对两校合并教师年龄老化的现状,我们还搭建专家指导的高层次平台,建设有"实中大讲堂",邀请专家(陶继新、于春祥、王敏勤等)来校讲学、对话、评点、指导。专家们采用讲座、听课、评课、个别交流等形式引领教师,学校鼓励教师与专家零距离接触,梳理教学中的问题并进行专题探讨,再组织骨干教师以首席发言的形式引起问题争端,搞活校本教研。为了激励老师们的成长激情,我校积极投入财力物力,为广大教师搭建外出学习的平台。一年来先后派出教师500多人次赴天津、济南、青岛、临沂、枣庄、淄博、潍坊以及临近的市区和乡镇学校参观、学习,为了让更多的老师享受学习的盛宴,学校不惜花费巨资承办各种优质课比赛、巡讲、报告会等活动,让每一位老师都能近距离地感受新思想新理念的洗礼。今后,我们还会沿着这个路子去走,通过引领教师走专业发展之路来促进学校的内涵发展、特色发展。

3. 以科研为抓手,探索绿色生命教育的规律和方法

学校将科研工作已经摆到学校发展的战略地位,科研管理制度健全,进一步强化过程管理、自主管理和精细化管理,形成"日常教学问题化、常态教学精品化,问题研究课题化、科研成果情境化"的工作理念。目前学校正参与构建生命化课

堂课题深化研究,并有 5 位威海四名人选分别带领校内帮携对象进行各自的课题研究,这将有力推动我校"十二五"课题的深入开展,有利于绿色生命教育特色项目建设的进一步深化。

4. 以新课标为指导,深化教育教学改革

师生感受到教与学的乐趣,感受到校园生活的美好,是开展生命教育的核心。如何让课堂成为温暖的课堂,更具亲和力,更加开放,使课堂生成更多无法预设的精彩是我们应该格外关注的。促进各年级各学科挖掘课程资源,从不同角度构建生命课堂,形成各学科具有典型意义的生命化课程体系。深化教育教学改革,创设生命教育氛围,启迪学生生命内涵,使学生在自主思考中探索科学的真谛。

制定荣成市实验中学和谐高效课堂五环节模式落实方案,开展重点学科课程建设,形成特色校本课程,编制校本教材,形成我校特色选修课资源。

5. 以情感体验为策略,开展不同年级德育教育及班级文化建设

四个年级,形成感知生命、珍爱生命、发展生命的系列教育活动。制定学校学年、学期德育工作规划、年级德育工作规划和班级建设计划,结合学校整体目标、年级目标和班级具体目标,开展有针对性的生命教育活动,不断总结过程性经验和成果。

6. 以环境为教育资源,建设生态化温馨乐园

在学校已有环境建设成果的基础上,进一步挖掘环境建设的教育资源,在校园风格及具体细节建设上展现生命校园的自然化、生活化、真实化特点,以生态环境诠释生命教育的隐性教育内涵,让师生在学校环境中提高道德情操和审美水平,获得安全感、归属感和充实感。

五、建设步骤

1. 绿色课程文化的构建

(1)三年规划:

首先是绿色课堂文化:以打造"高效、和谐、生本"的绿色生命课堂为目标,开展课堂教学改革。进一步加大"威海市生命化课堂深化研究课题"以及我们荣成实验中学目标引领、单元导入、自主学习、合作探究、盘点提升的"五环节和谐高效"绿色生命课堂教学模式的研究,围绕学校主导课题和各个学科子课题,进行生命课堂运行机制的研究,形成各学科不同课型的教学模式。在一校一模、一科多模的基础上,每位教师根据具体的教学对象和教学内容,形成一模多法,即体现教师本人独特个性的生命课堂教学风格。学生也在享受绿色生命课堂的过程中不断拔节,成就自己。

其次是绿色课程文化:完成三级课程体系构建,一是挖掘国家课程中生命教

育内涵。根据教育部对社会主义核心价值体系融入课程的改革要求,深入挖掘生命教育资源,重点在认知和情感教学目标上体现健康、和谐、发展的绿色生命教育内涵,助推学校的教学改革;二是选取地方课程中的有关生命教育的部分内容,比如《安全教育》《环境教育》《传统文化》等等,精挑细讲;三是形成绿色生命教育体系的校本课程文化,分为五大素养九大种类:德育课程、语言文学课程、学科延伸课程、社团课程、心理健康课程、演讲课程、微型讲座课程、艺体模块课程、学生实践体验课程。德育课程主要内容为在行为养成教育、文明礼仪教育、尊敬师长教育、爱国主义教育、社会公德教育、传统文化教育、校史教育、主题教育以及在学科教学中渗透德育内容开发形成的课程。语言文学课程主要是依托语文、英语这类语言学科开发的课程。学科延伸课程主要内容为各学科在课堂教学中设计的利于推进高效课堂的导学案和开发的课程资源。社团课程主要内容是各社团在活动中开发的课程。心理健康课程主要内容是学习心理实验班实施的课程及班会心理健康教育内容。演讲课程主要内容为语文课前演讲和周二活动课大演讲中的精彩的内容与演讲社团开发的内容。微型讲座课程包含两方面内容。一是家委会教师部聘请的各行业杰出人士为学生进行的教育内容,二是家委会对家长进行家庭教育培训的内容。艺体模块课程即艺术模块走班在落实国家课程之外所开发的专业课程。开展学生实践体验课程,以手册形式记录学生在劳动实践、军训活动、社区服务、社会实践、研究性学习、通用技术实践、异域文化体验活动中的成长历程,从而培养积极的生命情感,体验生命的价值和意义。

(2)年度计划:

①在"绿色生命课程"方面

启动年:对国家课程,通过研究初中新课标,挖掘各科教材中生命教育课程资源,确立生命教育学科渗透课程体系,形成各学科生命教育学科渗透教材分析报告及教学实施方案,完成校级生命教育学科渗透专题研讨会,力争形成学科渗透生命教育典型课例丛书。并采用同样方式开发地方课程中的相关资源。校本课程建设上,采用各学科"同时启动,示范先行"的原则,对有一定校本课程研发基础的学科重点建设,完成部分学科的校本教材编写。在社会体验课程方面,建立学生劳动实践和军训生活的个性化成长记录手册。学生社会体验课程记录学生初中阶段的成长历程,彰显学校"健康、和谐、发展"的主旋律。

提升年:国家课程上,开展行动研究,开展同课异构、同题同构等活动进行一科多模、一模多法的研究,开展"八说"的说课活动,进一步挖掘学科内生命教育资源,形成教学设计和典型课例,召开市级研讨会。

成果年:完成学科渗透生命教育的课程论证和成果推广,举办市级以上绿色

生命教育学科渗透专题研讨会;举行市级以上绿色生命教育校本课程开发成果展示会;

②在"绿色生命课堂"方面

启动年:教育的本质是发展和提升生命。而课堂是发展和提升生命的主要载体。我们计划在主导课题"威海市生命化课堂深化研究课题"引领下,深化课堂教学研究;同时,在王敏勤教授的引领下,结合生命化课堂的深化研究,形成荣成市实验中学绿色生命课堂"五环节和谐高效"教学模式,初步完善实验中学绿色生命课堂教学评价标准。在学校"1+2+1"及"2+1"校本教研模式的引领下,规范教师培养机制,以理论培训、专家引领、校际研讨、同伴互助、个性化实践等方式开展教师队伍建设,推选出实验中学首席专家团和校名班主任、校名师。在引导教师做生命牧者的同时全面推开小组自主、合作、探究的学习方式,加强小组文化建设,每周各班评选明星小组、特色小组,以过程评价和终极评价相结合的方式激发团队进步的动力源,让学生以理想的学习效能感受生命成长的快乐。

提升年:以课题为引领,在学校绿色生命课堂"五环节和谐高效"教学模式的基础上,形成各科不同课型的教学模式。并通过课堂教学交流展示活动,在一定区域内发挥引领示范作用。借助市教研中心教师专业水平提升工程,培养出一批荣成名师、威海名师及名课程团队。通过课堂良好学习习惯的强化、小组长和展示员的培训以及诵读、演讲活动的引领,让学生在课堂上自信、大方、张扬、精彩,缩小小组成员之间的差距,让小组成员作为捆绑的学习共同体展示他们共同的精彩。在学生中评选积极发言星、课堂礼仪星、精彩展示星、质疑思辨星、勤奋学习星。

成果年:完成学校"十二五"所有课题的研究工作,加强优秀科研成果的推广和转化。在一校一模、一科多模的研究基础上,深化"一模多法"的研究。培养名师,创立名师工作室,支持教师著书立说,培养在山东省及国内有影响的名师及名教师团队。争取承办全国性的课改联谊活动,在更大的范围内展示我校"绿色生命课堂"的精彩。教师中评选课改先锋,颁发"陶行知"奖。

2. 绿色环境文化的构建

(1)三年规划:

通过墙面文化、地面文化、门厅文化、楼道文化、路面文化这五个面来体现。

墙面文化主要通过四栋教学楼延伸的阶梯教室外墙来彰显可以体现绿色生命教育的相关文化。另外主操场的西墙、副操场的南墙都可以设计通过运动提升生命的相关图画或标语,真正做到每面墙壁会说话。

地面文化主要通过两园十景一湖来实施。两园分别指1号楼前的"生物园"、实验楼前的"地理园",给学生提供最直观的学科认识。十景是指通过桃园、杏园、梅园、石榴园、柿园、竹园、松园、银杏园、紫薇园、紫荆园让学生走近生命、爱护生命,我们已经开展了"亲子林"种植活动,还将开展"我与小树共成长"活动,让学生给树做名片,介绍他的名字、所属科目、生长特性,并挂上与之相关的诗词、歌赋,让每一株花木都能启智,每一块石头都富有灵性,每一棵树都享有护树天使,毕业出校前护树天使要与优秀的学弟学妹举行隆重的交接仪式,在学生中弘扬呵护生命的精神。一湖是指学校里最美的一处风景,我们将面向广大师生围绕我们的特色进行命名,关注湖中放养的各种鱼苗,给学生拓宽视野提供机会。

门厅文化:学校的南北大门也是绿色生命教育的重要载体,尤其是我们学校南大门的钟楼设计意在时时提醒学生珍惜时间,不可错过光阴。每一栋大楼一楼大厅包括玻璃门也是凸显学校文化的醒目位置,我们将学校愿景、培养目标、三风一训的宣传置于其上。

楼道文化:学校各种大楼根据不同功能设计不同的能够体现绿色生命教育的文化,包括固定的已经上墙的文化,内容紧紧围绕感知生命、珍爱生命、发展生命三个主要方面。如办公楼的"为生命添彩"的相关教育,实验楼的安全及科学常识宣传,图书楼关于阅读等等提升生命策略的教育,1号楼的习惯养成教育,2号楼的感恩、励志教育,3号楼的环保、心理健康教育,4号楼的珍爱生命教育,4栋教学楼都穿插安全教育。除此之外的还有教室外墙经常更换的文化内容,如防灾减灾、翰墨飘香、我型我秀、班级快讯等等。多彩的文化浸润着师生不断成长的生命。

路面文化:学校内、外环共有7条干道,计划用全球著名大学命名,路牌上加上关于这所大学的相关介绍文字,激发学生求知的欲望,用美好的个人愿景激励他们好好学习,为青春的生命添彩!

(2)年度计划:

启动年:全面启动校园环境提升工程,在已有部分环境文化完成的基础上搞好报告厅、体育馆的内部建设以及四个阶梯教室外墙的文化标注,七条主要干道的命名工作,完成地面文化两园十景一湖的文化扫尾工作。将绿色生命教育渗透到每一面墙壁、每一个角落。

提升年:发挥环境的育人功能,在广大师生中开展以"我的学校我的家"为主题的征文和演讲活动。

成果年:争取筹建艺体中心,让师生教有其所、学有其所、乐有其所。开展环境文化建设成果的宣传和推介活动。

3. 绿色行为文化的构建

(1)三年规划:

绿色行为文化主要依托绿色生命活动来展开。我们将从尊重学生个性发展出发,以创建"六活动八主题"为主要内容的系列活动,进一步挖掘和开发教育资源。六活动是指文明礼仪活动、心理健康教育活动、学生社团活动、班级自主管理活动、社区服务活动及阳光体育活动;八主题是指在一学年里按照不同的月份,开展养成教育文明礼仪教育以及学雷锋知荣辱教育、珍爱生命和爱国主义教育、健康教育和感恩教育、安全教育和法制教育、勤奋励志教育、尊敬师长教育、勤俭节约教育、诚信做人教育活动,并将这些活动做足做细,形成关系和谐、积极发展的特色班级、学生社团、家长委员会组织,提升个体主动自我发展的生命境界。

(2)年度计划:

启动年:通过"六活动八主题"对已有工作成果总结和创新,形成德育活动、心育活动、社团活动、班级活动、社区活动和大课间体育活动系列活动成果。培养优秀班主任和专兼职心理健康教师,选拔出优秀心理辅导教师并推出优秀心理健康教育课。初步形成各种活动校本课程。

提升年:活动成果争取实现市级特色活动展示和交流。

成果年:形成设施齐备的系列功能教室,成为绿色生命教育标志性建筑和特色成果;特色活动参加市级文艺展演、比赛和交流。每个功能中心实现三功能整合,即开展日常教学活动的教室、社团活动阵地和特色教师工作室。

4. 绿色评价文化的构建:

(1)三年规划:

本着"人本、校本"的思想,遵循"民主、内涵、关怀"的原则,围绕"感知生命""珍爱生命""发展生命"三个发展梯度,建立面向师生并促进她们成长的各种评价方案。包含教师评价、学生评价、班级评价三个主要方面。教师评价分为组室及教师个体两个方面。组室主要从参与上级的各种评优比赛、平日教研活动的组织与实施、学校组织的其他各类活动来考评;面向教师个人的有教职工百分考核,还有感动校园人物、优秀教师、优秀教职工、优秀班主任、课改先锋、优秀社团教师等不同项目的评优选模。面向学生个体的包含感动校园学子、综合素质评定、优秀班干部、学习标兵、优秀纪检员、各类特长生、卫生小天使、爱护公务小标兵、汉字书写等级评价等不同方面。面向班级的评价方面涉及德育、智育、艺体等不同领域。三大领域的评价准绳将围绕利于生命成长的准则不断调整完善。

(2)年度计划：

启动年：形成和绿色生命教育相关的评价方案草稿，力求定稿，形成学校完整的评价体系，成为学校良性运转的正能量。

提升年：在教育教学过程中落实各种评价制度，让师生在民主的、人文的、与时俱进的、学习型的绿色评价文化中享受尊重、平等、尊严，评选第二届感动校园先进教师和优秀学生，评选条件紧扣绿色生命教育的内涵。

成果年：全体教工自觉依据评价标准自主发展，形成积极向上的价值取向和行为准则。

六、政策支持

特色学校创建是学校教学质量和教学改革的重要组成部分，为了促进项目的建设，学校做好以下政策和措施的支持：

1. 学校领导高度重视

学校高度重视特色建设工作，根据推进需要，制定相关政策文件，明确人员分工。校长负责项目的整体推进、学校文化定位及项目论证，副校长负责课程开发和课堂管理，政教主任负责德育管理及班级管理，明确责任，定期评估。

2. 邀请专家指导

在项目申报、论证、实施和总结阶段，邀请相关专家学者来我校举办课程建设的专题讲座和培训，并进行现场指导。

3. 专项资金投入

学校设立了专项资金，用于特色校创建工作。对硬件配置进一步完善和提升。对经过评审列入生命教育课程建设规划的课程，学校根据情况给予重点经费投入，并针对课程的硬件设施进行重点投资。对有推广意义的课程进行表彰奖励。

4. 重视教学团队建设

学校出台鼓励政策，聘请知名专家和名师参与校本课程的开发；选派优秀骨干教师到国内外各高校学习研修，积极参加学术会议、教材编写、科研等工作，提高了本课程教学团队的整体素质和能力，对威海市名课程团队进行嘉奖。

5. 建立发展性评价机制

发展性评价机制处处体现着学校对教师的人文关怀，服务于教师和学校未来的发展。在学校管理实践中，构建这一科学的教师评价机制，必将优化教师队伍，大大提高教学质量，推动基础教育的改革与发展。

第二章

02

绿色生命课程的开发是实施绿色
生命教育的引领

校本课程的开发是一所学校综合实力的体现、教师专业素养的彰显,更是学校办学理念的写照。校本课程的开发与实施,给学校的特色发展、教师的专业发展、学生的个性发展提供了新的舞台。学校坚持以一切为了学生的发展为本,以兴趣性、拓展性为主,发展学生个性为目标,以让课程适应和促进学生的发展为原则,根据学校的办学目标,充分利用学校现有的教育教学特色以及丰富的资源优势,认真做好校本课程的开发与研究,带动学校师资队伍建设与课程开发、管理、评价、教学资源开发等方面的和谐发展。

我们校本课程开发的总目标是:以校本课程建设推进学校课程体系建设,以学校课程体系建设拓展学生发展的空间,凸显学校办学特色,彰显"为生命添彩"的办学理念。我们期待通过校本课程的开发促进,学生在知识、品质、能力、个性等方面得到比较和谐、全面、可持续的发展,使学生的发展有更广阔的空间,从而实现四个具体目标:①健全学生人格,提高学生的综合素质。②热爱学习,兴趣爱好广泛,至少学一门形成自己特长的课程。③学会观察和思考,学会质疑和探究,形成良好的学习品质。④动手实践,增强劳动意识,培养动手能力和创新能力。我们也期待通过课程开发引导教师学会学习、学会反思、学会创新,成为实践的研究者,促进教师专业化成长。在全体教工的共同参与下,我们形成了"四六"开发模式。一是按照如下四种思路寻找开发的突破口,即(1)以全面贯彻落实培养目标为突破口;(2)选择最薄弱的环节为突破口;(3)选择自己的强点为突破口;(4)选择具有前瞻性的课题为突破口。二是确定了六大种类的开发类别,即人文素养类、科学素养类、艺术素养类等六大种类40多个小门类的校本课程 。(附具体类别)

人文素养类:(10类)(如"国学社"校本课程、"篆刻社"校本课程。)

科学素养类:(5类)(如"多彩的化学"、"幻动生命标本制作")

艺术素养类:(8类)(如"红舞鞋"、"劲舞团"、"炫达人")

身体素养类:(3类)(如"追风田径社"、"新脉动篮球")

心理素养类:(2类)(如"心灵之舟"、"守护心灵的密码")

德育课程类:行为养成教育、文明乘车教育、交往礼仪教育、尊敬师长教育、爱国主义教育、社会公德教育、传统文化教育(做有根的中国人,常讲常新。)、校史教育。

拓展课程类:(九大文化学科科科有)

微型讲座类:如家长学校课程。

综合实践类:(2类,电脑动画、网络安全)

第一节　绿色生命课程开发指南

新一轮课程改革中,课程体系的管理由一元走向多元,打破了完全由国家管理课程的壁垒,变成了国家、地方、学校三级课程管理体系。这种转变改变了"专家编写教材,教师使用教材"的传统现状,增加了地方、学校对课程开发的自主权,肯定了教师在课程开发中的主体地位,更有利于体现各地、各校的办学宗旨、满足学生的特别需要和利用本地、本校的资源优势。我们荣成市实验中学充分挖掘自身优势,努力寻找属于我校独特的课程资源,在此基础上不断进行探索与完善,逐渐形成了富有实中特色的绿色生命教育校本课程。

一、实中校本课程及其功能

《国家中长期教育发展纲要》中多次提到把"育人为本"作为教育工作的根本要求,明确提出要重视生命教育,把促进学生成长成才作为学校一切工作的出发点和落脚点。通过回顾学校二十七年的发展历程,特别是总结近五年来实验中学的发展特点和发展趋向,我们将学校的育人目标定位为:培养畅享绿色生命的现代学子。教育是一项崇高的事业,它是对每一棵稚嫩生命的呵护和关爱,对每一个成长个体的抚育和扶植,对每一个生命灵魂的理解和尊重。学校重视提升学生生命质量,培养学生高雅的情趣、良好的道德和行为习惯,培养学生的善良之心、宽容之心和感恩之心,培养学生的社会责任感,让学生树立正确的生命观,领悟生命的价值和意义,提高人生境界,提升生命质量。学校在激励赏识学生,让他们乐知乐学、尽情释放内在潜力、涵养绿色生命、成就美丽人生的同时,引领他们与时代同步,与科技同行,以创新的思想引领个人发展,不断接受新知识,从而适应新环境,迎接新挑战,做一个符合时代发展的现代学子。实验中学"绿色生命校本课程"的实施有利于学生个性的发展,有利于提高教师的专业素质,促进学校特色的形成。它能很好地弥补国家课程、地方课程的缺陷,提高课程对学校及学生的适应性。绿色生命教育是现代教育的呼唤。绿色生命课程是我们实验中学在具体实施国家课程、地方课程的前提下,通过对本校学生需求进行科学地评估,充分利用当地社区和学校的课程资源,由学校教师编制、实施和评价的多样性的、可供学生选择的课程。它与国家课程、地方课程共同构成学校课程的有机整体,是执行国家三级课程管理政策的一个组成部分。校本课程的开发实施是一个长期的、系统的工作过程,绝不是一蹴而就的,它始终与学校办学目标、发展方向和办学特色的建设过程密不可分,并在学校具体教育教学环境中可以极大促进学校教育目标的实现。为保证这项工作的长期性、系统性,实验中学启动了"绿色生命教育",探索了一条"为每位学生终身发展奠定基础"的特色发展之路,初步形成了"绿色人文管理"、"高效生命课堂"、"绿色社团活动"的三大教育阵地。我们以"绿色生命教育"为学校特色建设的抓手,促进学校内涵发展,取得了初步的成果。

二、实中校本课程的内涵及解读

校本课程体系的开设其目的是使学生在掌握国家课程规定的基础知识、基本技能的同时,引导学生在众多课程选择中得到个性发展的及时补偿,开发潜能,培养学生的信息采集和加工能力,使学生在课程的自主选择和个性化知识的掌握过程中形成更多更广泛的能力,更好地认识学习的价值,塑造健全的人格,促进学生健康、和谐、全面的发展。

我们认为"绿色生命教育"是指以生命为核心,通过创设绿色的物质文化、精神文化、制度文化和课堂文化,让师生共同感知生命的存在,体验生命历程,提升生命质量,获得生命价值的教育实践活动。

著名教育家、中科院院士杨叔子说过:"科学求真,人文求善,现代教育应是科学教育与人文教育相融而形成一体的绿色教育。绿色之于教育,则意味着对生命个体的最大尊重,意味着教育的可持续发展,意味着教与学的统一和谐。"将绿色作为学校里的"教育基色",与师生的身心成长融为一体,体现了学校对每一位师生的人文关怀。

生命教育是在生命活动中进行教育,是通过生命活动进行教育,是为了生命而进行教育。生命教育的终极目标在于认识和尊重生命、感悟和呵护生命,完善和发展生命,培养一种积极生活的精神态度。基于生命自然特征、精神特征和社会特征,我们将"绿色生命教育"定位于三个词:健康、和谐、发展,具体地说是"身心健康、教与学和谐统一和有价值的发展"。"绿色生命教育"将绿色与生命融为一体,将教育与绿色与生命和谐归一。"绿色生命教育"是在尊重自然生命生长规律的同时,将教育深入到精神层面,唤醒生命的主体意识,通过学校丰富多彩的教育教学内容,使学生在生命体验中实现知识的有效转化以及综合素质的全面发展,进而引导学生追求生命价值与生命意义的一种学校教育体系。

三、实中校本课程出发点及归宿

1. 学校特色

每所学校都有自己独特的文化历史背景、外部环境和内在条件,这些条件的综合就形成了该校具有自己特色的办学传统和校风。一个学校的办学传统的形成,可视为该学校在办学历程中所积淀的学校文化的结晶,中外大量的特色学校创建的成功经验业已证明,特色课程的构建是实现学校办学特色的重要载体。我校的校本课程开发要走的就是这样一条基于学校现实的特色化的道路。每位教师都应该充分认识到自己学校的特色,利用好自身优势进行有特色的校本课程的开发。我们实验中学通过对"绿色生命教育"进行的深层次研究和实践,将学校切实引入内涵发展和特色建设之路上来。我们力求培养的学生既获得知识和智能的发展,又获得情感和人文素养的发展,符合国家对未来创新人才的要求。力争在"绿色生命教育"课程体系的带动下实现学生个性养成和教师专业成长方面的全方位改革,全面提升学校的办学品质和文化内涵。

2. 教师个性

教师的个性品质必然影响着其对课程的选择与组织。校本课程开发过程中我们充分立足于教师个性,充分挖掘老中青教师的内在潜能,让教师真正成为校本课程开发的直接参与者,在校本课程开发和实施过程中我们尽量让每位参与者各尽其才,各显其能,充分彰显不同学科,不同教师的个性。这就是所谓的"以个性养成个性"。以此来促进校本课程终极目标的实现。

3. 学生个性

实验中学地处城乡结合部,生源比较复杂,学生素质高低不等。我们变劣势为优势,充分发掘学生的独特领域和生长点,不同地域学生的生活经历、兴趣爱好、情绪情感体验、个性特点都不尽相同,这就使得我们的校本课程有更大更广阔的开发空间。因此,学生的个性特点既是我校校本课程的开发实施的出发点,更是我们教育的归宿点。

四、实中校本课程的开发流程

实中校本课程的开发者们坚决摒弃"功利"思想,踏踏实实、坚持不懈地将其作为学校的战略性工作来抓,真正使校本课程成为国家课程、地方课程的有益补充,为实现发展学生个性,促进学生全面发展、教师专业化素养的提高而添彩。

(一)建立领导机构:

由校长、教师、课程专家、家长和社区人员共同组成校本课程开发领导小组,由校长任组长,为校本课程开发提供组织保障和领导保障。其职能是:咨询、把关、审查和提供帮助。

组长:梁德华

副组长:曲夕文、王青埂、李玉娜、于承志、侯燕妮、解云静、张爱民、姜学龙、陈静、孙红伟

组员:于红平、周继伟、车保荣、彭晋海、张艳丽、隋晓红、王丽华、宋妍君、张丽芳、刘兰芳、孙丽君

(二)发布《实中校本课程开发指南》:分析学生需求,学校办学思想和课程资

源,指定校本课程规划,发布《实中校本课程开发指南》。

(三)申报:课程开发人员根据学校规划、需求和资源确定开课科目,填写校本课程的申报表、课程简介和课程开发方案。

(四)审批:由校本课程开发小组对开发人员提供的课程材料进行综合评估,审批确定开设的科目和开设时间。

(五)发布《实验中学校本课程选课目录和课程简介》:课程组公布初评通过的校本课程科目及教师名单,编制《实验中学校本课程选课目录和课程简介》,供学生选择。

(六)选课:

1. 将校本课程选课目录和课程简介发给学生,供学生了解每门校本课程的内容,以便学生选择。

2. 学生在老师的指导下,根据自己的情况,以及结合家长的意见进行选课。每位学生每学年不少于2门,其中必修和选修课不少于1门。

3. 每门选修课程人数原则上控制在20-40人,少于20人的课程不开设,学生重新选课。超出班级规模的课程,可根据学生意向和学校教学条件,在充分尊重学生志愿的前提下,进行合理调剂。

(七)确定开设课程:有学校校本课程开发部门统一登记汇总,形成校本课程选课结果一览表,正式确定开课任课教师,组建教学班,提供教学场地,并备案。

(八)课程实施:任课教师撰写课程纲要、授课教案,记录学生出勤和课堂表现,教师和学生均按常规教学要求进行教学和学习。

五、实中校本课程目标及分类

目标:

(一)培养学生的兴趣爱好,发展学生的个性特长。

(二)拓宽学生的知识领域,培养创新精神和实践能力。

(三)提高学生的思想品德修养和审美能力,陶冶情操、增进身心健康。

(四)培养学生的科学态度和科学精神,学习科学的基础知识、基本技能和方法。

(五)培养学生的团结协作能力和社会活动能力,使学生热爱学校生活,适应社会生活。

(六)提高教师的课程开发能力,促进教师的专业发展。

(七)达成学校的办学目标,形成学校的办学特色,使学校实现可持续发展。

课程:

德育课程——行为养成教育、文明礼仪教育、尊敬师长教育、国学社、爱国主

义教育、社会公德教育、传统文化教育、校史教育、主题教育等

文史课程——国学社校本课程、播音校本课程、海韵校本课程、文学社校本课程、快乐 ABC 校本课程、朗诵指导范例、演讲课程。

心理健康课程——心灵之舟、守护心灵的密码。

科学素养类课程——多彩的化学、生命幻动标本制作、科幻画、身边的数学、思想驿站。

艺术素养类课程——红舞鞋、劲舞团、"炫达人"模特队、管乐队、合唱、国画、书法、素描、摄影校本课程。

身体素养类课程——"追风"田径社、"脉动"篮球协会、乒动奇迹、"梅西"足球俱乐部。

学科拓展类课程——语文延伸课程、英语延伸课程、历史延伸课程、生物延伸课程、政治延伸课程。

微型讲座课程——时尚娱乐、时事热点、国际视野、法律法规、家庭教育(家长课堂讲座)。

综合实践类课程——时尚娱乐、国际视野、法律法规、家庭教育、电脑动画、网络安全。

六、实中校本课程评价与激励

1. 校本课程的日常考核与评价由课程教师负责。

2. 对学生的评价与激励:(1)由任课教师负责学分制的执行与落实,根据学生的出勤率、学习过程和考核成绩打分,每学期期末由政教处统一登记并存档管理。(2)评价结果记入综合评价手册。(3)评价结果与评优挂钩,学分高者评优优先考虑,学分低于 2 分者,评优不予考虑。

3. 对教师的评价与激励:(1)评价内容包括教学目标、教学内容、教学方法、教学效果等。(2)评价形式由学生欢迎度和受益程度问卷和课程组综合评价为主。(3)校本课程的所有授课资料都是考核内容。(4)评价采用阶段性评价与结果评价相结合的方法。(5)校本课程与学期考评挂钩,作为考核加分项。(6)平时上课的课时数经过换算记入年终考核。(7)每学期由校本课程部组织进行校本课程评比,对表现突出的任课教师进行奖励。

七、实中校本课程管理及教材建设

校本课程实行学校统筹规划,教师自主实施,学校监督检查,教师总结反馈。

1. 成立校本课程开发实施领导小组,直接管理学校校本课程的开发与实施情况。

2. 校本课程教学纳入学校常规教学管理,任课教师认真备好每一节课。按学

校整体教学计划的要求,达到规定的课时与教学目标,并根据课时计划,自己组织学生,联系场地、器材等,实施课程。

3. 任课教师对学生参与学习情况进行总结评价;保存学生的作品、资料及在活动、竞赛中取得的成绩资料;并对自己的教学反馈总结,每学年要撰写一篇有质量的校本课程实践反思,以利于今后的校本课程教学。

4. 每学期召开一次实验中学校本课程研讨会,展示优秀教师的成功经验、学生的学习成果,解决存在的问题,及时总结校本课程的实施情况。

学校先后获得"山东省绿色学校""威海市规范化学校""威海市教学示范校"等荣誉称号。近五年,实验中学被授予荣成市首批心理健康教育示范校、山东省心理健康教育先进学校。去年9月承办了山东省"区域推进心理健康教育工作经验推介会暨学习心理专题研讨会";2011年,我校被确定为威海市生命化课堂深化研究课题实验校,在此课题研究方面取得了一定成绩;今年,来自省市内外不同学校的领导和老师先后来我校参观绿色生命课堂、绿色生态校园,这些都展示了学校"绿色生命教育"阶段性成果。我们希望通过"绿色生命教育"办学特色的推进,进一步挖掘学校文化内涵,创新办学新路,将绿色生命教育核心理念"为生命添彩"进一步发展为每一位师生的生活理念和价值追求,进而进一步提高办学水平。

荣成实验中学绿色教育校本课程汇总表

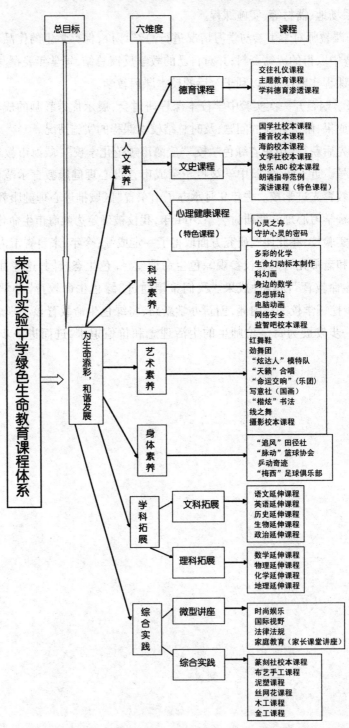

总目标	六维度		课程

荣成市实验中学绿色生命教育课程体系 → 为生命添彩，和谐发展

人文素养
- 德育课程 → 交往礼仪课程 / 主题教育课程 / 学科德育渗透课程
- 文史课程 → 国学社校本课程 / 播音校本课程 / 海韵校本课程 / 文学社校本课程 / 快乐ABC校本课程 / 朗诵指导范例 / 演讲课程（特色课程）
- 心理健康课程（特色课程） → 心灵之舟 / 守护心灵的密码

科学素养 → 多彩的化学 / 生命幻动标本制作 / 科幻画 / 身边的数学 / 思想驿站 / 电脑动画 / 网络安全 / 益智吧校本课程

艺术素养 → 红舞鞋 / 劲舞团 / "炫达人"模特队 / "天籁"合唱 / "命运交响"（乐团）/ 写意社（国画）/ "楷炫"书法 / 线之舞 / 摄影校本课程

身体素养 → "追风"田径社 / "脉动"篮球协会 / 乒动奇迹 / "梅西"足球俱乐部

学科拓展
- 文科拓展 → 语文延伸课程 / 英语延伸课程 / 历史延伸课程 / 生物延伸课程 / 政治延伸课程
- 理科拓展 → 数学延伸课程 / 物理延伸课程 / 化学延伸课程 / 地理延伸课程

综合实践
- 微型讲座 → 时尚娱乐 / 国际视野 / 法律法规 / 家庭教育（家长课堂讲座）
- 综合实践 → 篆刻社校本课程 / 布艺手工课程 / 泥塑课程 / 丝网花课程 / 木工课程 / 金工课程

第二节　绿色生命校本课程简介

经过一段时间的努力,实验中学绿色教育校本课程终于与大家见面了! 我校绿色课程分六大种类,即人文素养类、科学素养类、艺术素养类等六大种类40多个小门类的校本课程。我们期望这些绿色课程能够丰富你的学校生活,锻炼你的实际能力,增长你的多项才干。同学们,还等什么,赶快选择你感兴趣的课程参与进去吧!

一、人文素养系列

(一)德育课程

1. 交往礼仪课程

本课程从交往礼仪的涵义及内容、原则及特征出发,阐述了我们为什么要讲礼仪,并通过学生对基本礼仪常识和中学生交往礼仪技巧的学习,促进同学间的沟通、凝聚、协调,从而提高学生的社会心理承受力和人文素质、文明素质。

2. 主题活动课程

本课程抓住入学、毕业、学雷锋纪念日及春节、清明、五四、环境日、教师节、中秋节等传统节假日教育契机,开发实践教育路径,精心设计活动方案,加强爱国主义、传统文化、文明礼仪、环境、生命等方面的教育,引领学生弘扬传统美德,健康快乐成长。

3. 学科德育渗透教材课程简介

本课程结合我校"绿色生命教育"办学特色,充分挖掘国家课程教材中涉及绿色、环保、节能、热爱生命、珍视生命、呵护生命以及习惯养成、品德培养等方面的内容,通过知识拓展、试验探究、情景再现、社会实践等方法途径,加深学生的理解,促进其掌握,并达到在学科课堂教学中有效渗透德育教育的目的。我校共开发包括语文、数学、英语、物理、化学、思想品德、历史、地理、生物、艺体综合等10套学科德育渗透教材。

(二)文史课程

1. 国学社校本课程

本课程通过指导学生背诵《论语》《孟子》阅读《诗经》《离骚》等古文经典,阅读四大名著、背诵唐诗宋词等内容,穿插讲解阅读方法指导、摘抄读书笔记。通过阅读国学经典,学习读书的方法,培养学生热爱读书的习惯;通过阅读、欣赏、讨论、交流等方式,提高学生的阅读能力;在活动中开阔视野,陶冶情操,提升学生欣赏经典的素质。

2. 播音校本课程

本课程主要包括七部分:一,认识播音工作,了解播音主持人;二,普通话语音规范化学习,掌握普通话朗读基础知识;三,正确运气发声基本功训练,学习基本播音发声方法;四,朗读技巧学习,学会各种文体的朗读方法;五,了解备稿的意义及方法步骤;六,心理训练技法,解决心理素质的稳定问题;七,播音主持形体训练,恰当运用眼神、体姿语言和手势。

3. "海韵"校本课程

荣成市位于山东半岛最东端,素有中国渔乡之称。依托地域优势,本着"地域性、科学性、系统性、趣味性"的原则,学校创新开发了"海韵"贝雕社团活动特色校本课程。课程遵从学生发展的需要,坚持"面向本地,服务本校"的原则,依据两点入手设计课程:一是具有本土性和本校性。二是具有针对性和实效性。这一课程的设置不但关注了每一个学生的发展,而且极大的彰显了我们实验中学校园文化理念,同时培养学生的学习方式,突出培养学生的创新精神、实践能力以及自主学习的愿望和能力。

4. 文学社校本课程

我社能坚持以培养学生文学爱好,激发学生阅读和写作兴趣,提高学生对文学作品的鉴赏水平,组织社团成员有意识地从阅读中汲取可用于写作的营养,培养写作的规范性,提高语感,并开展丰富多彩卓有成效的读书写作活动。

5. 快乐 ABC 校本课程

听说课程:选材贴近生活,在注重发音、对话技巧训练的同时,也强调西方思维方式的培养。故事阅读课程:是根据学生学习心理特点,提倡在英语语境中学习语汇、培养语感。阅读写作课程:强调语言的积累更重要的是语言的运用及思维的拓展。通过参加社团活动,使学生体验英语的快乐,展示学生的英语才华。

6. 演讲课程(特色课程)

口头交流是人类最广泛的语言活动。我国自古就十分重视说话的训练,中国古代大教育家——孔子就设"言语"一科。春秋战国时期的纵横家更是把口头表达的艺术推向了极致,真所谓"一言之辩,重于九鼎之宝;三寸之舌,强于百万之师"。本书是专为初中学生口语训练而编撰的教学用书。内容分为四部分,分别从口语交际基本技能训练、演讲与口才训练、即兴演讲训练、论辩口才训练等几个方面展开论述。具体涉及演讲的技巧,论辩的方法,怯场心理、形象礼仪等各方面。在内容上配备了许多与现实生活相契合的实例,以及适合口语教学的素材。在每章节后附有在实际生活中经常应用的例子和训练,具有很强的实践操作性,为教师讲授和学生操练提供了很大的方便。相信这册课本对你的成长会有较大的帮助。

（三）心理健康课程

1．"心灵之舟"心理社团课程

本课程旨在引导男女生了解青春期各自的生理、心理特点，使他们认识自己、接纳自己；引导学生掌握与异性交往的方法与尺度；掌握必须的自护技巧；进行生命教育；培养学生积极心态和自信人生，顺利度过人生的黄金时期。

2．守护心灵的密码课程

《守护心灵的密码》是我校自主研发的心理健康教育校本课程，主要是班级辅导活动课设计，内容包括"自我意识辅导""学习心理辅导""人际关系辅导""环境适应辅导"等多个方面，是全体心理健康老师智慧的结晶。

这些活动设计，以助人自助为目标，注重问题情境的创设，突出学生的活动和体验，强调学生主体参与、亲历实践，引导每个学生在彼此尊重、接纳、信任的氛围中，体验自我探索、自我了解、自我更新的心路历程。

二、科学素养系列

1．多彩的化学社团课程

化学来源于生活，又服务于生活。化学的核心内容是化学变化，物质通过化学变化创造新物质，丰富和改善我们的社会，使世界变得越来越精彩！本书利用资料介绍、实验探究、习题练习等方式带领你走近身边的化学物质或化学现象，让你在快乐的探究学习中开阔视野、提高能力，感受化学的奇妙之美！

2．生命幻动标本制作社团课程

本书通过开展一系列的活动，带领大家走进家乡、走进大自然拓展学生的视野；针对初中学生的知识特点，进行适合初中学生的标本制作。考虑到取材方便易操作的特点，分为动物篇和植物篇。从工具材料的准备及制作保存等方面详细的做了介绍，具有很强的实践操作性，为教师讲授和学生训练提供了很大的帮助。

3．《身边的数学》课程

本课程以介绍数学的发展史、内容、思考方式、典型问题、典型方法为载体，通过生动的实例、轻松的语气，使学生经历数学之旅、欣赏数学之美、品味数学之趣、认识数学之功、领略数学之妙，体味数学思想方法的深刻性与普遍性。

4．《思想驿站》校本课程

《思想驿站》本书系统地探索荣成的历史，全面反映荣成的现状，既有对历史古迹的钩沉，又有对风光名胜的描绘。既有民俗风情记录，又有对青少年的警诫和劝告。整书从头到尾,始终贯穿着爱国主义和法制教育两条主线。通过学生对家乡的了解,增强爱家乡的意识,为家乡的建设、保护尽自己的义务。可以说,这是一部对广大青少年教育的生动教材,尤其在国家对基础教育三级教材的开发和管理中有更加重要的意义。

5. 电脑动画社团

动漫业在如今的中国占有越来越重要的位置,动漫以青少年最喜欢的方式拓展学生人文、科学、历史等的知识面,有利于学生了解世界各国文化,丰富了学生的课余生活。在学习压力下,漫迷们以轻松搞笑、积极向上而富有寓意的动漫画作为调节剂。大部分漫画营造的正是一种轻松愉快的气氛,能使人放松心神,调节身心。

实验中学电脑动画社团正是在这样一个和谐、健康的氛围中蓬勃发展起来的。社团的指导思想是为了促进我校学生信息技术的提高,突出我校"为生命添彩"的特色,帮助有兴趣的学生进一步提升信息技术应用能力和信息素养,同时也为积极参加国家省市的"中小学电脑制作比赛"做准备;并且培养学生的创新意识、实践意识,提高学生正确地分析问题和解决问题的能力及可持续发展的能力;扩大学生视野,帮助学生发现自己,发展学生良好的个性特长,促进学生全面发展。

6. 益智吧

作为青春的一代,中学生总洋溢年轻的活力,火热的激情。我们益智吧社团的主旨在于创设一个魔方、七巧板、孔明锁等爱好者的天地,为善于思考的学生服务,营造良好的文化氛围,丰富校园文化生活。益智吧社团的主要任务是通过组织学生活动来帮助学生提高其手部运动技能,培养学生动脑思考的能力及团结协作的精神,交流魔方、七巧板、孔明锁的文化、思想。发掘培养魔方、七巧板、孔明锁,开发学生智力、启迪学生思维,为校园营造良好的文化氛围。活动的主要内容有:多米诺骨牌、孔明锁、魔方、华容道、七巧板、四巧板、九连环等,玩具多样新奇有趣,充满趣味性与挑战性,它强调动手与动脑结合,偏重于娱乐过程中的健脑益智,以便于让身心得到全面的锻炼。既能缓解学生压力又能满足学生追求个性的要求,特别适合学习之余玩耍,有助于学生得到很好的换脑休息。

三、艺术素养

1. "红舞鞋"社团

舞蹈社团的成立,给热爱艺术且具有艺术天赋的孩子们提供一个施展才华的舞台,训练内容主要以基本功训练及成品舞的表演为主。让孩子们在进行气质、形体塑造的同时,也提高了表现美、感受美、鉴赏美、创造美的能力。

2. 劲舞社团

本社团主要以健身健美操为主,学习由头颈、上肢、胸部、腰部、下肢等部位的屈、伸、转、绕、举、摆、振等基本动作构成的优美舞蹈动作。提高音乐爱好者的音乐艺术修养,传播积极向上的音乐文化,发扬了实验中学的社团文明。

培养目标:培养了学生身体灵活性和协调能力、自主创新、组织实践的领导能力,成为学生展示自我,丰富校园文化的良好平台。

活动特色:劲舞社团是一个具有现代气息的音乐社团,在实验中学众多社团中,它一直保持着独特的风格与阳光向上的社团风气。

3. "炫达人"模特表演课程

《模特表演》是一门实用性、可操作性很强的技能性课程。通过这门课程的教学,使学生全面系统地了解模特表演方面的基本知识,以体态为突破口,开发学生的模仿、表演. 创新等潜能,掌握模特表演的一般规律、方法与技巧,从而提高学生的模特表演能力,并培养学生的勇气与自信、团队精神和合作精神。是实践性很强的一门校本课程。

4. 棋艺社课程

本社团以推广和普及中国传统文化为目标,在成员中开展了以象棋、围棋为主,其他棋牌为辅的广泛而丰富的棋类活动。棋艺社为校园棋类爱好者提供了一个增强棋艺,提高修养,陶冶情操,增进交流的平台。同时,将努力组织更多的水平更高的校园棋类大赛,通过比赛促进象棋、围棋等健康的娱乐方式的普及和社团成员竞技水平的提高。

5. "天籁"合唱

我校"天籁合唱团"成立于2012年9月,队员共有60名,自创设以来,一直以来秉着"用音乐感受心灵,用旋律沉淀梦想"的理念,不断进取,不断开拓创新。为丰富校园文化生活,让同学们在学习之余,体验音乐的美妙,快乐分享音乐带给我们的美感,社团成员经过专业训练,参加了各级组织的比赛,并取得了优异成绩,给声乐爱好者提供了一个学习、交流和展示自我的平台。

该社团以倡导健康活泼的校园文化为原则,积极发展具有艺术性、趣味性为一体的丰富多彩的校园活动,已成为校园里的一只新兴力量。

6. 写意社(国画)

国画是中华民族的一种优良传统艺术。把国画作为我校校本课程,有利于继承和发扬中华民族的优良传统文化,增进学生对传统文化艺术的理解,培养学生特长,提高学生艺术修养,促进学生德、智、体、美全面发展。开展国画教学与研究,我校具备一定的基础条件。本书将就国画的起源、发展、分科教学、分类、特点、流派、形式、工具等做一个全面的介绍,并将其融入到具体的作画过程当中,让学生从本册书了解国画的历史以及具体的绘画方法,并从中受益。

7. "楷炫"书法社团课程

通过本课程的学习,提高审美水平,提高书写技能,提升艺术境界,促进学生全面发展。通过对书法——楷书(唐楷)技能的认识与学习,培养正确审美观;了解祖国传统文化的继承与发展,增强民族自信心。

8. "线之舞"素描

社团宗旨:以学习为目的,以兴趣为纽带,求同存异,在交流中进步,在交流中成长。同时让有美术兴趣爱好的同学拥有一个交流和学习的平台,提高广大美术爱好者的审美能力和艺术素养,丰富校园文化生活,加强美术爱好者的交流,促进学生的全面发展。发展方向:凝聚有同一兴趣爱好的学生,丰富学生业余生活,同时可以参加各级美术比赛,进行校园文化宣传等。

9. 摄影校本课程

本课程主要包括七部分:一,了解数码相机的种类、特点及工作原理及各类数码相机的优缺点;二,如何进入摄影的大门,培养学生的摄影技能,学会各种拍摄技巧;三,微距摄影技法;四,远离四大摄影误区;五,八条最经典的摄影技巧;六,想要拍出好照片的四点注意;七,教你玩转 DC 自拍技巧。

四、身体素养

1. "追风"田径社

田径运动源于古人类生存和生产劳动,逐渐发展成为由走、跑、跳跃、投掷等运动技能组成的以个人为主的运动项目,是人类速度、力量、耐力等素质的综合体现。田径运动是各项运动的基础。它能全面地、有效地发展人的身体素质和运动技能,对其他各项运动技术的发展和成绩的提高都有很好的作用。因此,各项体育运动都把田径运动作为发展身体素质的训练手段。田径运动也是对体育运动的科学总结,正确地反映了和各项体育运动之间的内在联系。自古就有,"得田径者得天下"。本社团本着"推广田径运动,弘扬体育精神,提高学生体质,丰富学生生活"的宗旨,根据中学生身心特点,通过各种活动形式,培养学生对田径运动的兴趣和爱好,激发学生参加田径运动的热情,提高学生田径运动能力和体质健康水平。

2. "脉动"篮球协会

篮球社团课程主要讲授篮球的一些有球和无球的一些基本技术、最简单的战术,以及在实战中的运用等内容。本课程主要培养学生在篮球技术运用方面的能力,通过本课程的学习和运动,学生应能在篮球攻防技术方面得到锻炼,在基础技术和攻防技术结合运用方面获得相应的能力。

3."梅西"足球社团课程

足球社团课程主要讲授足球的一些基本技术、最简单的战术、以及在实战中的运用等内容。简单的介绍足球基本理论和基本知识,掌握足球运动的技术战术技巧,加强基本技能的训练,培养足球运动的能力和兴趣,达到强身健体的目的,将来走向社会能将足球运动项目作为自己的健身手段之一。

五、学科拓展

(一)文科拓展

1. 语文延伸课程

"快乐的走进写作的世界,用你手中的笔,放飞心中的那个美丽的梦!"是每个教师的愿望,在这里汇集了初一到初四语文组教师的智慧,从理论到实践,内容多元:有准确审题精彩拟题,(如:运用小标题串起生活的珍珠)学会选材 凸显主旨,心理、环境、细节、场面等描写专题训练,追问扩展法、联想延伸法等构思方法。有效引导学生用自己的眼睛观察世界,用自己的心灵感受生活的智慧,拓宽写作空间,张扬个性,给学生以写作方法的良好指导,进而体验写作的快乐与成功。每篇导学案内容共分六部分,训练话题、训练重点、前置性活动、方法指导、参考例文、学生习作。教师借助"学案导学"这一策略,能够将写作训练有机整合,精心设计,合理调控教学中的教与学,从而极大提高课堂教学效率,学生通过自主、合作、探究、交流、展示、反馈等学习活动,使学生真正成为学习的主人。在这里多角度地给你"圆梦",还等什么,去看看吧!

2.《阅读发现之路》课程

语文组阅读导学案是教师设计的一种辅助和引导学生预习和课堂自主学习的方案,使学生通过借助导学案,在老师的指导下逐步达到自主学习和主动学习的目的。从预习抓起,为课堂教学的有效性奠定基础,逐步提高学生的预习和自学能力,逐步由被动转向主动。该导学案能激发学生的思维,让他们养成了先预习,后思考的好习惯,有助于学生形成适合他们自身的良好的学习方法。

3.《朗读发现之路》课程

正确、流利、有感情地朗读课文是《语文课程标准》规定的基本的语文课程目标,是公认的从事语文教学的根本手段,也是学生学习语文的一项长期而稳定的重要作业。新大纲也明确指出:各年级都要重视朗读,要让学生充分地读,在读中整体感知,在读中有所感悟,在读中培养语感,在读中受到情感的熏陶。

朗读训练既简单又有效,并且可以解决许多人花很多钱去各种各样的培训班解决不了的问题。从朗读活动中得到的宝贵教益,对一个人树立远大理想,坚定生活信念,振奋进取精神,激发斗争意志,都会产生巨大的作用。说来可惜,大多数人确实并不重视朗读训练——无论是母语还是外语的习得过程中都是如此。基于此,我们编写了这部《朗读指导范例》,期望能够指导学生提高朗读水平。同学们,让我们敞开胸怀,尽情的拥抱书本;让我们敞开喉咙,大声的朗读吧!

4. 英语延伸课程

我校组织了英语校本课程的编写。它是我校的领导、英语教师、学生及课程专家等在对学生需求进行科学评估的基础上,充分利用荣成社区和学校的课程资源而开发的多样性的、可供学生选择的课程。它包括家乡介绍、实用英语、英语诗歌、交际英语、趣味英语、英语名曲欣赏等诸多内容,突出了课程的开放性、活动性、灵活性和趣味性,让学生在实践活动中获得全新的体验,以达到拓宽学生视野,增强学生个人文化素养的目的。

5. 历史延伸课程

传统的历史教学的弊端在于严重忽视了学生在课堂上的主体地位,而导学案教学模式是在长期的教学实践中,摸索出来的一种符合历史课堂教学的课堂模式,其在落实新课改理念,创建高效课堂方面具有明显的优势。

本书包含中国历史六年级上册、七年级上册、世界历史上册三册内容,每册部分结合课节内容,对部分知识进行整合。每个课时内容包括四个模块:一、"自主学习 合作探究"以知识网络的形式将本课历史知识的基本线索叙述清楚,帮助学生构建宏观的知识结构,提高学习效率;二"小组展示 精讲点拨"促进学生生动、活泼、主动地学习;三"巩固反馈 拓展提升"是通过对几个典型试题的分析解答,引导学生分析问题、释疑问题,进而培养学生的答题能力;四"课堂小结 达标检测"是让同学们用来检测自己是否达到了本课的学习目标,以帮助学生查漏补缺,及时调整学习策略。

本书具有基础性、典型性、灵活性的特点,既考查了学生的基本历史知识的掌握情况,又考查了学生的历史思维能力和解决实际问题的能力,从多角度体现了新课程的理念。

6. 生物延伸课程

初中,是人生道路上一个重要的起点,是人生获取知识的黄金时期,为了和学生们一道战胜自我,攀登知识的高峰,我们组织了教学经验丰富的教师编写了一套全新的导学案。它以《义务教育课程标准实验教科书》为依据,遵循初中学生的认知规律,融知识性、实用性为一体,对于学习基础知识,培养科学能力,拓展知识面,改变学习方式将有着重要的指导作用。导学案设置的内容简洁清晰而不失深刻厚重,力求让学生在自主、合作、探究的过程中发展和提高自己,以实现"知识、能力、情感态度与价值观"共同发展的课程目标。

(二)理科拓展

1. 数学延伸课程——《数学学案》

本学案注重了生活、操作、知识树等问题情境的创设,设计了大量引导学生进行自主学习、合作学习、探究性学习的活动,突出学生学习的主体性。学案的流程设计始终注重凸现学习过程中的发现、探索、研究等认识活动,使学习过程成为学生发现问题、分析问题、解决问题的过程,从而构建旨在培养创新精神和实践能力的学习方式,以达到促使学生轻松学习、快乐学习的目的。本课程不涉及深奥的数学知识,从历史与科学的角度切入题材,以文化与美学的眼光欣赏,寓知识性、思想性和应用性于一体,漫谈但不失严谨,通俗却不失深刻,科学又不乏趣味。

2. 物理延伸课程——《物理》课程

物理学科延伸课程,以素质教育为出发点,体现物理学科的新进展,强调知识、技能在实际生活中的应用,体现学生学习的特点,满足多样化的学习要求。在教学设计中,体现了目标教学一体化的理念,注重转变学生的学习方式,使学生循序渐进地全面提升自主学习的能力。同时也对初中物理教师,特别是青年教师,把握新教材,教好新教材起到良好的辅助作用。

3. 化学延伸课程——《化学》课程

化学是一门很重要的基础学科,我们的衣、食、住、行,样样都离不开化学,学好化学非常重要。本书以导学案的形式将初三化学上册中每节课的学习重、难点盘点出来,采用用多种灵活的方法引导同学们自主学习、合作探究。相信只要同学们用心学习,做好每一个题目,你的学习成绩一定会蒸蒸日上。

4. 地理延伸课程——《地理》课程

结合初一学生的生活实际,以学习生活中有用的地理、利于学生的终身发展为出发点,收集生活中有用的地理信息,并通过比较、分析,形成地理概念。尽量做到浅显易懂,力求做到本土性、针对性、趣味性、教育性和知识性,在拓展基础知识和技能的基础上,提高学生综合素养。

六、综合实践

(一)微型讲座

1. 家庭教育(家长课堂讲座)——家长学校课程

本课程分家庭教育和家长教师讲座两大系列。家庭教育系列从家庭教育的误区、基本方法等方面进行了深入的探析。家长教师讲座系列搜集整理了部分来自各行各业的家长到校给学生讲的,包括安全法制、心理健康、学习方法、理想信念及其它拓展知识内容。

(二)综合实践

1. 篆刻社校本课程——篆刻社团课程

本社的篆刻学习的主要分为三个层次：

(1)基础阶段:临摹秦汉印;

(2)高级阶段:能自行刻一方姓名印;

(3)创作阶段:从平均式创作到能刻朱、白以及其他形式的印章。

通过篆刻的学习,将中国传统文化发扬光大。同学们快来专科社团在方寸之间展现你的刀下功夫吧!

2. 布艺手工课程——"布"具一格课程

本社团活动选用的材料是生活中废弃的各种各样的布头,依材料进行布艺手工制作。这一课题分为"走进布艺天地""我来动手做一做""举办小小艺术展"三个阶段,通过活动把学生领进生动、活泼、亲切、温馨的布艺天地,丰富学生的想象空间,增强审美能力。

3. 丝网花课程——艺苑社课程

丝网花以五彩铁丝及丝袜纯手工制作而成,具有极强的质感,花形逼真犹如鲜花一般,而且色泽多样可根据个人要求进行选择搭配,欣赏及装饰效果颇佳。丝网花的另一魅力在于它的做法简单,利用普通材料就能变换出多种花样,能充分发挥个人的想象力和创造力,成为学生争相学习的手工艺术。

本书一共分为两部分:一部分为材料、工具及基本技巧,可让学生学习有关丝网花的基本知识和制作的方法,另一部分为基础作品讲解,让学生学会运用不同的材料、配饰和技巧来完成各种造型。书中收集了几十种具有代表性的花种,均采用实拍手法并且配以详细的文字讲解,即便是从未入门的丝网花爱好者也能轻松学会。

第三节　特色校本课程节选

特色课程之《守护心灵的密码》课程欣赏

为了构建绿色生命心理课堂,我校投入大量人力、物力,创建了独具实中特色的、符合学生身心发展需要的心理课程——《守护心灵的密码》。此课程体系在山东省课程评奖活动中荣获一等奖。下面就以几节课程设计为例,向大家介绍一下我校特色课程之——《守护心灵的密码》。

我的双休日

一、活动理念阐述

［对相关年龄特征的阐述］

自 1995 年秋季起,我国的大中小学都实行了五天工作制,即每周休息两天。双休日的出现受到了广大师生的欢迎。但是,新的作息制度也带来了新的问题。不少教师反映,有些学生星期一上课经常无精打采,大部分学生家庭作业的质量不如平常。一些家长也说,孩子在双休日里毫无约束,不是在家里看电视,就是出去乱跑。那么,学生究竟是如何渡过双休日的?他们期盼在双休日里得到什么? 他们在双休日里进行的各种休闲活动存在什么问题? 等等。带着这些问题,我对本校低年级的学生进行了一次"双休日活动"问卷调查。结果发现,大多数学生不会安排双休日的学习和生活。他们在双休日里有的被家长整天关在家里做作业、学习或是被强迫去参加各种辅导班、补习班等;而大部分则不是把自己关在屋里看电视、看武侠小说,就是走出家门:网吧、游戏机房、公园、大街都成了他们聚集的好场所。由于缺乏指导与督促,不少学生打破了正常的生活规律,成了"游兵散将"、"野孩子",一味地玩,做事只问痛快不讲意义。更为严重的是,有些孩子深受当前赌风之影响,放假两天,打两天麻将或扑克。对相当一部分孩子来说,五天的约束相对于两天的放任,剩下的值几近于零。

究其原因,主要是两种极端的倾向,一是学生的课业负担过重,家长对孩子的期望太高,把孩子关在家里,整天让他们读书、做作业;二是家长放任孩子,孩子无所事事,不会合理安排双休日的时间。这些都不利于学生的健康发展。因此,我觉得很有必要对学生进行双休日的休闲辅导,让学生懂得休闲是学习的补充,是调节身心、发展兴趣不可缺少的重要途径。

[对活动宗旨、意义的阐述]

本课的辅导活动旨在针对初中低年级学生的年龄特征和心理变化的显著特点,在一种坦诚、开放的教学氛围中,通过学生自己参与各种活动和最后的讨论总结,使他们认识到双休日生活可以过得更愉快、充实而有意义,指导学生学习健康、文明的休闲生活,掌握休闲活动的要领,帮助学生学会自己安排双休日,过上真正能够放松身心、发展爱好、获得成长、自由而有意义的双休日,促进他们智力、情感、个性等和谐、健康地发展,提高他们的生活质量。

二、活动分析

第一环节主要是教师的谈话导入活动,通过师生之间的相互交流,引出本课的话题——怎样合理安排我们的双休日。本环节意在激起学生的兴趣,点拨学生内心的想法,将其引入活动情境。

第二环节的主要内容是对小品《休闲在家》的讨论和交流,并在此基础上提出更深入的问题。本环节意在通过将现实中的事搬上讲台,启发学生认识到合理安排双休日的生活对自己的成长有重要的意义。

第三环节由两块内容组成。"双休日成果展示会"主要是让学生展示自己的才华,显示自己的特长,增强他们的自信心,引导他们在双休日里培养兴趣,发展特长。"选择自己喜欢的娱乐项目"是为学生提供一些休闲资料,指导学生选择他们喜欢的有意义的活动,引导他们掌握休闲活动的要领。

第四环节是学生的自我调整。通过学生制定自己的双休日计划,矫正他们对双休日的不正确认识,使他们学会合理安排自己的双休日。最后,再发给学生每人一份《双休日活动记录卡》,有效地对学生双休日的家庭生活进行全面的调控管理。

三、活动目标

[学习目标]

1. 认识到自己的双休日生活可以过得更充实、更有意义;

2. 学习健康、文明的休闲生活,掌握休闲生活的要领。

3. 学会合理安排自己每周的双休日活动。

四、活动准备

1. 提前设计一份"中学生双休日活动"问卷调查表;

2. 安排四个学生准备小品:《休闲在家》;

3. 学生准备好自己的小制作或显示自己特长、爱好的其他资料;若想当场表演的,请准备好器材;

4. 设计《学生双休日活动记录卡》,准备印发给学生。

五、活动过程

谈话引入活动

1. 教师由介绍自己的兴趣和爱好引出活动的主题——双休日。"双休日,你是怎样渡过的? 有什么收获? 心情如何?"

2. 小组交流。

3. 教师总结。

教师小结:大家都知道,平时在学校我们的学习生活比较紧张,属于自己的时间只有课间的十分钟和活动课。因此,我觉得星期六、星期天的休息非常重要。特别是经过了一周的紧张学习和工作,我们非常需要一个轻松而有意义的双休日,来放松一下自己,做些自己喜欢做的事情。那么,我们应该怎样渡过这两天属于我们自己的时间,怎样才能使我们的双休日过得快乐而有意义呢? 这节课,我们就一起来讨论、解决一下这个问题。

(一)小品《休闲在家》

内容梗概:星期六上午,甲学生懒懒散散,东荡西逛,无所事事;乙学生走进网吧,如痴如醉地玩着网络游戏;丙学生被妈妈关在房间里学习,结果这位同学关上房门,蒙头便睡;丁学生写完作业,开始帮妈妈做家务;戊学生自觉练习书法。

小组讨论:(1)这几位同学的双休日生活是否是快乐的、有意义的休闲生活,能否起到放松、休息的作用? (2)你觉得自己最有意义、最难忘的双休日是哪一次? 你是怎样过的? 为什么你觉得有意义且最令你难忘? (3)你认为有意义的双休日对我们的成长有什么作用(心情方面、能力方面、知识方面、身体健康方面、人际关系方面等)?

全班交流:各小组出一个或两个代表在全班交流,教师把小组讨论的结果列在黑板上,并且将活动和作用分开写。

教师小结:在双休日里,我们可以做许许多多的事情。综合同学们的观点,我觉得可以概括为三点,即"学习 + 娱乐 + 劳动"(板书)。我认为无论我们在双休日里干什么事,都应该力求达到快乐、充实的效果。休闲娱乐生活是丰富多彩的。有意义的休闲生活可以起到培养情趣、陶冶情操、发展特长、愉悦心情、锻炼身体、发挥潜能等作用。学会休闲,提高双休日的休息质量,对提高我们的生活质量,促进我们身心的健康成长有重要的意义,也会为我们青少年的个性发展提供更多的机会。那么,怎样才能使双休日的休闲生活变得更有意义,我们应该选择哪些娱乐活动呢? 下面,我们先来欣赏一下由我们班同学自己编导的"双休日成果展示会"。

(二)展示会:双休日成果展示

1. 让学生展示自己在双休日中的成果。可以叙述自己在劳动、学习或娱乐中的收获;也可以展示自己的小制作或其他显示自己特长和爱好的资料,可以让他们介绍或现场表演自己的爱好、特长是怎样培养的(例如小制作、唱歌、跳舞、读书讲故事、绘画、书法、养花、看电影、看有意义的电视节目等等)。

2. 教师总结:你看,我们同学利用课余时间进行的这些活动都非常有意义,这样既达到了休息的目的,又学到了一些有用的知识或得到了一定的启发或者培养了自己的一技之长。如果星期六、星期天在完成作业后,剩下的时间我们用来做这样一些有意义的事情,我们的双休日一定会过得快乐而有意义。

(三)双休计划:

1. 设计一份适合自己的双休日计划。

2. 小组交流,互相启发、学习。

3. 阅读文章《我的星期天》。

4. 教师小结:在双休日里,只要我们合理适度地安排学习、娱乐、劳动等休闲活动,就不会感到紧张或无聊,反而会觉得充实而快乐。休闲生活可以健身、怡情、益智。只要我们大家共同努力,相信我们的双休日生活一定会过得美好、充实而有意义,一定会有利于我们的健康成长和全面发展。让我们插上理想的翅膀,在"双休日"这片广阔的天空里尽情地翱翔,共同朝着"学做人,爱学习,勤锻炼,多兴趣,有特长"的方向发展。

[参考资料综述]

[材料一]人一生的休闲时间

据统计,人的一生假如能活到80岁,那么共计有70万个小时。其中休闲时间占49.7%,睡眠时间占33.3%,上班时间占11.4%,在校学习时间占3.9%,自学时间占1.7%。

以上数据说明:学会休闲,提高休闲质量,对提高生活质量具有何等重要的意义。休闲为补偿现代社会竞争压力提供了许多条件,更为重要的是通过身体放松、娱乐竞技、欣赏音乐和走进大自然等活动,为丰富生活提供了可能性,也为青少年的个性发展提供了更多的机会。

[材料二]学校与休闲活动

朋友:你想知道自己在学校应如何与休闲活动关联起来吗?学校的课余活动并不等于是休闲活动,然而积极参与社团活动,可以培养自己的兴趣与爱心,逐步培养自发、自治的活动,可以充实自己的生活,发展自己的潜能。课余活动里学的课程,如音乐、美术、工艺、健康教育、体育等各项内容,可以提供我们现在以及将来的休闲活动所需要的知识、技能与态度。

休闲活动，在时间上有多少之别，在内容上有"健全"与"不健全"之分；时间的多少固然不可忽略，哪些人参加哪些休闲活动也是重要的问题。无论你选择体育运动或是音乐活动，还是舞蹈、戏剧、美术、创作、野外、收集、服务性等活动，当它能带给我们创造的喜悦、新的经验、美的享受、成功的快乐、身心的放松、服务的乐趣时，才能算是真正的休闲活动。

[材料三]合理安排好双休日生活的"八字"原则

1. 合理。双休日的安排要注意劳逸结合、动静搭配，具有科学性、合理性，融知识、娱乐、技能为一体，这是最佳的选择。要防止以"学"为主，忽视兴趣的培养；也要防止以"玩"为主，而忽视求知和上进。同样以"动"为主，不能忘记休息；以"静"为主，不能忘记了活动。

2. 适度。休闲活动的内容、时间都要有一定的限制，不能超过自己可接受、能适应的程度。第一，时间安排要适度，不要把"节目单"排得过满，迫使自己打疲劳战。脑力、体力消耗过大导致心烦意乱，必将事半功倍，甚至走向休闲目的的反面。第二，内容安排要适当。在内容要求上如一味要求超前拔高大容量，这样会使自己不堪重负，对自己失去信心，对活动不感兴趣，甚至产生厌烦情绪。

3. 健康。在活动内容的选择上要注意有利于自己的身心发展。少年期学生容易接受新事物，但辨别是非区分真伪的能力不强，容易受到外部世界的影响。一些成人娱乐场不宜去，不宜参加成人交际活动。

4. 有益。益德、益智、益能、益体均有益。在双休日活动的设计上，可以从这4个方面入手。(1)益德。积极参加社会公益活动和社区公益活动，如助残、帮困、护绿、拥军等。通过这些活动，培养社会公德，提高文明素质培养良好的道德素质和行为习惯，懂得做人的道理。(2)益智。通过读书读报看电视扩展自己的知识面，也可根据自己的兴趣爱好，参加业余科技培训，参与各类竞赛。(3)益能。现代社会对学生的综合能力要求越来越高。通过参加社会实践活动，学会关心、学会交往、学会办事、学会竞争。(4)益体。通过郊游远足、登山、游泳、球类运动，锻炼身体，增强体质，以更加充沛的精力投入到学习和生活中去。

附：中学生"双休日活动"问卷调查

1. 你的课余爱好是什么？（至少写一种，也可以写多种）

2. 你通常在什么时候做你感兴趣或爱好的事情？

3. 你认为我们每周休息两天有必要吗？为什么？

4. 通常你怎样过双休日？谈谈你对自己的双休日生活的感受。

5. 你对自己的双休日生活满意吗？为什么？

6. 回想一下,你觉得最有意义、最难忘的双休日是哪次?

你是怎样渡过的?

7. 你希望怎样过双休日?

8. 请填写你平时的双休日活动。

	星期六	星期日
上午		
下午		
晚上		

感知生命

主题背景:

青少年频频导演的自杀等对生命漠视的现象,让我们扼腕叹息。在大力推行素质教育的今天,如何加强中学生的生命教育,已成为青少年思想素质教育中刻不容缓的一个全新课题。在中学生眼里,生命不值得敬畏,与自己所面临的困境(学习、压力、挫折等)相比,生命显得太渺小。初中生正处于青少年期,是个体从儿童期向青年期过渡的阶段,他们具有半儿童、半成人、半幼稚、半成熟的特点,充满着独立和依赖、冲动和冷静、成熟和幼稚等错综复杂的矛盾。因此,进行感知生命的教育,势在必行。

活动目标:

1. 帮助学生感知生命的存在,脆弱和坚强,珍爱自己的生命。

2. 让学生认识到该怎样珍爱生命,对生命的价值有一个更清楚的认识;

活动准备:

1. 准备十斤重的书包

2. 通过各种途径了解我们身边坚强的人的事迹。

活动过程:

第一部分:感知生命的存在(14 分钟)

1. 教师活动:大屏幕出示几幅花草虫鸟图片

师:首先请大家欣赏几幅图片,让我们在温馨的音乐中感觉大自然生命的存在,春意盎然的小草,舞动翻飞的虫鸟,让大家耳目一新,我们人类只是自然界的一部分,我们更应该以崭新的面貌去迎接生命的每一天。

教师活动:大屏幕出示谜语

师:请大家思考一下,什么是你的父母所赋予你的,是你与生俱来的,是无论你贫穷还是富裕都拥有的,并且每个人只能拥有一次?

学生活动:猜谜语

师:是的,是生命,简简单单的两个字,对于我们却很重很重。我们每个人的生命只有一次,如果没有了生命,这个世界对于我们而言,还有什么意义,再美的风景,我们也不能欣赏了,再美的食物我们也不能享受了,再美的理想也成了梦想。生命是如此的美好,如此的宝贵,但是在我们的生活中,却有着更多的让我们扼腕叹息的现象,今天让我们感知生命吧!

2. 游戏一:

师:同学们,请伸出你的左手,手心向下,伸出你的右手,用拇指和食指捏起你左手手背的皮,疼吗? 是的,疼的感觉让我们感知我们生命的存在,然后将你的右手放在你的胸口,感知生命的跳动。感觉到了吗?

学生活动:按照老师要求感知生命

师:当你感觉到疼,当你感觉到你温热的身体,当你感触到你的心脏热烈的跳动着,还有当你快乐着、痛苦着、哭着、笑着的时候,这一切都告诉你,你拥有着生命。生命是看得见也摸得着的。而又有人说,生命是看不见摸不着的。因为当我们让自己进步,让自己从无知走向成功,一步步实现自己生命的价值,一步步走到生命的终点,我们发现虽然我们还和来到这个世上的时候一样,依然还是这个身体,可是他已经变得那么厚重那么沉甸甸,他已经承载了太多的骄傲和自豪,或者是悔恨与羞愧。

所以,生命很轻,轻到在小沈阳一句玩笑就可以一笑而过:眼一闭,不睁,一辈子就过去了,生命又很重,重到需要我们用几十年的时间去守护它,守护一份像玻璃一样的脆弱。更需要我们用尽我们的所能去擦亮它,让他在经历几十年风雨之后会如钻石般璀璨闪亮。

所以,今天的班会,老师请同学们带着一颗庄重而虔诚的心来面对,面对我们只能拥有一次的,世界上最宝贵的财富——生命。

3. 游戏二:

师:我们的每一个生命都来之不易,我们都是父母爱的结晶。父母把我们生下,一点点的拉扯大,是多么的不容易,下面请同学们示范几个动作,让我们从行动中的困难感觉妈妈孕育我们的不易。

学生活动:

大家把准备好的书包倒背在胸前当作怀胎10月,然后进行简单的坐着吃饭、伸手够东西、低头看脚尖、抬腿上楼梯、弯腰捡东西、弯腰穿鞋系鞋带等等)

教师活动:采访学生做妈妈的感觉

师:我们刚才仅仅做了1分钟的妈妈,就有这么多的感受,想一想,妈妈在孕育我们的这十个月中,有多少个 1 分钟? 这十个月中,妈妈会呕吐、会经常感到疲劳,负担会随着你的长大一天天加重。但是妈妈毫无怨言,即使再辛苦,也是幸福的!

4. 教师活动:放视频

我们每一个人降生时,父母都是笑着迎接我们的,我们每个人得生命虽然很平凡,但我们每个人都有着不平凡的价值,小草用鲜花来回报春天,想一想作为生命独立存在的个体,你的存在给你身边的人带来哪些快乐?

学生活动:回答老师的问题

第二部分:感知生命的脆弱(7 分钟)

师:是的,我们每个平凡的人的生命都是有价值的。我们能够做许许多多有益的事。我们能够为他人带来欢乐,能够为他人减轻痛苦,能够为国家和社会做贡献。这就是我们生命的价值所在。所以,我们要肯定每个生命,尊重每个生命,然而生命中的不如意的事情很多很多,有些人遇到了不顺心的事情,就过早让自己的生命之花凋零,还有些人在逆境中不能坚强的应对,放弃了求生的欲望,让自己的生命在灾难面前变得不堪,下面让我们感知生命的脆弱。

教师活动:大屏幕出示近年自杀的相关内容和数据

学生活动:思考并回答

1. 自杀给自己、家人、社会带来哪些影响?

2. 生命的脆弱还表现在哪些方面?

第三部分:感知生命的坚强:(19)

1. 师:一幅幅的图片,一组组的数字让我们触目惊心,但我们在小学就学过野火烧不尽,春风吹又生,卑微的小草尚能如此,我们又有什么理由不热爱自己的生命呢? 是的现实生活中许多人自怨自艾,把自己说得一无是处,仿佛自己是天底下最可怜的人。其实,我们是很幸运的,因为至少我们当中绝大多数人是四肢健全的。下面看一段视频,让我们看看坚强的尼克胡哲。

教师活动:(放视频《坚强的尼克》)

师:相信每个同学都很震撼,没手没脚,没烦恼的尼克都能找到自己生命的价值,都能坚强地活着,身体健全的我们还有什么理由去选择脆弱呢? 我们生活中像尼克胡哲的人很多,请大家打开记忆的大门,寻找他们的影子。

学生活动:小组讨论,然后全班交流。

2. 师:同学们,我们感知了生命的存在、生命的脆弱、生命的坚强,相信每个同学都想坚强地生活着,但是我们如何才能做到坚强呢?

下面请一位世外的高人向我们传授一下,他是如何做到的?

教师活动:大屏幕展示鲁滨孙的荒岛余生的生存法则

师:是的,当你看到的尽是生活中的灰色,那么你的心情就会郁闷,烦恼必定随之而生,你的生命之花肯定经不住风吹雨打,你的生命肯定很脆弱。而如果你看到的尽是生活中的绚丽,那么你的自信就会增强,内心会越来越强大,那么你的生命必定会很坚强。

3. 师:下面看一个情景剧

学生活动:表演小明在数学考试中得了 30 分,面对老师的不满、同学的嘲讽、家长的批评,没有了生活的勇气。

师:让我们用自己的智慧,用我们学会的秘籍,帮助一下这个同学。小组讨论,然后把你们的措施写在你们的卡片上。

学生活动:把自己对小明的帮助措施写在卡片上

4. 师:让我们看看这个同学在大家的帮助之下是如何做的。

学生活动:通过大家的帮助,小明感知了自己生命的价值,并且向全班同学展示了一定会努力学习的决心。

第四部分:生命的意义:(4 分钟)

师:任何一个人,父母赋予我们生命,我们都没有权利去伤害她,也没有理由不进步,我们没有理由不让自己的人生精彩,珍爱自己的生命,让我们的生命之花更加灿烂,证明你曾经精彩过,下面请大家起立,举起你的右手,握手成拳,让我们一起对着我们的生命庄严宣誓:(大屏幕)

学生活动:宣誓

当自己的生命受到威胁时,我们不轻言放弃;

当自己的生命遭遇困境时,我们要勇敢面对;

当他人的生命遭遇威胁时,尽可能伸出援助之手;

当生命不再完美时,依然肯定、悦纳生命;

珍爱自己生命的同时,我们永远不伤害他人的生命。

珍爱我们的生命!

珍爱我们的生命!

师:(让我们用我们的双手托起我们生活中的每一个生命,让我们都坚强地活着,让我们的生命之花更加绚丽。)

特色课程之演讲课程欣赏

第一课:让我们认识演讲

"一人之辩,重于九鼎之宝;三寸之舌,强于百万之师"。古今中外,不少政治家、外交家、饱学之士,在处理极其复杂棘手的问题时,往往都是鼓舌如簧,以舌代剑,用舌顶剑尖处理,以雄辩的口才化险为夷,反败为胜。三国时期的诸葛亮就非常善演讲。在八十万曹军压境的情况下,他以一对十,谈笑风生,舌战群儒,晓之以理,动之以情,轻易地说服孙权共同抗曹,为三分天下奠定了基础。1940 年,德国实施"海狮计划"对伦敦大肆轰炸,正是丘吉儿唤起民族觉醒的演讲,使英国人民同仇敌忾,义无反顾地与德军作战。1941 年,希特勒以重兵三面包围莫斯科,在苏联首都危急的情况下,斯大林正是用慷慨激昂、气魄雄伟的《致苏维埃全国同胞书》来激起苏军斗志和对德寇的仇恨,最终把敌人赶出了境内。

所谓演讲,是指在特定的时空环境中,以有声语言和相应的体态语言为手段,公开向听众传递信息,表述见闻,阐明事理,抒发感情,以期达到感召听众的目的。它是一种直接的带有艺术性的社会实践活动。

一个人的演讲与口才的能力是可以训练的。中外历史上,有些演讲家原本是口吃,不敢在众人面前讲话,经过刻苦训练终于成功,由此改写了自己的人生。

【演讲小故事】

我们来看有关演讲家的一些小故事吧!

闻一多先生是中国著名的演讲家。1919 年,他在清华大学上学的时候,曾在一篇日记中检讨:"近来演讲课练习又渐疏,不猛起直追恐便落人后。""演说降到中等,此大耻奇辱也。"随后几天,他在日记中连续记载:"夜出外习演讲十二遍。""演说果有进步,当益求精致。""夜到凉亭练演说三遍",回宿舍又"温演说五遍"。从这寥寥数语,可见闻一多当年苦练演讲的功夫。

【点击名家】

在心中拔河

我曾深深地为一个希腊故事感动。

以前,希腊有一个大政治家叫狄摩西尼。天生的不幸,使他的齿唇上留有缺陷,说话含混不清,难与人沟通、交流,这很令他苦恼。

为了纠正自己的这个毛病,狄摩西尼找来一块小鹅卵石含在嘴里练习说话。有时跑到海边,有时跑到山上,尽量放开喉咙背诵诗文,练习一口气念好几个句子。长时间的练习,石子磨破了他的牙龈,每次都弄得满嘴是血。后来,血竟染红了他嘴里的那块石头。但这些困难并没有使他放弃练习,一直到口齿流利,能侃侃而谈为止。

我想,狄摩西尼的故事之所以感人,是因为他在用意志与躯体抗争,用美好的愿望与不幸的缺陷抗争……

其实,这更像是在拔河,是在心里拔河。

有时候,我们的心中时常会萌生出一些美好的愿望,并按照这美丽的线索,

去寻找自己生命的春天。但是自身的缺陷、懒惰、怯懦等常常束缚着愿望远行的脚步。为此,双方总要在内心深处较量一番。

在心中拔河,恐怕每个人都不想做个失败者,那么何不在平日里就为美好的愿望多多加油鼓劲!

【活动体验】

1. 根据已掌握的演讲要领,试着大方地在同学面前介绍自己;

2. 结合刚才的活动,向同学们介绍你收集的关于演讲的相关知识,最好结合自己的示范,给人以"身临其境"之感;

3. 评价同学以及自己的表现。

【练一练】

(1)大声地、有感情地朗读一首诗或歌曲的歌词;

(2)选出最喜欢的一小节在小组内自由练读;

(3)交流:谁来把你喜欢的小节读给大家听? 能说说为什么喜欢吗?

(4)朗诵比赛:谁想第一个争当朗诵小能手?

有效而具体的最佳方式,就是诉诸听众以视觉形象,试想,如果教人打高尔夫球,连续讲述几小时的原理和方法,听众要打瞌睡的,但是你在球场边边讲边示范,人家就会认真去听去看,正如中国谚语所云:百闻不如一见。

【肢体语言的使用原则】

①雅观自然。

②保持三个协调:手势与全身协调,手势与口头语言协调,手势与感情协调。

③因人制宜,演讲者根据自身条件选择合适的有表现力的手势。

【肢体语言的使用方法】

1. 表情:与演讲的内容相配合;真心微笑

2. 目光:始终与观众接触,时间 2~3 秒;随机转移,顾及全场;

不要忘记旁边和比较远的人。

3. 手势:足够大的幅度;手势保持 2 秒钟;避免反复同一动作

【他山之石】

课前三分钟演讲示例——

不痴难以成"魔"

亲爱的同学们：

大家好！我们先来听一个"嗨嗨"拳的故事：

从前，一个恶霸在沧州摆下擂台，打败了前来挑战的各路高手，连当地有名的老拳师也被他一脚踢下擂台。这时候，一个陌生的年轻人爬上擂台，与恶霸交手。只见他把脚一跺，大吼一声"嗨"，恶霸被震得倒退两步；年轻人抢步上前右拳猛击，又大吼一声"嗨"，一拳击中恶霸，恶霸还没来得及还手，就吐血在地。在众人的欢呼声中，年轻人却下台跪谢老拳师传授的绝招。老拳师很纳闷，他从未收过这个徒弟呀。

原来，十年前年轻人去学艺，被老拳师拒之门外。他苦等了三天三夜，才得到老拳师传授的"嗨嗨"拳，就是一跺脚，一出拳。这本是老拳师的权宜之计，没想到他一练就是十年，把简单练到了极致，一出招便打败了恶霸。

俗话说"不痴难以成魔"，"痴"是专注、迷恋，"魔"指成功。年轻人如果不对武术痴迷，也不能达到一招制敌的境界。痴迷，在某种程度上，其实是成功的一种保证。

好莱坞著名导演卡梅隆正是因为对电影痴迷，才在电影史上创造了一个又一个丰碑。他起初是个工人，做过清洁工、卡车司机。但他痴迷于电影，数年如一日地跑到加州大学图书馆刻苦攻读电影课程，为了拍摄《终极者》，他居然以1美元的价格把剧本卖给了制片人。他步入电影行业后，每次拍摄前都要找到制片人，只为一句话："一旦电影开拍，唯一可以阻止我的方法就是杀了我。"十几年前，他拍摄《泰坦尼克号》期间，各种质疑铺天盖地而来，他充耳不闻，并扬言："'泰坦尼克号'可沉，《泰坦尼克号》永不沉没！"《泰坦尼克号》成为电影经典。之后，卡梅隆消失了，这一消失就是12年，痴迷而疯狂地运用3D技术拍摄电影，再次出山带来的便是那部《阿凡达》。如今，他的3D版《泰坦尼克号》又一次在全球热映。

痴迷，令你醉心于某件事，做到心无旁骛，将好钢用在刀刃上；痴迷，让你花大力气去琢磨某件事，方法总比问题多，琢磨多了、练习多了，问题自然迎刃而解。正如电影《当幸福来敲门》的主人公原型加德纳所说："找到你痴迷的事情，那么，太阳还没升起时，你就迫不及待地去做了。"当然了，所痴迷的事一定要是正确、有意义的，否则就会走上歪路。祝愿大家痴迷而成"魔"！

谢谢大家！

【名人故事会】

汪涵妙劝欧弟

《天天向上》是湖南卫视精心打造的一档礼仪脱口秀节目，由内地娱乐主持界的"一哥"汪涵和台湾"搞笑大王"等人搭档主持，以其活泼搞笑的风格而大受观众喜爱。

然而，2011年由于大陆"限娱令"的颁发，再加上各种负面新闻的侵扰，欧弟的心情很不好，甚至想放弃《天天向上》的主持工作。看到欧弟失魂落魄的样子，汪涵准备劝说他一番，孰料欧弟不等他开口，就请假回了台湾。汪涵开始给欧弟打电话，但每次打都是关机。汪涵实在不愿看到欧弟功亏一篑，于是赶到台湾去找欧弟。

见面之后，欧弟不等汪涵开口就对他说："我真的累了，压力太大了。"汪涵清楚欧弟此刻的心情，故意说："欧弟，我这次来并不完全是为了让你回去的，而仅仅想和你聊聊天。怎么着，我这么大老远跑来，你也不带我到处走走？"欧弟信以为真，便带汪涵走出家门。

欧弟家附近有个很有名的石铺，老板是一位技艺精湛的老石匠，一块块岩石经过他的刻凿，便成了千姿百态栩栩如生的花鸟石刻。汪涵喜欢艺术，欧弟便带他去看看石匠的神工。

欧弟和汪涵踱至石铺，见老石匠正为一位政要刻一块纪念铭。汪涵见后，叹息道："有人淡如云影，有人却把自己活进了史册里，后者真是不虚此生啊！"

老石匠停下锤，问汪涵说："你是想一生虚如云影，还是想让自己流芳千古？"

汪涵长叹一声说："我普通人一个，想把自己刻到后代人的心里，那不是比登天还难吗？"

老石匠听了，摇摇头说："其实并不难啊，要把这块石坯刻成碑铭，就要雕琢它。"老石匠说完，就手握铁锤叮叮咣咣地凿起来。不一会儿，岩石上便现出了一朵栩栩如生的莲花图案。"如果想使这个图案不容易被风雨抹平，那就要凿得更深些，要剔掉更多的石屑。只有剔凿掉许多不必要的石屑，才能成为浮屠和碑铭。"老石匠继续说。

汪涵没有再说话，而是把目光转向一旁的欧弟。欧弟低下了头，他们的对话，字字句句都刻在了他心里。

"涵哥，我们走吧。"说着，欧弟已走出了铺子。

待到转口处，汪涵说："我有点渴了，你能不能买瓶水给我喝呢？"

"当然可以。"一直低头走路的欧弟终于开口说话了。

"真可惜呀！"汪涵一边喝水一边自言自语。

"可惜什么？"欧弟不解地问。

"同样的一瓶水，便利店里2块钱，五星级酒店里却30块。"

"你真细心，我都没发现这个问题。"欧弟绷紧的脸顿时松弛下来许多。

见状，汪涵趁机问："离开后，想做什么呢？"

欧弟摇头笑笑。

汪涵接着说道："像这水一样，很多时候，一个人的价值取决于所在的位置。人的生命和时间有限，选择正确的人生位置，能让生命和生活有更多的时间、空间放真正需要的东西。"

"涵哥，你的良苦用心，我懂的。"欧弟感激地说。

"欧弟，你的表现非常棒。但人生总会遇到各种不如意，正如那位老石匠所说，人只要敢于剔凿掉自己的缺点和不足，不断割舍生命中多余的'石屑'，就能镂刻出别样的景致。而主持这个岗位，真的适合你。只要你在正确的位置，不断地雕刻自己，远比你在其他的领域会更易成功。"

这一番话如醍醐灌顶，使得欧弟猛醒，他心悦诚服地说："涵哥，多谢你能告诉我这些道理，我想我知道以后该怎么做了。"

之后，欧弟重回《天天向上》，精神面貌也焕然一新，他的主持技艺得到了更多的观众的认可和喜爱，还获誉为"中国电视最具潜力主持人"。

第三章 **03**

**绿色生命课堂的深化是实施
绿色生命教育的关键**

"为生命添彩"是我校的办学理念,"绿色生命教育"是我校的特色。而课堂是唤醒生命、成就生命的最重要的场所。好学校是因为有好课堂,好课堂是因为学生精彩。

我校是威海市"生命化课堂"研究的第二批实验校。我们先前积极参与了"生命化课堂"提出的"目标、教学、评价一体化"和"小模块多反馈"研究。在此基础上,我校通过"齐鲁名校长"和"1751工程"这两个平台,积极地学习和借鉴兄弟学校的先进经验,并有幸得到了"和谐教育"的创始人王敏勤教授、合作学习的专家于春祥老师的亲自指导,开展了我校的"五环节和谐高效课堂"教学模式的探索。

五环节是指:情景导入、呈现目标、探究应用、课堂小结、检测反馈五个环节。

1. 情景导入

该环节要求老师创设问题情景,然后以知识树的形式导入学习。如果是单元的第一课时,只呈现单元知识树的第一层次,即本单元知识的大类,让学生了解本单元编者的意图和选材特点,或者引导学生分析本单元的教学重点和知识结构,向学生说明学习本单元的基本方法。后续课时的导入则是知识树的逐级完善过程。

2. 呈现目标

目标是课堂的方向,是一堂课的起点和归宿。清晰具体的目标是高效课堂的首要保证。我们对目标的要求有三点:一是目标源于课标。即吃透课标,将课程目标分解细化成具体的学习目标;二是根据目标设计相应模块,每个模块要能检测相应目标的达成度;三是学习重点要从"知识技能"层面向"过程方法"层面迁移。

3. 探究应用

这是课堂的主体环节。学习内容紧扣学习目标以模块化的形式出现,一般不超过三个模块。每个模块的基本形式是问题 + 探究 + 小结 + 反馈。用问题引导学生自主探究,用检测反馈目标达成。第一个模块中的问题探究是学生预习课本时可以直接感知到的内容,通过阅读,80%的学生可以自己找到答案,并能学会,以学生"独学"为主;第二个模块放在学习的重难点上,让学生先"独学",再"对学"、"群学"(即自学——组内交流——展示质疑——教师点拨),重在思路的引导,方法的提升;第三个模块重在迁移运用上,鼓励学生质疑,生生、师生之间互动,培养学生提出问题的能力和迁移创新能力。模块化设计的好处在于,一是课堂结构相对稳定,老师不必把精力放在形式上,而用在教材的挖掘和模块中问题的设计上;二是模块一旦形成,课堂操作将更加灵活,教师可以根据学情灵活的调整进度和选择模块。比如感觉学生有的模块掌握起来很容易可以跳过该模块直接进入重点。

4. 课堂小结

课堂小结环节主要是引导学生总结归纳本节课的主要内容,寻找解决问题的规律、技巧和方法,用知识树或网络图的形式梳理要点、把握重要内容,形成完整的知识体系。课堂的节奏是以模块中的小结和课堂小结为节点的。小结的重要作用既是承上启示,也是给学生一个歇气体悟的机会,享受任务完成之后的平静,欣赏自己的成果。一味快节奏推进的课堂不是好课堂,因为学生没有内化的时间,常常会"1 + 1 = 0",课堂不能及时内化,课间一休息,很多效果就丧失了。所以小结一定要有,且结论明显,要有停顿并掷地有声。

5. 检测反馈

检测反馈注重考察本节课的知识点,面广但难度不高,让学生在规定的时间内达标,学有余力的学生在此基础上适当拓展,让每个学生每节课都有发展。处理方式为学生展讲为主、教师补充为辅,同时给予学生足够时间修正、反思,做到堂堂达标,人人达标。

第一节　语文学科模式及课例

第一部分：模式概述

一、语文学科的特点

语言是重要的交际工具，是人类文化的重要组成部分。现代社会要求公民具备良好的人文素养和科学素养，具备创新精神、合作意识和开放的视野，具备包括阅读理解与表达交流在内的多方面的基本能力，以及运用现代技术搜集和处理信息的能力。语文教育应该而且能够为适应和满足社会进步与学生自身发展的需要，为培养和造就一代新人发挥重要作用。

初中语文有以下特点：

1. 基础性、工具性

语文课的任务就是既要培养学生听、说、读、写的语文能力，还要传授并使学生掌握一定的语文知识，语文知识和能力是学好其他学科的基础。

"口语交际能力"是语文学科工具性的最好体现。在现代社会的交际当中，语文水平显得非常重要，一个人读书看报的习惯、自学的能力及使用工具书和检索信息的能力都要靠语文学习来形成。

2. 人文性、思想性

初中《语文教学大纲》中写道："在教学过程中，要进一步培养热爱祖国语言文字，热爱高尚的审美情趣和一定的审美能力，发展健康个性，形成健全人格。"这些都表明了语文学科具有一定的思想性。高尔基说过"文学就是人学"。人文性与思想性一样，都是语文学科的本质属性，两者只是对一样东西的不同表述。基于这种认识，语文教学就要在进行听说读写等语文训练的同时，通过优秀文化的熏陶感染，提高学生的思想道德修养和审美情趣，促进德、智、体、美诸方面的和谐发展，充分渗透和体现其"人文性、思想性"的特点。

3. 开放性、多样性

语文教学的内容，上下数千年，纵横数万里，海阔天空，百川汇聚，学习资源和实践机会无处不在，无时不有。语文教学不仅仅限于学校内的课堂，学生还可以积极参与到课外的语文活动中，在大量的语文实践中体会、掌握、运用语文的规律，从而促进语文水平的提高。小说、报纸、电视、文艺演出，甚至街头的标语、广告，都是学习语文的良好素材。俗语说：处处留心皆学问。这句话用在语文学习上，也很恰当。

语文教学不但在内容上具有开放性，教学方式上也具有多样性：可以读，可以问,可以说,可以唱;有时哄堂大笑,有时屏声静气;有时口若悬河,滔滔不绝;有时伏案疾书,洋洋洒洒。

4. 实践性、应用性

语文是实践性很强的课程,应着重培养学生的语文实践能力,而培养这种能力的主要途径也应是语文实践。通常说:曲不离口,拳不离手。学习,既要"学",又要"习"。读书、写字、作文、讲话、听话、写信等等,都是语文实践活动,也是语文的应用。

语文是母语教育课程,应该让学生更多地直接接触语文材料,而不宜刻意追求语文知识的系统和完整。语文课程还应考虑汉语言文字的特点对识字写字、阅读写作、口语交际和学生思维发展等方面的影响,在教学中尤其要重视培养良好的语感和整体把握的能力。

5. 探究性、创造性

语文教学不但要以学生活动为主,而且还要进行研究性学习,培养学生的创新精神。语文课程必须根据学生身心发展和语文学习的特点,关注学生的个体差异和不同的学习需求,爱护学生的好奇心、求知欲,充分激发学生的主动意识和进取精神。所以,语文教学不再是死记硬背和口耳相传,而是需要激发学生的学习兴趣,启发学生的思维方式,带领学生去探讨、去研究、去创造。学习的过程,就是探究的过程,也是创造的过程。探究性和创造性,同样是语文学科必不可少的特点。

6. 时代性、超前性

语文学科注重用优秀的作品鼓舞人,用高尚的思想激励人。语文反映历史,也反映现实,具有很强的时代性。语文课程应继承语文教育的优秀传统,要面向现代化,面向世界,面向未来,并注重跨学科的学习和现代科技手段的运用,使学生在不同内容和方法的相互交叉、渗透和整合中开阔视野,提高学习效率,初步获得现代社会所需要的语文素养。而先进的文化既是一个时代的精神财富,又是引导人们前进的动力,还必须具有超前性。

语文学习的内容,同样既有时代性,又有超前性。

二、语文知识分类

记叙文　散文　说明文　文言文

议论文　小说　作文　诗歌

三、语文学科教学模式

模式名称	创始人	适用范围
"闯关三六九"教学模式	孙立静	语文综合性学习
"主体参与式"古诗文教学模式	张淑娜	文言文教学
"鱼↔渔"作文指导课模式	张玉霞	作文教学

第二部分:模式具体操作流程

◎运用该模式的课例

"闯关三六九"语文综合性学习教学模式

一、教学模式概述:

"闯关三六九"语文综合性学习教学法是通过语文综合方法的运用,提高学生提出问题、分析问题、解决问题的能力,掌握自主学习的方法,树立终身学习语文的新理念。

所谓"闯关三六九":

三——课堂三大板块:知识问答、成果展示、唇枪舌剑

六——培养学生六大能力:

1. 团队合作能力

2. 搜集整理资料的能力

3. 书写绘画的能力

4. 歌唱表演的能力

5. 审美评价的能力

6. 口语表达的能力

九——学生九大分工

1. 主持人(负责主持每一个板块)

2. 情报员(负责搜集整理资料)

3. 答题员(第一板块负责答题)

4. 书画家(负责绘画、办手抄报)

5. 演员(负责用文艺形式把自己搜集到的东西展示出来)

6. 辩论员(负责最后一部分参与辩论)

7. 记分员(负责给自己小组计分)

8. 监督员(负责监督其他小组人员计分)

9. 评审团(负责在第二环节给每个展示的小组打分)

本模式,从课前准备到课堂展示,让每一个学生都有事可做,都担当一份责任,可以极大地调动学生的积极性,并让他们在这些活动中能力得到相应的提高。

二、教学思想:

新课标在课程基本目标中提出"语文综合性学习有利于学生在感兴趣的自主活动中全面提高语文素养,是培养学生主动探索、团结合作、勇于创新精神的重要途径"。基于此,模式在课堂上以知识问答、成果展示、唇枪舌剑为主线,利用这种方式

使学生将学校生活、家庭生活、社会生活联系起来,让他们在活动中提出问题、搜集资料、展开讨论,培养运用语文知识的能力。使学生形成"自主、探究、合作"的学习方式,培养学生的观察感悟、综合表达、人际交往、组织策划等各方面的能力。

三、教学内容和教学目标:

教学内容:1. 学生在教师指导下自主进行主题活动,如办刊、演出、辩论、参观、观摩电影、采访、朗诵会等。

2. 学生在教师指导下自主进行研究活动,从自然现象、社会现象和自我生活中选择和确定有关语文或与语文相关的研究专题,并在研究过程中主动地获取知识,如"怎样搜集资料""世界何时铸剑为犁""莲文化的魅力"等。

教学目标:1. 学生能自主组织文学活动。

2. 学生能提出学习和生活中的问题进行探讨。

3. 学生能关心学校及社会上的热点问题,调查访问。

4. 学生能掌握查找资料的方法。

四、教学模式流程图:

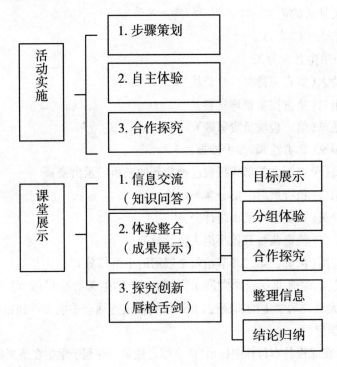

五、操作流程：

我们主要分两步走：活动实施、课堂展示

（一）活动实施

活动实施是综合性学习的重要环节，也是关键步骤，在这一阶段，学生是活动主体，教师则起到组织协调、指导参与的作用。

1. 步骤策划。即活动主体学生在教师的指导下，明确综合性学习的目的任务和活动主题，自主策划其具体活动方略、活动步骤、成果呈现形式和小组成员的分工合作等。

（1）把学生分成6——8个组，并把他们进行九大分工。

（2）教师制作课件

2. 自主体验。学生通过阅读积累、考察参观、调查采访等不同的途径和方式，积累占有信息，自主体验，从而获得知识，在体验过程中掌握方法，同时得到情感积累，受到态度和价值观的熏陶，老师在这一过程中首先是积极参与，同时还要对学生的独特体验给予适时的引导。在这一过程中我们要求学生可以有多种形式：搜集筛选、调查采访、编辑整合、阅读交流等，把语文知识运用于生活，在人与人的相互沟通与理解中，传承人类科学和文化。

3. 合作探究。这一过程是综合性学习活动实施阶段的重要内容，即学生把自主体验所获得的知识、情感、方法与同伴进行交流整合，并对所占有的信息资源进行探究思考，从而构建新的知识体系，形成新的理性认识和情感积累，从而深化语文学习新体验。在学生合作探究过程中，教师则起到指导和促进作用，并对学生在这一过程中所生成的新的学习目标进行恰当的引导和帮助。

（二）课堂展示

课堂展示是综合性学习的信息整合和成果呈现阶段，也是综合性学习指向语文基本目标，引导学生进行探究创新的阶段，我们在综合性学习实验中，重视课堂展示这一综合性学习中的重要环节。

1. 信息交流（知识问答）

操作：①板块主持人登场，公布比赛规则。

②对照屏幕老师出的题抢答并记分。

③小组总分，公布结果，主持人总结。

目的：考查学生积累的信息和探究成果，调动学生的所有感官参与语文学习，刺激学生的思维，以唤起学生的联想。

好处：引导学生从时间、空间、跨学科、跨领域的综合性的环境中，开发更多的语文学习资源——影视、图书、网络、实景、老师、专家，把学生带入到一个更广阔更丰富的语文学习环境之中,以增大课堂容量;还尽可能挖掘隐性学习资源,利用生成性资源,如学生的成长经验、教师本身蕴含的资源信息,以丰富语文课堂。

2. 体验整合(成果展示)

操作:①板块主持人登场,公布比赛规则。

②学生针对课前布置的主题,通过图片、作文、手抄报、歌曲、诗歌、舞蹈等展示,大众评审团打分。

③小组总分,公布结果,主持人总结。

目的:展示学生从不同角度、不同层面查阅收集的资料,呈现研究的结果。

好处:使学生在展示过程中有个性化呈现,对所拥有的信息有自己独特的呈现方式,让各自都有所创造,有所开拓。

3. 探究创新(唇枪舌剑)

操作:①板块主持人登场,公布辩论赛规则。

②正反方展开辩论

③教师点评总结

目的:展示学生从不同角度、不同层面查阅收集的资料,呈现研究的结果,活跃班级文化氛围,提高学生思维和语言表达能力。

好处:1. 通过辩论,学生可以学到很多新知识及思维方法,还可以拓宽视野,培养综合素质。

2. 通过一场辩论,可以让学生看出自己对某一方面知识的认知广度和深度,以及思维的敏捷性,从而不断努力。

3. 读说写全部运用,充分调到了学生的各种感官,阐述自己独到的见解,对写作大有帮助。

◎运用该模式的课例

五环闪耀　畅想伦敦

——综合性学习《畅想奥运》教学设计

教学目标:

1. 利用课前准备和课堂教学时间,使学生初步了解奥运的有关知识,比如奥运由来、五环旗的含义、我国在奥运方面取得的成绩等。

2. 让学生学唱奥运歌曲、记录奥运足迹,感受奥运的魅力。

3. 通过辩论让学生明白奥运的精神。

课前准备:

1. 把学生分成6——8个组,并把他们进行九大分工。

2. 教师制作课件。

教学过程:

一、(课件展示奥运会的胜景,同时播放 1988 年汉城奥运主题曲,带领学生欣赏奥运,走进奥运)

(教师导语)一曲意蕴悠长的《手拉手》把我们带进了精彩纷呈的奥运盛会。当圣火再一次被点燃,全世界的目光都被五环照亮;当梦想之花再一次绽放,70 亿颗心都在伦敦碗边跳荡。我们手拉手,友谊传四方。我们手拉手,共同迎接清晨带来的和平曙光。同学们,下面就让我们一起走近伦敦,去享受奥林匹克带给我们的精神盛宴吧!

二、第一关:智者为王

师:课前已经布置大家分小组收集整理了奥林匹克有关知识,相信同学们已经胸有成竹,要一比高下了。下面我们就进入本活动课的第一个板块——智者为王。掌声有请主持人闪亮登场!

(第一板块主持人)老师说我闪亮登场,实在不敢当,我既不伟岸也不英俊,跟"闪亮"这两个字实在无缘。不过,今天我一定是这个教室里最无私、最公正的人!我先来公布比赛规则,我读完题目说"开始"后,大家方可举手抢答,每小组每题只有一次答题机会,答对加十分,答错扣十分。请看大屏幕:

第一部分:奥运常识

1. 奥林匹克运动的发祥地在何处? 奥林匹亚为奥林匹克运动的发祥地,位于希腊首都雅典。

2. "奥林匹克之父"是对谁的尊称? 顾拜旦。

3. 奥林匹克会旗图案是什么? 有什么含义?

奥林匹克会旗为白色,中央有 5 个互相套连的圆环,颜色自左至右依次为蓝、黄、黑、绿、红。5 个环象征五大洲的团结和全世界的运动员,以公平的比赛和友谊的精神在奥运会上相聚。

4. 国际奥委会总部在何处? 设在有世界"花园城市"之称的瑞士洛桑。

5. 奥林匹克运动的宗旨是什么? 使体育运动为人类的和谐发展服务,以提高人类尊严;以友谊、团结和公平竞赛的精神,促进青年之间的相互理解,从而有助于建立一个更加美好的和平的世界;使世界运动员在每 4 年一次的盛大的体育节日—奥林匹克运动会中聚会在一起。

6. 奥林匹克格言是什么? 更快、更高、更强。

7. 奥林匹克的口号是什么? 重要的是参与,不是胜利。

8. 奥林匹克火炬起源于古希腊神话中谁为人类上天盗取火种的故事。为了纪念谁古代奥运会采取点燃圣火的仪式? 普罗米修斯。

9. 首届禁烟奥运会是哪届? 第二十五届巴塞罗那奥运会。

10. 亚洲第一个主办夏季奥运会的城市是哪里? 东京。

11. 有这样一位运动员,他一生中共获得银牌 4 枚,金牌 8 枚。被称为获历届冬奥会金牌最多的运动员,大家知道他是谁吗? 挪威男子代赫利。

12. 伦敦共举办了几次夏季奥运会? 3 次

13. 本次伦敦主体育馆的名称是什么? 伦敦碗。

第二部分:奥运中国

14. 1932 年第一个参加奥运会的中国人是谁? 刘长春。

15. 北京申办奥运会的口号是什么? 科技奥运、人文奥运、绿色奥运。

16. 谁在第 25 届奥运会双向飞碟射击比赛中,战胜同场竞技的男子汉们,独占鳌头? 张山

17. 新中国成立后,我国参加了几届奥运会? 是哪几届?

参加了六届奥运会,分别是 15. 23. 24. 25. 26. 27 届奥运会。

18. 北京奥运会的主题口号是什么? 同一个世界、同一个梦想。

19. 连续获得三届奥运会冠军的中国运动员是谁? 伏明霞。

20、北京申办 2008 年奥运会的会徽有何含义?

答:会徽由奥运五环色构成,形似中国传统民间工艺品"中国结",又似一个打太极拳的人形,图案如行云流水,和谐生动,充满运动感,象征世界人民团结、协作、交流、发展,携手共创新世纪;表达了奥林匹克更快、更高、更强的体育精神。

(各小组总分)

总结:从大家的积极拼抢中,我看出了你们都用心去搜集整理了,每个组的情报员、答题员都不辱使命。还有很多人都跃跃欲试,下面就请大家进入第二关!

三、第二关:奥运采风

(第二板块主持人):刚才大家在答题环节争得面红耳赤,看得出你们都很用心地来准备这节课了,虽然我们无法亲自来到伦敦,感受现场那种热烈的气氛,但是,同学们也不甘落后,大家纷纷用自己的笔、镜头、歌声记录下了我们眼中的奥运。现在就请同学们行动起来,粉墨登场!

（学生通过图画、图片、作文、手抄报、唱奥运歌曲、读奥运诗歌等方式展示，大众评审团打分）

总结：我们用自己的画笔描摹了奥运的精彩，用自己的歌声赞颂了奥运的不屈。相信大家对奥运不再陌生，下面，我们就要品味奥运的精神，让我们掌声有请老师上场！

四、第三关：唇枪舌剑

师：看到了大家曼妙的舞姿，婉转的歌声，生花的妙笔，老师也被你们的探究精神所感动，相信在今后的语文学习中，大家一定会收获成功！

今天早晨，我被一则新闻深深吸引了：在伦敦奥运男子举重 56 公斤级决赛里，只拿到银牌的吴景彪赛后接受记者采访时情绪激动，对着摄像机连鞠三个躬，并发出悔恨的哭吼：我有愧于祖国，我有愧于中国举重队，有愧于所有关心我的人。对不起大家！

看到他的泪水，我不知道大家会有什么反应，我的思考就是：我们参加奥运会的目的到底是什么？是提高民族素质，还是用金牌证明我们的能力？所以今天，最后一关的题目是：你认为体育竞技重在参与还是金牌至上？

下面就让我们展开辩论。每个小队派一名队员参加辩论，在辩论的过程中每个队的队员可以将想到的写在纸条上传给本队的辩手。现在请上主持人！

主持人：正方的观点是"以金牌论英雄"，反方的观点是"比赛重在参与"。辩论规则为正方一辩先发言，接着由反方一辩发言；然后是正、反两方的二辩、三辩轮流发言，发言时间各三分钟；接着进行自由辩论，每队各有四分钟，最后由双方四辩总结陈词，时间为四分钟。

现在开始辩论，首先请正方一辩申论。

正方一：我方的观点是：得金牌者才是真英雄。我想问问对方辩友：参加古代奥运会比赛精神口号是什么？要么取得桂冠，要么死。我国自古以来就有"胜者王侯败者寇"的说法，真心英雄就应该是那些百折不挠、勇于拼搏、怀揣大志、永不退缩的人！我方认为："重在参与"这四个字有时会成为懦弱者的借口。"不想当元帅的士兵不是好士兵"，一个不想拿金牌的运动员也不是好运动员！

反方一：我方的观点是"比赛重在参与"，大家都知道奥运意义是倡导体育精神：就是积极参与、锻炼身体、展示自我，每一个能够代表国家出征的运动健将，都是我们的自豪，都是我们的骄傲，都应受到尊重和爱戴，如果把金牌变成体育运动的唯一目标，把金牌当成指标和政绩进行量化，赢得金牌狂喜不已，失去金牌痛苦不堪，这样的体育竞技，还有什么快乐可言？失去乐趣的运动和竞技，还有体育精神吗？它离功利主义还有多远？

正方二：对方辩友不要这么无关痛痒高尚着，我们不是生活在真空中，你的梦很丰满，但是现实很骨感，我在网上看到的一则消息：曾经，在一间县宾馆会议室，几十名记者、体育局官员围着山村里接来的一对年迈的奥运选手父母。当奥运选手夺奖牌无望后，刹那间只留下年迈的父母，以及一骑绝尘的悲凉，甚至都没有人送老人回家。在我们国家的很多地区，金牌可以光耀门楣，它承载的是几代人的梦想和光荣！

反方二：对方辩友提到的事情在某些地区的确存在，我们无力回天。但我要说：你们认为金牌代表着国家荣誉，代表着运动员人生路程无可替代的辉煌，我不反对这样的说法。但不能让它成为运动员的人生全部追求，更不能让它成为摧残人性的巨大重压。叶乔波为国征战，不惜牺牲自己的健康，对国家而言：她是英雄；对家庭而言：她是不是父母心头永远的痛？我觉得体育的精髓应该是：以真正热爱体育、热爱运动竞技的业余运动员为主打力量，运动员不论得牌与否，只要他们参与了，拼搏了，尽力了，他们能从这项运动中获得的乐趣和快感，这，才真正接近并体现着体育精神。

正方三：如果金牌不重要，就相当于说：在我们的学习中考得好不好没有关系，只要我努力了就行！生活中有没有这样的人：平时学的特别好，一考试就糟糕的？考的糟我们不会去指责你，但是如何证明你平时努力了呢？怎么能够看出你付出了呢？体育精神如何理解？更高、更快、更强，不也是要我们用高、快、强来证明吗？

反方三：成绩固然重要，但是不是一定要靠高分来证明？"腹有诗书气自华"，我读书了不见得能够考出高分，但我充实了自己快乐了人生。体育锻炼更是如此，我不一定要拿金牌，我拥有了一个健康的体魄，快乐的心态，难道不是每个人梦寐以求的吗？金牌数量多，就能代表我们体格强健吗？就能证明我们是体育大国吗？国外有很多奖牌数很少的国家，可是人家的公共健身设施比比皆是。我们呢？哪里寻得到一块公共的草地来踢足球？哪里有乒乓球台子任我们挥舞？所以我认为：生活中重要的不是凯旋而是奋斗，其精髓不是为了获胜，而是使人类变得更勇敢、更健壮、更谨慎和更落落大方。

（下面自由辩论）

主持人：最后请老师点评！师：刚才大家的辩论可谓硝烟弥漫。老师欣赏你们的口才更佩服你们的才华！金牌的确能够从一定的意义上体现一个民族的精神，比如说，当许海峰的第一枪揭开了我们体育的新篇章之后，很多国家从此对我们刮目相看。但是，片面的追求名次，会让我们的人生走进另一个误区。我更信奉鲁迅先生在一篇文章中所说的：一场比赛，我们往往把夺冠者奉为振臂而呼、从者云集的英雄，而我，更看重那些落后了却一直坚持的人，还有那些在看台上关注着他而不笑的人，这，——才是未来中国的脊梁！愿我们在座的每一个同学，都能从这场奥运之旅中收获着知识，体验着快乐，用自己的坚持和执著撑起中华民族的天空！（播放歌曲《雄心飞扬》）

"主体参与式"古诗文教学模式

一、模式概述

初中课本中的古诗文，几乎遍涉古文经典。从先秦诸子到唐宋散文；从《诗经》到唐诗宋词元曲……虽只是浩瀚的文学海洋的点滴，却是中华文化的沉沉载体，它们如同一条源远流长的大河，脉脉相承，孕育了一代又一代优秀人才，滋养着一代又一代的中国人，它的重要功能是现代文教学所不能代替的。

但传统的文言文教学总是以教师串讲为主，以学生生吞活剥，死记硬背为主，导致课堂气氛沉闷枯燥。在这样的课堂上，学生不是作为知识的探索者，而是被动的接受者，时间长了，逐渐丧失了学习古文化的兴趣，生动鲜活的文言文变成了呆板生涩的文字材料。

如何让学生喝了这一瓢而喜爱那浩瀚的大海？如何让学生在品味这些脍炙人口、悲壮激扬的佳句时，得到最真切的美的享受、情的熏陶？如何拉近今人与古人的距离，更有效地进行古诗文教学呢？我们觉得可以把课堂教学以教师串讲为主，变为以学生诵读为主，让学生在教师指导下，吟咏诗文，逐步形成语言的感悟能力。

为了打破传统文言文的教学模式，贯彻课程标准新理念，根据美国教育家杜威提出的"在做中学"的观点，古诗文的教学，我们采用了"主体参与式"的活动设计，确定了学生的主体地位，放手让学生开展"自主，合作，探究"的语文活动。教师在教学过程中只作为学生学习活动的组织者和合作者，只作为教学情境的创设者，学生活动中的伙伴，学生才是主动的学习参与者，是问题的发现者，思考者，解决者，是创造过程及创造乐趣的享受者，是发展的主体因素。

在教学组织形式上，我们以小组教学为主，小组成员分配上兼顾好、中、差三类学生，教育面向全体学生，从客观上实现教育公平，既承认学生的个体差异，又保证了学生的整体提高。在教学方法上，以讨论、表演、展示、竞赛等便于学生自主参与、协同工作的活动为主要方法，符合学生年龄及认知特点，极大调动学生学习兴趣，激发创造意识。

为了避免活动教学沦于"热闹"的表象，我们在每一个环节中都精心设计了要求及论题,教师随时注意点拨评价,引导学生积累知识点,将学生思维引向纵深处,鼓励学生在已有的生活体验的基础上,个性化的解读文本。

"主体参与式"教学法,是通过精心设计各种环节,逐步引导学生通过"我会……"由浅入深地探讨课文,训练学生的读写能力,让学生喜欢文言文,并且与现代生活相联系的一种教学方法。

二、教学思想

1. 美国教育家杜威提出的"在做中学"的观点。

2.《语文课程标准》所积极倡导的自主、合作、探究的学习方式。

在本模式中,课堂倡导自主、合作、探究的学习方法。以培养学生对文言文的学习兴趣为主,侧重听、说、读。在课堂活动设计上采用小组合作的方式,小组捆绑评价机制,激励学生大胆展示自己的朗读和表达。

三、教学内容和教学目标

1. 教学内容:

(1)文言文的字音、字形、词意、句意。

(2)分析文章,体会作者的思想感情。

(3)探究文章的写作技巧。

2. 教学目标:

(1)熟练朗读、背诵文言文。

(2)疏通文章,品析精彩词句。

(3)学习文章的写作技巧以及作者所寄寓的思想感情。

四、教学模式流程图

五、操作流程

1."我会说":课前准备,查阅相关资料;准备《新华字典》、《古汉语字典》等工具书;旨在培养学生收集信息、整理信息的能力;锻炼口头表达。

2."我能读":学会熟练诵读文言文。

3."我会译":积累文言实词,理解故事大意。

4."我能析":多角度解读文本。

5."我会演":意在让学生通过编演课本剧进一步把握人物形象,充分展示自我。

6."我能背":在理解全文的基础上能当堂成诵。

7."我来写":锻炼想象与联想能力,续写与仿写的能力。

教师:划分学习小组并确定组长;复印相关资料。

备注:课堂上根据每一课具体的内容及特点可以对其中的如"我会演"、"我能背"、"我来写"等环节适当地删减采用,目的是调动学生的参与积极性,自主地完成学习任务。

◎运用该模式的课例

《扁鹊见蔡桓公》教案

一、设计说明

《新课程标准》要求7-9年级的学生能阅读浅显文言文,能借助工具书和注释理解课文基本内容,能掌握基本的文言实词、文言虚词的含义,强调文言句式的意义和句法的落实。《扁鹊见蔡桓公》是学生升入初三接触的第二篇文言文,就此开始训练学生掌握阅读、理解文言文的基本方法,引导学生看注释、借助工具书理解词语的含义,通过准确理解具体语言环境中的词语的含义,准确理解句意乃至文意。

本文故事性强,人物形象鲜明生动,语言精练,学生非常爱读,因此在本课教学中,我认为不应以教师的分析来代替学生的阅读实践,而应以读为主,引导学生在读中学,在读中悟。通过教,让学生掌握学习方式,通过教师的组织、引导、帮助,促进学生自主学习,自行探讨,从而完成本课的学习目标。

二、学习目标

1. 通过朗读疏通文意,掌握常见文言字词,总结文言现象,提高翻译能力。

2. 学习课文线索分明、层次清晰、人物刻画传神的写法。

3. 在诵读的基础上理解深刻寓意。

三、教学重点:目标 1 和目标 3

四、教学难点:理解文章的寓意以及在日常生活的指导作用。

五、教学过程：

今天,我们学习25课《扁鹊见蔡桓公》。(板书课题)(出示单元树)第五单元都是先秦诸子百家的散文,这些散文,极具文采,善用譬喻陈说事理。本单元的这五篇就各具特色。今天我们要学的《扁鹊见蔡桓公》,是韩非子的一篇短文,一共才199字,情节浅显却不乏生动传神,学习这篇课文,(出示目标)

1. 通过朗读疏通文意,掌握常见文言字词,总结文言现象,提高翻译能力。

2. 学习课文线索分明、层次清晰、人物刻画传神的写法。

3. 在诵读的基础上理解深刻寓意。

现在,我要检查一下同学们的预习情况：

一、我会说

交流作者与相关背景。

(限定每人只能说精简的三句,不能和前面说的人重复,自由发言,每人次为小组+2分)

交流到这里暂时结束,相信大家在整理资料的过程中,已经对韩非子有了初步了解,看,这是老师做的一个简单概括,自己大声读出来。

我们再来看一下课文中出现的两个人物。(课件展示)

为你呈现:相关人物及资料简介。

二、我能读

了解了人物,我们现在开始读课文,请大家看清读课文的要求,尤其是组长。

熟读正音。

自学指导一:请你放声读课文,至少读三遍

一读:注意字音,可借助工具书,也可小组合作,读完一遍后完成导学案中的"标出字音"。

二读:注意停顿与节奏,完成导学案中的"划出节奏"。

三读:小组齐读,读得自然、流畅。

我们来请同学读一下你的字音1组4号,然后齐读两遍。

帮你巩固：

字音与节奏:有间 jiān 腠 còu 理

好 hào 治不病 桓侯不应 yìng

还 xuán 走 火齐 jì

汤 tàng 熨 yùn 之所及 骨髓 suǐ 遂 suì

2组4号同学说一下,这三个句子的节奏,

1. 君有疾/ 在腠理, 不治/ 将恐深.

2. 医 之 好 治 不 病 / 以 为 功.

3. 今 / 在 骨 髓, 臣 / 是 以 无 请 也.

4. 君 有 疾 / 在 腠 理, 不 治 / 将 恐 深

三、我会译

读完课文,咱们来疏通一下文意。方法和平时一样,提醒基础好的同学翻译完以后,可以完成导学案中文言现象总结中的题。

自学指导二:请你结合课下注解疏通文意。

合作学习流程:

1. 独立疏通文意,标注疑难词句。

2. 组内讨论交流,解决疑难问题。

3. 班内展示。

提问每组4号学生翻译句子,3号学生解释单个字意思,提醒同学们在听的过程中随时做好笔记。(看时间,不超过15分钟,可以给时间巩固一下)

附:文言现象总结

A:找出句中的通假字,并解释

①望桓侯而还走("还"通"旋",回转,掉转。)②汤熨之所及也("汤"通"烫",用热水焐。)③火齐之所及也("齐"通"剂",药剂。)

B:古今异义

①居十日,扁鹊复见②不治将益深③立有间④望桓侯而还走

C:一字多意

$$故\begin{cases}桓侯故使人问之\\广故数言欲亡\\故君子有不战\\扶苏以数谏故\\楚王问其故\end{cases}$$

D:找出与句中加点字意义相同的成语

①君有疾在腠理

②不治将益深

③汤熨之所及也

④望桓侯而还走

四、我能析

本文讲的故事是扁鹊为蔡桓公看病,可是蔡桓公不听扁鹊的劝告,最后病死。在展开故事情节中,课文是按(时间)顺序写的,以蔡桓公病情的发展为线索,文章

一共有四见。同学们在导学案上填写表格,梳理一下文章结构。

每组 5 号回答。

扁鹊				桓侯
拜见时间	观察过程	明断病情	预言后果	行为表现
一见				
(居十日)二见	\			
居十日)三见	\			
(居十日)四见				
(居五日)				

课件展示答案。从表格中可以看出文章结构清晰,在四见中,病情逐渐发展,层次分明,两个人物形象也逐渐呈现在大家面前,能用简洁的词语概括一下两个人物的特点吗?

扁:医术高明,机警过人(语言委婉,谦逊)。

桓:固执己见,自以为是,讳疾忌医,不听别人的劝告。

全文不到二百字,却写得波澜起伏,曲折有致。但文章精彩之处远不只这些。

五、我会演

自学指导三:

请你再次细细品读文章,深入到文章具体的一字、一词、一句,品悟文章语言的妙处。

问题引领:

1. 圈划出对扁鹊或蔡桓公刻画传神的语句,品析写法及妙处。

2. 小组内分角色表演。

合作学习流程:

1. 独立品悟,做好批注

2. 组内交流,合作品读

3. 班上表演,点拨补充

附:妙语

(1)"君有疾在腠理""君之病在肌肤""君之病在肠胃"

(古人对疾病的轻重用不同的词语来表示,小病叫"疾",重病叫"病"。)

(2)"不治将恐深"——"恐"字写出了扁鹊对蔡桓公病情的判断和担忧,很有分寸,是一种委婉的规劝语气;

"不治将益深"——"益"的语气更加肯定,劝告之中包含着警告的意味,表现出扁鹊对桓公病情日益严重的深深忧虑。

启示:防微杜渐,防患于未然,告诫人们有错误要及时改正,要多听听别人的意见,不要讳疾忌医。要学会正视自己。(板书)我们在《出师表》中学到刘备有一句话:"勿以善小而不为,勿以恶小而为之。"小可成大,少可积多,小不可忽视,大家知道这篇课文选自哪里吗?(课件展示)

本课选自《韩非子·喻老》,"喻老":用比喻来说明老子的观点。

六、我会背

文章美,美在结构清晰,美在语言精练,美在寓意深刻,大家用三分钟时间,全神贯注地背课文,看谁背得多。

七、我来写

本课选自《韩非子·喻老》,"喻老":用比喻来说明老子的观点

图难于其易;为大于其细。天下难事,必作于易;天下大事,必作于细。

——《老子·六十三章》解释:计划克服困难,要着手于它还容易的时候;干大事,要着手于它微细的时候。天下的难事,一定开始于简易;天下的大事,一定开始于微细。

老子的话,韩非子的文章,充满智慧和哲理,我们是应该好好思考一下。请同学们联系实际写一篇小评论。

附:

板书

医术高明,机警过人

扁鹊见蔡桓公　　不要讳疾忌医,要正视自己

固执己见,自以为是,讳疾忌医

鱼↔渔"作文指导课模式

一、教学模式概述:

指导课型指的是作文指导课,一般包括明确作文范围与要求,赏析借鉴经典范文,写作知识与技巧的指导,构思打腹稿或拟写作文提纲,反馈、交流评点等几个环节。也可根据作文训练的侧重点,设计有独创性的指导课型。

二、教学思想:

美国南加利福尼亚大学的斯迪芬·德·克拉森教授,对作文教学提出了如下观点:

学生能主动地广泛阅读有助于作文能力的提高,所以,作文教学首要的是激发阅读兴趣,使学生对阅读产生极大的兴趣,从而自发地去大量阅读课外读物是

作文教学的中心任务；《作文：研究、理论与应用》中提出"学习怎样为报纸撰稿，你必须读报，仅仅只阅读课本是不够的；为杂志撰稿，则宁愿浏览杂志，而不应学习相应的写作教程；要写诗，就读诗；要写富有创见的读书报告，最好查阅读书笔记。"

苏霍姆林斯基持有同样的观点，他主张：

强调学生写作时要有真情实感，这样才能充分调动起写作积极性。低年级学生，应先写观察作文，用自己眼光看待周围事物，引发自己独特的心理感受。高年级则强调通过阅读来认识社会，思考社会现象。苏同样认为阅读是"丰富精神世界"的源泉，广泛地饶有兴趣地阅读可以帮助推开作文的大门。

三、教学内容和教学目标：

教给学生初中阶段应该掌握的基本写作手法，例如语言方面，初一年级重点是词的积累、句的仿写，片段拼贴、排比段训练、拟标题的训练等；初二年级语言训练重点是生动，主要进行句段的扩写、改写，例如全班扩写"我很难过"、"花开了"片段等；初三年级重点进行语言的思想性训练；初四年级进行个性化语言的加强训练，或诙谐幽默，或生动传神，或简洁明快，或深刻隽永，努力形成自己的语言风格。

四、教学模式流程图：

课堂基本环节：鱼↔渔

五、操作程序：

（一）解析课题，激趣导入：激趣导入的方法有多种多样，可以用生动流畅的语言，也可以用情节跌宕的故事，更可以用丰富多彩的图片、影音或者活动等，从而激发学生的写作兴趣。

（二）由鱼到渔，技巧点拨：此环节是写作训练的重点。教师要精选学生喜欢的与他们的思想和生活相接近的美文佳段，拓宽学生视野，扩大学生的生活领域，提高学生对生活的认识和表达能力，给他们的作文训练提供一定的方法技巧。技法展示的过程中，教师要结合本次作文的训练重点及时进行精要的点拨，学生要有效模仿一个个写作技巧进行句子和片段的写作。

（三）由渔到鱼，学以致用：学习知识最重要的是在实践中运用，再创新再提高。本环节是让学生依据第二环节的学习，运用学到的技法进行作文小片段的创作。写完之后要充分发挥小组的作用，多种形式的展示、交流、品评，教师要巡视指导。

（四）修改展示，升格提高：古今中外，许多文学大家都留下了修改文章的美谈，我们的作文修改，先通过大屏幕师生共同诊断一篇文章，指出其应修改的地方所在,然后根据大家达成的共识共同修改,使文章趋于完善。然后,进行迁移练习,修改自己的文章,之后,同桌评价修改后的文章进步所在,在这个过程中感悟作文之道。

◎运用该模式的课例

回眸一笑,顾盼生姿

——记叙文巧结尾

【学情分析】

上课班级实有人数44人,其中女生24人,多于男生。升入初四以来,包括作业、检测、课堂在内的记叙文大作文训练有四次,片段练习若干。从作文练习反馈的情况看,女生的写作水平整体优于男生,绝大部分的学生(40名以上)能够完成一篇文体明确、事件突出、文从字顺的记叙文。仅有一两名同学的文章或文体不清,或事件不突出。学生作文存在的突出问题是:

1. 选材范围狭窄(考试失利、扶起老人、乐器过级、爬山、演讲等)。

2. 形式单一,缺少创新。

3. 详略不当(开头铺垫过多;中心事件蜻蜓点水,一掠而过;结尾大段议论,拼凑字数)。

4. 叙述不具体不生动,缺少准确传神的细节刻画。

5. 开头或兜圈子废话连篇不知所云。

6. 结尾仓促,简单一句重复题目,甚至没有结尾。

新课改已开展多年,本届学生就是新课改的受益者。课堂上能自主学习,愿意合作交流,会讨论探究。只是他们的探究往往是浅层次的,知识、阅历所限,有的学生也受浮躁心情影响,不能潜心下去,深层探究。所以教学方法上,还是应以自主、合作、探究为主,并引导学生潜心深入,分析、解决问题力求透彻。

畏惧作文是学生中普遍存在的现象,但作为毕业班学生,面对升学压力,无论从情感还是理智上,都迫切需要教师进行作文指导。教师需要针对学生作文中的实际问题,指正不足,传授技法,让学生逐步品尝写作成功的喜悦(哪怕是开头、结尾、细节、详略等等中的一点),慢慢克服写作的畏难情绪。

进行作文教学,就需要量体裁衣,根据学情确定教学内容。针对学生作文中的主要问题,本堂课选择"结尾"这一写作点,筛选学生的常用结尾技法,分析运用过程中存在的不足,提出改进方法;适当扩展,传授有效实用、学生运用不多却又易掌握、可以在以后的写作实践中适当运用的结尾方法。

学生进行过作文训练,教师对学生的结尾习惯已经心中有数,为了更全面、准确地了解学情,课前教师设计了简单的调查表,学生利用 10 ~ 15 分钟就可以填写完成,教师收起浏览,就可以更好地依据学情进行教学预设。调查表如下:

姓名	
你知道哪些记叙文的结尾方法	
你最常用哪种方法	
你写记叙文结尾的最大困难是什么	
写出你练习过的一篇记叙文题目及结尾	
几次记叙文写作平均分	

总结学生填写后的调查表,归纳、明晰了学生关于记叙文写作结尾的具体情况:

1. 作文分数与结尾水平基本成正比。

2. 学生知道的结尾方式主要有:卒章显志、首尾呼应,和常用结尾方式也基本一致。

3. 会合理结尾的只有 7 人,占 15%,其余学生的结尾都或多或少存在问题。

4. 学生写作结尾的最大困难是,知道了某种结尾方法,却仍然运用不当,希望在作文课中得到具体的指导。

【教学目标】

通过梳理、补充、续写的形式,明确"卒章显志、首尾呼应、运用修辞、直接抒情、委婉含蓄"五种结尾方法的具体注意事项,并学会运用五种方法结尾

【评价活动方案】

通过给作文《升起心中的太阳》续写结尾,并小组交流、对照评价量表评价、修改升格来检测目标的最终达成情况

【教学过程】

一、解析课题,激趣导入

师解析课题,总结导入:我们这节课是作文指导课,我定的课题是"回眸一笑,顾盼生姿——记叙文巧结尾"。一位美丽的女子平淡离去,我们未免遗憾。如果她能在身影消失之前回眸一笑,顾盼之间神采飞扬,一定会给我们留下更深刻的印象。这个比喻,就可以用来形容我们作文的结尾。课前,我设计了简单的调查表,便于摸清同学们结尾写作的现状。总结调查表,我有如下发现:(课件出示)

调查内容	老师的发现
你知道哪些记叙文的结尾方法	知道的结尾方式有首尾呼应、卒章显志,和
你最常用哪种方法	常用结尾方式也基本一致
你写记叙文结尾的最大困难是什么	知道了某种结尾方法,却仍然运用不当
写出你练习过的一篇记叙文题目及结尾	1. 填写的结尾,有七个较好,其余结尾都或多或少存在问题
几次记叙文写作平均分	2. 作文分数与结尾水平基本成正比

二、由鱼到渔,技巧点拨

师过渡语:其实结尾的方法非常多,至少可以总结出十几种。我们一节课的时间很难掌握精髓并灵活运用。根据同学们的写作实际,我将带领大家梳理已知的两种结尾方法,再本着易学和实用的原则,给同学们补充三种,供同学们学习运用。

【梳理】

卒章显志:

师过渡语:既然同学们知道两种结尾方法,我们就先来作一梳理

屏幕出示:

卒章显志:在主体叙事的基础上,结尾进行由事及理的感悟,突出文章的主旨。

如:《走一步,再走一步》——我提醒自己,不要想着远在下面的岩石,而要着眼于那最初的一小步,走了这一步再走下一步,直到抵达我所要到的地方。这时,我便可以惊奇而自豪地回头看看,自己所走过的路程是多么漫长。

师提问:你认为卒章显志式结尾要注意什么?

预设:

如学生回答不好,师抛出问题引导学生思考:结尾的感悟、道理是不是可以随心所欲地写,什么时髦就写什么?

学生自由交流,教师总结卒章显志式结尾要注意两点(屏幕出示):

1. 点明题旨要自然,感悟要切事理,由事生理,事与理不能脱节。

2. 注意回应题目。回应题目的文字要稍靠后,回应之后及时收尾,不要太啰唆。

3. 要少讲套话、空话、大话,如:"这件事使我明白了什么道理"、"我们的社会更和谐"、"我们的地球更美好"等等。

(二)首尾呼应:

屏幕出示:

首尾呼应:文章的开头和结尾有着相同的结构或者话题,给人浑然一体的感觉。

如:《背影》——

首:我与父亲不相见已二年余了,我最不能忘记的是他的背影。

尾:我读到此处,在晶莹的泪光中,又看见那肥胖的、青布棉袍黑布马褂的背影。唉!我不知何时再能与他相见!

师提问1:你认为首尾呼应要注意什么?

预设:

如学生回答不好,师抛出问题引导学生思考:首尾呼应,是不是就是简单的首尾一重复就可以了?

交流之后,教师总结(屏幕出示):

切忌简单重复。首尾呼应式的结尾,不是对开头的简单重复,而是主旨的深化,情感的升华。

师提问2:你知道可以从哪些角度进行首尾呼应?

预设:

学生一般喜欢用相同或基本相同的句子来呼应。而有些呼应,则印象模糊,很少运用。教师有必要对几种易学又实用的首尾呼应方式进行梳理。

出示范例:

《行道树》——(首)我们是一列树,立在城市的飞尘里。

(尾)立在城市的飞尘里,我们是一列忧愁而快乐的树。

抢答明确:相同或基本相同的语句呼应

出示范例:

《一份满意的答卷》——(首)怎样面对悖时的奶奶,这真让我伤脑筋。也许孝顺一直是个考察下一辈的难题吧?

(尾)我忽然想到《论语》中所说,孝顺不是仅仅给予酒食和代为劳作,而是和颜悦色地对待老人,让老人快乐地活着。理解他们,支持他们,不就是最大的孝顺?我起身,拿起刚才喝完的饮料瓶,今天,我要给奶奶一个微笑,给孝顺一份满意的答卷。

抢答明确:开头设置悬念,结尾解开谜团

出示范例:

《荔枝蜜》——(首)花鸟草虫,凡是上得画的,那原物往往也叫人喜爱。蜜蜂是画家的爱物,我却总不大喜欢。……每逢看见蜜蜂,感情上疙疙瘩瘩的,总不怎么舒服。

(尾)这天夜里,我做了个奇怪的梦,梦见自己变成一只小蜜蜂。

抢答明确:抑扬呼应

出示范例:

《那一刻,我的世界春暖花开》——(首)夜已深了,窗户外阴沉沉的,乌云笼罩着天空,草丛中有几只小虫压抑地叫着。

(尾)窗外的乌云早已消散,星光和月光从天空洒下,显得宁静祥和,草中那不知名的小虫还在鸣叫,却那么欢畅。

抢答明确:景物呼应

出示范例:

《一个难忘的眼神》——(首)望着双休日长长的作业单,我的心情狂躁到了极点。光是作业单就记了满满两页,那作业需要几页来供养? 母亲给我端来一杯牛奶,我挥手一扫,"啪"地一声脆响,牛奶混着玻璃碴流了一地,像极了我胸中悲伤的眼泪。

(尾)在她眼神的注视下,我狂躁的心已经趋于平静。那眼神中的恬静和美好就如缕缕清风,吹散阴霾,让我流泪的心幸福欢歌。

抢答明确:心情呼应

【补充】

师过渡语:刚才我们只是对同学们已知并经常运用的结尾方式做了梳理。为了丰富同学们的表达,这节课,老师再给大家补充三种。

出示范例:

《春》——春天像刚落地的娃娃,从头到脚都是新的,它生长着。春天像小姑娘,花枝招展的,笑着,走着。春天像健壮的青年,有铁一般的胳膊和腰脚,领着我们上前去。

《别样美丽》——世上总有人抱怨一束干草大煞风景,而美好的事物又太短暂。这时,你难道没发现,一束干草也是大地上一道亮丽的风景吗?

《我的禅院生活》——弘一法师云:"花繁柳密处拨得开,才是手段;风狂雨疾时立得定,方见脚跟。"寺院里的生活让我明白,人生的许多寻找并不在千山万水,而在于咫尺之间。

同伴探究,交流总结:巧用修辞,文采斐然(比喻、排比、引用、反问等)

出示范例:

《刻在记忆中的感动》——老师,谢谢您在我生病时替我买药、倒水,您的照顾给予我温暖;谢谢您在我失败时帮我查找原因,给我鼓劲,您的关注给我安慰。您让我感动,这感动,深深地印在我的记忆中,永不退去!

同伴探究,交流总结:直接抒情,真挚动人

出示范例,对比优劣:

《刻在记忆中的感动》——老师,您那么伟大无私,不求回报;您甘作春蚕,呕心沥血,奉献一生。您就像辛勤的园丁一样,呵护我们健康成长。

同伴探究,总结注意事项:抒情要源自内心,真诚恰切;切忌落入俗套,抒情苍白。

出示范例:

《眉头舒展了》——沛公赢得天下,建立大汉。你(注:指张良,刘邦的重要谋士,对刘邦夺取楚汉战争的胜利和建立西汉王朝起了重要作用)眉头舒展了,登上高山,拿起手中的玉笛,吹奏起一首乱世之歌……

同伴探究,交流总结:委婉含蓄,回味悠长

三、由渔到鱼,学以致用

1. 师过渡语:梳理了两种,又补充了三种,相信同学们对记叙文结尾的写作已经是胸有成竹、跃跃欲试了。

2. 师提出要求:请运用本课学到的结尾方式,给下面的文章续写一个结尾。

小贴士:

1)结尾方式可以运用一种,也可以综合运用;

2)结尾要简洁明了,如果长篇大论,就会喧宾夺主,画蛇添足;

3)注意承接上文,对应主体,这样才不会给人突兀感。

升起心中的太阳

泪水夹杂着雨水,一个滚烫,一个却凄凉。

我行走在雨中,冷冷的风犹如一把闪着寒光的利剑,从前胸穿透后背,冰意彻骨,疼痛莫名。握着那份考砸的试卷,我努力地想寻找一个借口,却发现是徒劳的,该怎么向你交代,我拼命地想。

回家的路总是那么熟悉,我尽量放慢脚步,却还是走到了这里。我不敢继续走,因为我看见了你,因为我还没想好借口。巨大的水帘恍如隔世,我却还是清楚地看见了你,焦急地张望,像是大鸟等待归巢的小鸟,那样热切。

你还是看到了我,径直向我走来,我有点措手不及,胡乱地将卷子塞进书包,抬起头,正冲着你关切的目光。你为我撑着伞,把我护在左边,心跳的那一边,无情的雨水却打湿了你的右臂。

回到家,你放好雨伞,打算替我摘下书包。我不安地将卷子递给你,却没敢抬起头,心中的太阳早已落下:我知道这是中考前的最后一次模拟考试,我知道你对我充满了期望,我知道此刻你的眼睛里一定充满了失望。就这样安静了几秒,还是你先开了口,依然那样温柔,"没关系,妈妈不怪你,中考要加油,我相信你会考上的。"想了无数种表情来面对你,此刻却全部忘记。我只是抬起头,望着你的双眸,然后重重地点了下头。

拿起卷子回到屋里,看见你早已热好的牛奶,飘渺不定的热气里我好像看到了你忙碌的背影。只是岁月将你消磨得暗淡无光,有些憔悴。

那天的夜黑得很晚,台灯下的我奋笔疾书。你说我学到很晚,原因只有我知道,每次回头,客厅里一直亮着的灯光明无限,生机盎然。

……

——中考满分作文《升起心中的太阳》

写完交流、互评、修改。

对照作文结尾评价量表,采用小组合作学习的形式。

具体要求:

1. 交换阅读。每个同学都要把小组其他三个成员的作品阅读一遍。

2. 讨论评价。组长主持,小组成员共同讨论,对每个同学的作品形成评价,用"√"标在本人导学案的评价量表上。

3. 选择修改。组内成员先推选出一篇最优作品(如有需要,可以稍加修改),找出优点;再选择一篇中游作品,集体修改升格,说明修改理由。

4. 准备展示。定好发言人,准备展示交流这两篇作品。

作文结尾评价量表

结尾类型	评价点	评价	
		A	B
卒章显志	结尾与主体的联系	联系紧密,由事及理,水到渠成,浑然一体	道理不是由事件生发,事与理割裂脱节
	回应题目	回应题目,及时收尾,不啰嗦	回应题目之后,语言啰嗦
	无空话、大话、套话	由事及理语言灵活,感悟恰切,启迪人心	套话应付,感悟口气空、大,600字的记叙文难以承载

结尾类型	评价点	评价	
		A	B
首尾呼应	相同或基本相同的语句呼应	不是简单重复开头,而是主旨、感情的升华。语言有文采,表达流畅	只是对结尾的简单重复,表达一般
	开头设置悬念,结尾解开谜团	语言有文采,表达流畅	表达一般
	抑扬呼应	语言有文采,表达流畅	表达一般
	景物呼应	语言有文采,表达流畅	表达一般
	心情呼应	语言有文采,表达流畅	表达一般
巧用修辞	比喻	比喻恰切,生动形象	表达一般
	排比	层层递进,语言有气势	表达一般
	引用	引用合理,突出主旨	表达一般
	反问	语气强烈,增强感情	表达一般
	其它	修辞运用文采斐然,效果突出	表达一般
直接抒情	真挚动人	源自内心,真诚恰切,能感染人,打动人心	抒情落入俗套,不感人
委婉含蓄	回味悠长	言尽意未尽,回味悠长,给人丰富的想象空间	故弄玄虚,不知所云

四、强调回顾,课堂小结

"收尾贵如皇冠",是古人对优秀文章的经验总结,也是作文获得高分的制胜法宝。我们这节课学习的这五种结尾,或卒章显志,尽展哲思美;或呼应开头,尽展结构美;或巧用修辞,尽展语言美;或直接抒情,尽展真情美;或含蓄委婉,尽展韵味美。愿同学们都能用亮丽的结尾,做到"回眸一笑,顾盼生姿"!

五、布置作业,课外巩固

1. 继续修改、完善课堂续写的结尾。如果课堂运用的结尾方法已经完善好,尝试换一种结尾方式再进行练习。

2. 请灵活运用课堂学到的结尾方法,给 9 年级上册课本第 10 课《落叶》换一种结尾。

附:板书

回眸一笑,顾盼生姿

——记叙文巧结尾

梳理　　　　　　　　补充

卒章显志　　　　　　巧用修辞

注意:1. 事、理不能脱节　　直接抒情

　　　2. 回应题目　　　　含蓄委婉

　　　3. 无空、大、套话

首尾呼应

注意:切忌简单重复

形式:同、似句呼应

　　　设悬——解悬

　　　抑扬呼应

　　　景物呼应

　　　心情呼应

第二节　数学学科模式及课例

第一部分：模式概述

一、数学学科的特点：

数学是一门研究数量关系和空间形式的科学,具有严密的符号体系、独特的公式结构、形象的图像语言。它有三个显著的特点：高度抽象、逻辑严密、广泛应用。

1. 高度抽象性：数学的抽象,在对象上、程度上都不同于其它学科的抽象,数学是借助于抽象建立起来并借助于抽象发展的。数学的抽象撇开了对象的具体内容,而仅仅保留数量关系和空间形式。

2. 严密逻辑性：数学具有严密的逻辑性,任何数学结论都必须经过逻辑推理的严格证明才能被承认。逻辑严密也并非数学所独有,但数学对逻辑的要求不同于其它科学。因为数学的研究对象是具有高度抽象性的数量关系和空间形式,是一种形式化的思想材料。许多数学结果,很难找到具有直观意义的现实原型,往往是在理想情况下进行研究的。数学运算、数学推理、数学证明、数学理论的正确性等,不能像自然科学那样借助于可重复的实验来检验,而只能借助于严密的逻辑方法来实现。

3. 广泛应用性：数学作为一种工具或手段,几乎在任何一门科学技术及一切社会领域中都被运用。各门科学的"数学化",是现代科学发展的一大趋势。我国已故著名数学家华罗庚教授曾指出："宇宙之大,粒子之微,火箭之速,化工之巧,地球之变,生物之谜,日用之繁,无处不用数学",这是对数学应用的广泛性的精辟概括。

二、数学知识分类：数和式、方程和不等式、图形与几何、函数建模、统计与概率

三、数学学科教学模式

模式名称	创始人	适用范围
"三步六环"教学模式	周继伟	统计与概率教学
"自学—探究—延伸式"教学模式	杨小红	几何建模教学
"组块式"专题复习教学模式	常超	专题复习课

第二部分:模式具体操作流程

"三步六环"教学模式
——统计与概率教学

一、教学模式概述

"三步六环"教学法是在教学中致力捕捉生活背景与学习材料之间的内在联系,帮助学生借助生活中的具体情境,用生活中的经验和实例学习数学,理解数学,感受数学。

二、教学思想

数学课堂教学是数学活动的教学,是师生之间、学生之间交往互动与共同发展的过程。因此,数学课堂教学必须从学生的实际出发,创设有助于学生自主学习的问题情境,引导学生通过实践、思考、探索、交流,获得知识,形成技能,发展思维,学会学习,促使学生在老师的指导下生动活泼地、主动地、富有个性地学习。

要使学生接受统计与概率特有的观念,最有效的方法是让他们真正投入到产生和发展统计与概率思想的全过程。因此,在教学上应鼓励学生经历收集、整理、分析数据的全过程,体会统计与概率的基本思想和方法。

统计与概率的内容具有非常丰富的实际背景,在现实世界中有着广泛的应用。因此,教学中,应通过选择现实情景中的数据,使学生理解概念、原理的实际意义;着重于对现实问题的探索,解决一些实际问题,使学生认识到统计与概率在日常生活及各学科领域中的广泛应用。

三、教学目标和教学内容

教学内容:主要研究现实生活中的数据和客观世界中的随机现象,它通过对数据收集、描述和分析以及对事件发生可能性的刻画,来帮助人们作出合理的推断和预测。

教学目标:使学生"经历运用数据描述信息、作出推断的过程,发展统计观念",通过认识随机事件及其发生的概率,使学生认识到现实世界广泛存在的随机性,形成初步的随机观念,并能对现实世界中一些简单的随机现象做出解释、利用随机观念作出自己的决策。因而,发展学生的统计观念和随机观念应是统计与概率教学的重要目标。

四、教学模式流程图:

五、操作流程

(一)目标引领

1. 呈现生活情境

操作:创设与本节知识相关的问题情境、生活情境等。

目的:引发学生的好奇心,促进学生产生收集数据和统计的需要。

好处:通过创设与学生身边的生活贴近的情境,能够在最短的时间内调动学生的学习积极性,为一节课的高效学习做好充分的心理与思想准备。

2. 明确本节目标

操作:导入新课后,教师要用简洁的语言,准确地揭示学习目标,教师确立学习目标必须依据本课的教学内容、知识要点以及学生的实际,努力做到明确、具体、恰当。

目的:目标具有很强的导向性,通过这一环节让学生明确通过本课学会哪些知识、掌握什么技能、注意什么问题。

好处:通过这一环节能够唤起学生在学习上的有意注意,引起学生对本节知识的重视,让学生能够做到心中有数。

(二)交流合作

3. 初学交流

操作:以教材为凭借,围绕学习目标,指导学生自学。

目的:充分体现学生主体作用,充分调动学生主动性、积极性。

好处:能够充分培养学生自学能力。

4. 合作引领

操作:在学生独立思考的基础上,让学生充分发表自己的意见,谈自己的理解,谈自己的疑惑,教师的作用在于点拨、诱导,并及时进行表扬鼓励,激发其积极性。教师要善于运用各种教学媒体,创设教学情境,通过教师的提问讲解,指导学生进行说一说、做一做、找一找、议一议等活动。

目的:将学生们在前一个环节中产生的困惑和疑虑以及生成性的问题,借助团队的力量再次进行交流解决。

好处:能够帮助学生加深对知识的理解,促进学生对社会知识的掌握。同时在这一环节中,进一步培养了学生的合作学习能力。

(三)反馈提升

5. 随即测评

操作:设计练习题指导学生进行练习,可以是课中,也可以在新课结束时,根据课堂的需要,随时进行测评。具体操作时要注意以下几点:(1)设计的习题要有目的性,要紧扣教材内容、教学要点,突出教学重点。(2)练习的形式要有灵活性,题型要有所变化,如填空、填表、连线、选择、简答等。(3)所设计的课内作业要限时完成,不把尾巴甩到课下。(4)本环节习题的设计,应以现实生活为情景。

目的:应用所学知识解决生活中的实际问题,使知识和技能当堂得到巩固。以此来引导学生在实践中体验统计与概率策略,意识到学习统计与概率是为我们的生活服务的。

好处:既能培养学生快速、准确的学习习惯,又能当堂检测目标达成度,同时也培养了学生的分析、判断能力。

6. 拓展提升

操作:数学教学不能仅停留在课堂,要沟通课堂内外,充分利用学校和社会教育资源,开展综合性的学习活动。

目的:拓展学生学习空间,增加学生数学实践的机会,培养学生学习的兴趣,延伸学习活动,促使学生养成良好的学习习惯。

好处:通过这样的教学,教师很好地把学生课内学习和课外学习紧密地联系了起来,使学生的知识、技能形成于课堂,发展于课外,培养了学生课外学习的浓厚兴趣。

《普查和抽样调查》教学设计
——"三步六环"教学模式课例

学习目标:

1. 了解普查与抽样调查的意义。

2. 能区分普查与抽样调查。

3. 能指出调查对象的总体、个体、样本和样本容量,体会样本的选取必须具有代表性。

学习重点:区分普查与抽样调查,样本的选取。

学习难点:总体、个体、样本和样本容量的确定。

教学过程设计:

一、目标引领

1. 呈现生活情境

(1)假如我们想选出大家满意的班长,通过什么方式选呢?

(2)随着电视、电脑的普及和学生有许多不良的用眼卫生习惯,中小学生的视力普遍下降,全社会都在呼吁保护学生视力。老师想了解我班全体同学的视力状况怎样,如何获取同学视力状况的数据呢?

2. 明确本节目标

(1)了解普查与抽样调查的意义。

(2)能区分普查与抽样调查。

(3)能指出调查对象的总体、个体、样本和样本容量,体会样本的选取必须具有代表性。

二、交流合作

3. 初学交流

(1)请同学们自学课本中以下概念:普查、总体、个体、抽样调查、样本、样本容量

(2)根据自学,完成下列问题。要求:自主高效,独立完成。

A、对于下面的问题. 你认为应采用哪种调查方式较为恰当? 为什么?

(1)了解"神舟"七号载人飞船各零部件的工作性能;(2)了解青少年对《新闻联播》的收视率;(3)对全国实有人口的调查;(4)了解你们班同学的身高情况;(5)审查自己某篇作文的错别字;(6)人生病了,到医院进行血液化验。

B、为了了解某种灯泡的使用寿命,从中抽取了30只灯泡进行检验。在这个问题中,考察对象是什么?并指出问题情境中的总体、个体、样本和样本容量。

思考:解决这类问题的关键是什么?

C、为了了解我校学生对今年世界杯的收看情况,学校准备抽取一部分学生进行问卷调查。现有三个发放问卷的方案:

方案1:发给学校足球队的30名同学;

方案2:从每个班随机抽取一名同学;

方案3:从每个班中抽取学号分别为1,11,21,31,41 的5名同学。

采用哪个方案发放问卷比较合理? 说明理由。

4. 合作引领

(1)在导入情境中,老师想要了解我班同学的视力情况,我们可以怎样选取样本来收集数据?

方案1:对全班同学视力情况做调查。

方案 2：只取前排同学的视力情况作为一个样本合适吗？为什么？

方案 3：任取三个同学的视力情况作为一个样本合适吗？为什么？

请你给出一种合理的方案。

用你的方案得出的结论估计全班或全校八年级学生的视力合格率合理吗？

(2)普查与抽样调查各有哪些有缺点？完成下表。

	普查	抽样调查
优点		
缺点		

(3)样本的选取需要什么要求？

三、反馈提升

5. 随即测评

(1)下列调查,适合用普查方式的是(   )。

A. 了解一批电视机显像管的使用寿命   B. 了解某河段被污染的程度

C. 了解你们班同学的视力情况   D. 了解人体血液的成分

(2)为了解某市 7 万名初中毕业生中考的数学成绩,从中抽取了考生人数的 10% ,然后对他们的数学成绩进行分析,对这次抽样调查描述不正确的是(   )。

A. 每名考生的数学成绩是个体   B. 样本容量是 7000

C.10% 的考生是样本   D. 7 万名考生的数学成绩是总体

(3)某课外兴趣小组为了解所在地区某影片的受欢迎状况,分别进行了四种不同的抽样调查,你认为抽样比较合理的是(   )。

A. 在公园调查了 100 名游人的评价;B. 在电影院里调查了 1000 名观众的评价;

C. 调查了 10 名邻居的评价;D. 利用问卷方式随机调查了该区 10% 公众的评价。

(4)小明从一批乒乓球中随意摸出三个,检测全部合格,因此小明断定这批乒乓球全部合格。在这个问题中,小明(   )。

A. 忽略了抽样调查的随机性;B. 忽略了抽样调查的随机性和广泛性;

C. 抽取的样本容量太小,不具有代表性;D. 忽略了抽样调查的随机性和代表性。

(5)为了了解我市七年级学生的体重,对全市七年级全体学生的体重进行的调查是_____,而对部分学生(例如 1000 名)的体重进行的调查是_____. 全市七年级学生体重的全体是_____,每个七年级学生的体重是_____,从中抽测的1000名学生的体重是总体的一个_____,样本的容量是_____。

6. 拓展提升

请你设计一个方案,了解我校八年级学生每周干家务活的时间。

"自学—探究—延伸式"教学模式
——几何建模教学

一、模式概述:

"自学—探究—延伸"模式教学法是让学生经历课前自学过程,独立思考,与以往知识发生链接,发现问题。带着问题,明确学习目标,通过课堂的探究学习过程,交流并掌握公理和定理的探索、推导过程,建立几何模型,举一反三。通过课后延伸,让知识得以灵活运用的教学方法。

二、教学思想:

数学是思维的体操,几何定理的教学能进一步培养和发展学生的思维能力和空间观念,能培养学生良好的个性品质和初步的辩证唯物主义观点。中学生思维发展的特点是处于明显的形象思维阶段,抽象逻辑思维进一步发展,机械记忆优势未发生根本改变,因此在几何公理、定理的教学中应注意对学生独立思维,抽象概括和表达能力的培养。在教学中以自学为导,探究为主,延伸为辅,不仅要学生主动学知识,还要揭示获取知识的思维过程,要立足于把学生的思维活动展开,辅之以必要的讨论、启发和总结,使学生从几何公理定理的产生、发展、推出的过程中认识、理解几何公理定理,从而能应用公理定理,发展学生的能力,培养学生的品质。

三、教学目标和教学内容

教学目标:

1. 理解公理、定理的内容。2. 掌握定理的推导过程,发展学生的逻辑推理能力。3. 会运用公理、定理解决生活中的实际问题。4. 会对相关公理、定理进行区分,针对实际问题选择相适应的公理、定理进行应用。

教学内容:

1. 公理、定理内容。2. 公理的探索过程和定理的推导过程。3. 公理、定理的应用。4. 对相关公理、定理进行区分。

四、教学模式流程图:

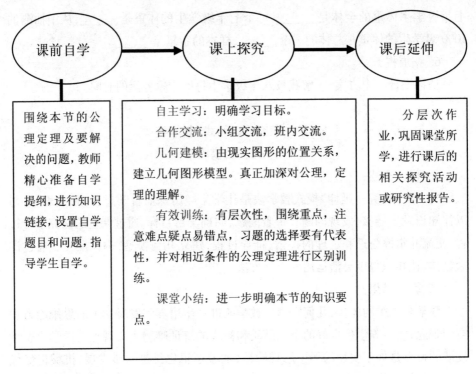

五、操作程序:

1. 课前自学:

操作:"课前准备"分为三部分:①为了本节课的顺利进行,围绕本节课的公理、定理以及要解决的问题,结合以前学的知识与方法,设计一个知识链接,复习与本节相关的旧知;②为了本节课的顺利进行,根据本节课的需求所做的课前准备;③有效的课前预习活动。

目的:注重知识的前后联系,做好相关的课前准备,为后续环节做铺垫。

好处:让学生有充分的学好本节内容的知识上与思想上的准备。

2. 课上探究:

(1)自主学习:

操作:明确本节的学习目标,根据问题情境设置,独立思考,发现疑点问题。

目的:充分发挥学生的主体作用和能动性,让他们主动参与到学习中来。

好处:明确自学的内容及方法,使学生的学习更高效。

(2)合作交流:

操作:小组交流是在学生独立思考的基础上进行的。在教学中,教师也应参与到小组交流中去,但一般应以旁观者、建议者的身份出现,不应说得太多。教师应不断地各组巡回,要保证小组交流给每一位学生创造成功的机会;要对学生交流过程中的点滴成绩,给予及时的表扬鼓励;要正视学生之间的差异,实施有针对性的分层评价.

班内交流采用学生说或做为主的交流形式,让学生说出用类比、归纳、推理等方法得出的结论,然后由学生完善结论,并通过证明等办法将结论升华为定理、公式等,最后进一步探讨定理的拓展与变化问题等。具体可这样操作:让每个小组的报告员代表本组向全班进行学习成果汇报,教师要了解每个小组学习的情况,同时注意了解每个小组学习有困难学生的掌握情况;对于每个小组提出的疑问,可以请其他小组介绍解决办法。如果各小组均出现这样的难点,就由教师引导、点拨,使他们突破思维障碍。

目的:学生在合作学习中相互交流思想,有主动参与的热情,完善经历知识的发生发展过程。

好处:充分发挥学生的自主学习意识和小组合作意识,教学中充分体现学生的主体作用与教师的主导作用相结合。

(3)几何建模:

操作:由现实图形的位置关系,建立几何图形模型,真正加深对公理,定理的理解。对于重要的问题,教师要及时地引导、点拨,进行拓展与变化,要在课堂中引起讨论,激发学生的思维,让学生从本质上解决问题。

目的:通过由几何建模,可以总结一类问题的解法,加深对图形的认识,对公理定理的理解。

好处:建立教学模型的过程,是把错综复杂的实际问题简化,抽象为合理的数学结构的过程。

(4)有效训练:

操作:巩固训练需要独立完成、小组交流、班内交流等形式。课本的重要习题,要研讨解法与思维方法,探讨解决问题的不同方法,对题目要精心设计,同时还要注意进行变式训练与归类比较。

目的:强化公理定理的应用条件,培养学生的几何建模思想。

好处:训练学生的思维与能力。

(5)课堂小结:

操作:在有效训练后,要进行课堂小结。课堂小结是一节课的总结与提升,是教学落实的重要环节。对于定理、公式课的总结,可以放手让学生来做。

目的:回顾反思,强化对知识的理解及对地位作用的了解。

好处:使知识系统化。

3. 课后延伸:

操作:(1)作业要分层次,分为必做与选做.尽量布置一些探究性作业;(2)作业要建立在必要的复习巩固之后完成;(3)是课后的相关的探究活动或研究性学习等。

目的:有助于学生对知识的巩固和灵活运用。

好处:培养学生的主动学习的习惯。

《圆的对称性》教学设计
——"自学—探究—延伸式"教学模式课例

一、教学目标:

1. 经历探索圆的对称性(轴对称)及有关性质的过程。

2. 了解圆的轴对称性,掌握垂径定理、推论。

3. 学会根据定理条件进行几何建模,解决相关实际问题。

二、教学重点:垂径定理及其推论

三、教学难点:运用垂径定理及推论进行建模,解决有关问题。

四、教学过程设计:

(一)课前自学:认真阅读课本第5-6页,思考并回答下列问题:

①什么是轴对称图形? 圆是轴对称图形吗? 如果是,如何验证的? 它的对称轴是什么? 你能找到多少条对称轴?

②圆上(　　　　)叫做圆弧,简称弧,连接圆上(　　　)叫做弦。经过(　　　　)叫做直径。(　　　　)是半圆。(　　　　)是等弧。

③如图:弧有(　　　)优弧有(　　　)弦有(　　　),直径是(　　　)。

④右图是轴对称图形,它的对称轴是(　　　　)

⑤过 O 点垂直 CD 的直线有几条? (说出理由)

⑥你能发现图中哪些等量关系? 分别用式子表示为(　　　　),你是通过什么方法得出结论? 动手试一试。

(二)课上自主探究:

1. 自主学习:明确本节课的学习目标,继续完善课前自学内容。

2. 合作交流:通过自主学习,你有什么发现? 有什么疑惑? 小组交流。可以得出什么结论? 班内交流、猜想补充得出结论:垂直于弦的直径平分这条弦,并且平分弦所对的弧。教师追问质疑:猜想的结果是否正确,必须要加以证明,将学生的活跃思维从实验猜想拉回到对猜想的严格证明中。

　　请小组合作,写出已知、求证。随后教师指导学生从圆的轴对称性入手,讨论出连接 OC 和 OD 后,抓住只要能够证出直径 AB 既是等腰三角形 OCD 的对称轴,又是圆的对称轴,即可利用圆的轴对称性证明出结论,让学生板书证明过程。

　　引导学生分析出定理的题设和结论,说明知道了题设的两个条件,就可以得出三个结论。

　　出示判断题

　　a. 过圆心的直径平分弦(×)

　　b. 垂直于弦的直线平分弦(×)

　　c. ⊙O 中,OE⊥弦 AE 于 E,则 AE = BE(√)

　　引导小组讨论,允许争论,关键要让学生说明理由,举反例。交流讨论、统一思想后,教师强调垂径定理题设中的两个条件缺一不可。同时说明垂径定理条件中的"直径"是指过圆心的直线,但在应用该条件时可以不为直径,如半径、圆心到弦的距离照样可以得到平分弦的结论。

　　提问:如果将题设中的两个条件改为"直径平分弦",能否得出其它三个结论呢? 自然的引出垂径定理推论,并验证。

　　已知:如图,在 ⊙O 中,直径 CD 交弦 AB 于 E,AE = BE

　　求证:CD⊥AB,

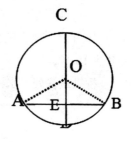

　　通过教师引导、小组讨论分析证明出垂径定理的推论:平分弦(非直径)的直径垂直于弦,且平分弦所对的两条弧。使学生初步认识到将定理中题设的两个条件之一与三个结论之一交换一个,也可得出其它三个结论。然后再次出示小组讨论题,

　　小组讨论:下列命题是否正确? 说明理由

　　(1)弦的垂直平分线经过圆心,且平分弦所对的两条弧。(√)

　　(2)平分弦所对一条弧的直径,垂直平分弦,且平分弦所对的另一条弧(√)

　　进一步强化刚才的初步认识,进而归纳总结出其中规律:五个条件,知二推三。

　　3. 几何建模:已知:如图在 ⊙O 中,弦 AB 的长是 8cm,圆心 O 到 AB 的距离为 3cm,求 ⊙O 的半径。此题先提醒学生审清题意,思考如何构造出圆的半径及圆心 O 到弦 AB 的距离。在个人独立思考建立图形以后,进行小组交流、讨论。最后各组派代表展示学习成果并说明理由,教师点拨,最后投影出完整解题步骤。

　　提问:在解答此题的过程中,你用到了几个定理? 通过讨论,使学生体会到:

在解决有关弦、半径(直径)、圆心到弦的距离等问题时,通常是通过构造直角三角形将垂径定理和勾股定理结合起来。

4. 有效训练:

(1)分层巩固练习:

A组:在圆中某弦长为 8cm,圆的直径是 10cm,则圆心到弦的距离是(3)cm

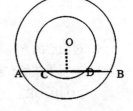

B组:在圆 O 中弦 CD = 24,圆心到弦 CD 的距离为 5,则圆 O 的直径是(26)

C组:若 AB 为圆 O 的直径,弦 CD⊥AB 于 E,AE = 16,BE = 4,则 CD = (16)

(2)练习:已知如图,在以 O 为圆心的两个同心圆中,大圆的弦 AB 交小圆于 C、D 两点。求证:AC = BD

5. 课堂小结:这个环节主要让学生谈谈本节课的收获和体会。教师点拨:在圆中,解有关弦的问题时,常常需要作出"垂直于弦的直径"作为辅助线,实际上,往往只需从圆心作弦的垂线段,体现几何建模思想。

(三)课后延伸:圆中"垂径定理及其推论"的应用问题。

如图1,一座桥的桥拱是圆弧形(水面以上部分),测量时只测到桥下水面宽AB 为 16 米,

桥拱最深处离水面 4 米。

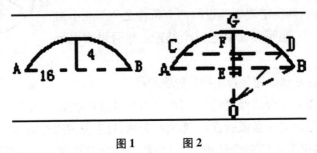

图1   图2

(1)求桥拱半径。

(2)大雨过后,桥下面河面宽度为 12 米,水面涨高了多少?

"组块式"专题复习教学模式
——专题复习课教学

模式概述：

"组块式"教学的特点是各个引例、习题之间具有一定的内在联系（或条件相似，或结论一致，或方法相同）。教学过程中，教师应发挥习题的共性，引起学生的注意，起到强化的作用，同时也更易引起学生的兴趣，激发学生参与的热情。

二、教学思想：

通过"组块式"教学，一方面很好地挖掘习题深层次的知识点，纵横联系，让学生不仅会解一道题，而且会解一类题，实现"以题梳理，以题论法"的目标；另一方面让学生从单一的思维模式中解放出来，促进学生对数学知识的灵活运用，拓展学生的解题思路，训练学生对数学方法的运用，提高解题能力，有效地培养学生思维的深刻性、广阔性、发散性和灵活性。

三、教学目标和教学内容

教学目标：

1. 从基础问题、基本图形出发，引导学生提问题。通过对基础问题、基本图形的分析与思考，主动寻求解决问题的方法并产生新的问题，进而寻求解决问题的方法，再产生新的问题，使问题和思维层次逐渐深入，是递进的过程。在解决问题的过程中，归纳知识使知识系统化并继续拓展，形成提出问题和解决问题的能力。同时，学生在变式拓展的过程中积累了解决问题的经验和数学活动经验，遇到问题时能够做到举一反三。

2. 教学内容：专题复习

四、教学模式流程图：

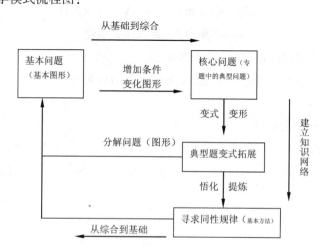

五、操作流程

1. 引入基本问题。

操作:出示基本问题,

目的:从基本问题(基本图形)出发,让学生清晰地了解问题(图形)的基本要素之间的关系。

好处:为后面的逐渐拓展延伸打下基础。.

2. 过渡核心问题,加深认识

操作:对基本问题(基本图形)进行延伸扩展,逐渐过渡到专题的核心知识。

目的:引导学生自己提出问题,同时解决问题。

好处:在解决问题的过程中,深刻认识核心知识,明晰核心知识的考点及典型题。

3. 典型例题变式,建立网络结构

操作:引导学生对典型例题进行变式拓展

目的:在解决问题的过程中,建立知识的横向联系。

好处:提高解决综合问题的能力。

4. 寻求共性规律,形成解题策略

操作:让学生总结在解题过程中获得的共性规律。

目的:学生在对典型例题进行变式以及解决问题的过程中,发现共性规律,积累数学活动经验,优化解题策略。

好处:通过专题复习,对同种类型题思路及解题策略都得以优化和提升。

《构建相似三角形解决问题》教学设计
——"组块式"教学模式课例

学习目标:通过构建相似三角形来解题。

教学重难点:掌握同种类型题的做题思路和数学思想。

教学过程:

1. 引入基本问题。

问题 1:如图 1,P 是直角三角形 ABC 的斜边 BC 上异于 B、C 的一点,过点 P 作直线截三角形 ABC,使截得的三角形与三角形 ABC 相似。问:你能画出几条符合条件的直线? 并且写出添线方法。

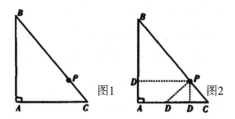

图1   图2

学生结论:有3条. 如图2,过点 P 作 AB 的垂线,或作 AC 的垂线,或作 BC 的垂线,共3条直线.

问题2:如图3,已知 AB 上 DB 于点 B,CD⊥DB 于点 D,AB = 6,CD = 4,BD = 14. 问:在 BD 上是否存在 P 点,使以 C、D、P 为顶点的三角形与以 P、B、A 为顶点的三角形相似?如果存在,计算出点 P 的位置;如果不存在,请说明理由。

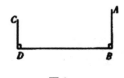

图3

学生结论:存在。假设存在这样的 P,如果△CDP 和△ABP 相似,这两个三角形中有一对顶点肯定是对应点(即 D 点和 B 点),而 C 点有可能和点 P 对应,也有可能和 A 点对应,因此有两种可能。

如图4:若△CDP∽△ABP,则 $\dfrac{CD}{AB} = \dfrac{DP}{BP}$,即 $\dfrac{4}{6} = \dfrac{DP}{14 - DP}$,解得 CD = 5.6

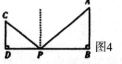
图4

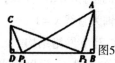
图5

如图5:若△CDP∽△PBA,则 $\dfrac{CD}{PB} = \dfrac{DP}{BA}$,即 $\dfrac{4}{14 - DP} = \dfrac{DP}{6}$,解得 DP = 2 或 12。

2. 过渡核心问题,加深认识

问题3:在平面直角坐标系中,两个全等三角形 Rt△OAB 与 Rt△A′OC′

如图6所示放置,点 A、C′在 y 轴上,点 A′在轴上,BO 与 A′C′相交于 D. 你能找出与 Rt△OAB 相似的三角形吗? 请简要说明理由.

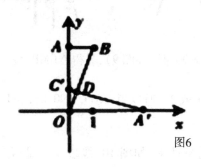

图6

学生结论:$Rt\triangle CHE \backsim Rt\triangle OAB$,$Rt\triangle A'DO\backsim Rt\triangle OAB$。因为 $Rt\triangle OAB \cong Rt$ $\triangle A'OC'$,所以 $\angle AOB = \angle OA'C'$,$\angle ABO = \angle OC'A'$ 而 $\angle AOB + \angle ABO = 90°$,所以 $\angle AOB + \angle OC'A = 90°$,所以 $Rt\triangle DOC' \backsim Rt\triangle OAB$,$Rt\triangle A'DO \backsim Rt\triangle OAB$。

问题4:在问题3的条件下,设点 B、C'标分别为(1,3)、(0,1),将△A'OC'绕点 O 逆时针旋转90°至△AOC,如图7所示,抛物线过 C,A,A',你能求出此抛物线的解析式及对称轴吗?

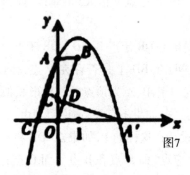

图7

学生结论:抛物线的解析式为 $y = -x^2 + 2x + 3$,对称轴为直线 $x = 1$。因为易知 C、A、A'的坐标分别为(-1,0)(0,3)(3,0),所以设抛物线的解析式为 $y = a(x+1)(x+2)$,把点 A 的坐标(O,3)代入,解得 $a = -1$。所以抛物线的解析式为 $y = -x^2 + 2x + 3$,对称轴为直线 $x = 1$.

3. 典型例题变式,建立网络结构

问题5:在问题4的条件下,设抛物线的对称轴交 x 轴于点 M(如图8),P 为对称轴上的一动点,你能求出当 $\angle APC = 90°$ 时点 P 的坐标吗?

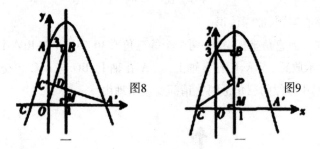

图8   图9

学生结论:当 $\angle APC = 90°$ 时(如图9),易得 $\triangle CMP \backsim \triangle PBA$,所以 $\dfrac{CM}{PB} = \dfrac{MP}{BA}$,即 $\dfrac{2}{3 - MP} = \dfrac{MP}{1}$,解得 MP = 1 或 2。所以当 $\angle APC = 90°$ 时,点 P 的坐标为(1,1)或(1,2)

问题6:在问题4的条件下,如图10,线段 x 上是否存在点 P,使△ABP 和

△PBC 相似? 如存在,求出点 P 的坐标,如不存在,请说明理由.

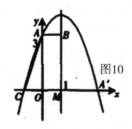

图10

学生结论:这道题与问题 2 相类似,需分类讨论.

问题7:在问题4的条件下,如图 11,抛物线的顶点为 E,EF⊥x 轴于点 F,M (m,0)是 x 轴上一动点,N 是线段 EF 上一点,若∠MNC=90°,请指出实数 m 的变化范围,并说明理由.

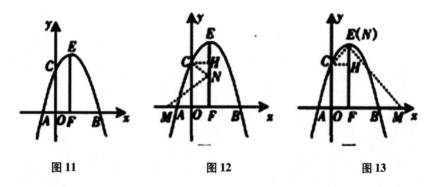

图 11   图 12   图 13

学生结论:因为 $y = -x^2 + 2x + 3 = (x-1)^2 + 4$,所以点 E(1,4)即 OF = 1,EF =4. 过点 C 作 CH⊥EF 于 H 点,所以 CH = EH = 1。

当 M 在 EF 左侧时(如图 12),由于∠MNC = 90°,则易得△MNF∽△NCH,所以 $\dfrac{MF}{NH} = \dfrac{FN}{HC}$. 设 FN = n,则 NH = 3 - n,所以 $\dfrac{1-m}{3-n} = \dfrac{n}{1}$,即 $n^2 - 3n - m + 1 = 0$。因为关于 n 的方程有解,所以 $\triangle = (-3)^2 - 4(-m+1) \geq 0$,解得 $m \geq \dfrac{5}{4}$。

当 M 在 EF 的左侧时(如图 13),CH = EH = 1,∠CEH = 45°,作 EM⊥CE 于 x 轴于 M,则∠FEM = 45°,因为 FM = EF = 4,所以 OM = 5,即 N 为点 E 时,OM = 5,所以 m≤5.

所以,综上所述 $-\dfrac{5}{4} \leq m \leq 5$。

4. 寻求共性规律,形成解题策略

问题8:通过典型例题的变式与拓展,在解决问题的过程中,你发现了哪些共性的规律?

　　学生结论:依赖基本图形:如图2中的平行型(或斜截型)、图4中的"镜面反射"型(∠CPD = ∠APB)、图5中的"一线三等角"型(∠CDP = ∠CPA = ∠PBA),以相似为工具,结合函数、方程及数形结合、分类讨论(如问题1. 问题2、问题6. 问题7)的思想解决问题.

第三节　英语学科模式及课例

第一部分:模式概述

一、英语学科的特点:

义务教育阶段的英语课程力求面向全体学生,为学生发展综合语言运用能力打好基础,同时促进学生整体人文素养的提高。教师应在教学中综合考虑语言技能、语言知识、情感态度、学习策略和文化意识五个方面的课程目标,根据学生的发展状况,整体规划各个阶段的教学任务,有效整合课程资源,优化课堂教学,培养学生的自主学习能力,为学生的可持续发展奠定基础。

二、英语学科知识分类:听说教学类、语法教学类、话题写作类、阅读课建模类、复习课建模类。

三、英语学科教学模式:

模式名称	创始人	适用范围
交流－操练－展示	张燕燕　孔纯	听说教学
探索－发现－运用	滕晓东	语法教学
阅读－参与－升华	毕允玲	阅读教学
记忆－应用－测试	张慧慧	复习教学

第二部分:模式具体操作流程

听说课教学模式

"交流—操练—展示"听说课教学模式

一、教学模式概述:

"交流—操练—展示"听说课教学模式,是通过"感知语境——自主学习——小组交流、合作质疑——达标测试"四个阶段,让学生明确听说重点,通过自主学习、教师点拨的方式来加强听说能力,通过完成检测来检验自己的掌握情况,从而达到活学活用的教学效果。

二、教学思想:

英语课堂应该是:以人为本、因学定教。不要生搬硬套"交流—操练—展示"听说课教学模式,要根据课堂目标的达成、教学对象的年龄、知识、认知能力等,去精心设计教学过程与方法,超越教材,能做到在课堂上随机应变、从容应对,以"启发"的方式提出问题,重视学生的主体意识和智慧生成。采用这种模式的课型是动态的,学生的思维呈运动状,知识、技能和能力呈积极状。人人有练的机会,学得主动,学得轻松,两极分化的现象得到了有效的控制,教学会收到良好的效果。

三、教学内容和教学目标:

1. 教学内容:

①感知语境,渗透新单词和句型。

②根据所学知识进行听说方面的实际应用训练,以及对所学进行拓展。

2. 教学目标:

①掌握本单元的词汇、句式以及重点语法知识。

②通过对所学的实际运用,进一步巩固知识点,增强语感,提高能力。

四、教学模式流程:

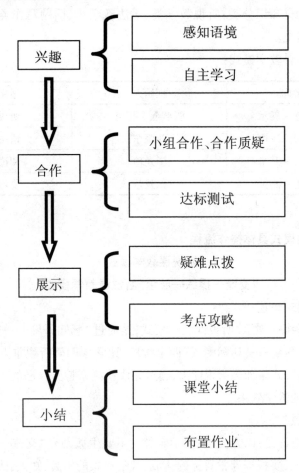

五、操作程序:

1. 感知语境

通过有关本节课的话题轻松导入,板书课题,揭示本节听说课的目标。并采用儿歌的形式让学生轻松进入新的语境中来,创造良好的英语环境。

2. 自主学习

在掌握本课知识点的前提下,完成听力达标检测,归纳产生的问题,这些问题先由组内同学自己讨论解决,解决不了的由班级其他同学帮忙,实在无法解决的,由组长做好记录,一会儿向老师质疑。

3. 小组交流,合作质疑

学生自学、质疑,教师巡视,并加以个别辅导。对照目标要求检查自学的效果。讲评,由中下游学生出答案,不对的由其他学生更正,教师进行评析,并针对倾向性题目进行讲解。

4. 达标测试

由学生通过小组合作探究,各组展示自己的对话。当堂布置作业,并留给学生讨论当日作业的时间。

听说课教学模式课例
Unit 10 Is this your pencil?

【教学设计】

导入:本节听说课是围绕学生丢失物品这个话题下的听说训练,在课的开始,以英文动画歌曲的形式,让学生复习上节课所学的学习物品导入新课,同时在导入生词学习前,适时对学生进行情感教育,引导学生要保管好自己的物品。

Module 1 热身(Warming－up)

1. 上课先用简单的交际英语和学生互动,并采用动画儿歌的形式,让学生在唱中复习上节课学到的学习用品的单词。这样既调动了学生的积极性,也让学生在轻松愉悦的状态下进入新课,创造了良好的英语环境。

2. 儿歌结束,复习完所学的学习用品的生词,适时对学生进行情感教育:这些学习用品对我们的学习有很大的帮助,我们应该保管好自己的学习用品,但是还有学生会丢失东西,大家想不想知道学生们都丢失了什么? 这样的导入,自然引导学生学习新单词。采用猜物品的形式帮助学生巩固新单词,激发了学生的学习兴趣。

Module 2 本节课的学习目标(学完本节课学生要完成的任务。)

告诉学生,通过这节课的学习,我们要编出失物招领的对话,表演并写出来,完成由输入到输出的过程。这节课,我们只是通过学习编写对话,为下节课写寻物启事打下语言基础。

Module 3 听说活动(Listening and speaking tasks)

Pre – listening 听前活动。激发好奇心,预测听力内容。

Step1 语言目标的达成

1. Study new words:Show some pictures(通过图片学单词,并通过猜单词环节巩固新单词。)

Do you know these words?

_____ _____ _____ _____

_____ _____ _____ _____

2. Study new languages. 图片谈论导入新语言知识,学习生成目标词汇,句式,体会使用语言。

Step 2 Pair work

A:What's this/that?

B:It's a/an … .

A:Is this/that /Helen's … ?

B:Yes, it is. / No, it isn't.

A:How do you spell it?

B:_____ .

While – listening 听力中活动(本节课中心教学内容,共包含四个详细步骤。)

1. Listen and answer the first question

　Where are they?

　A:on the playground.　B:at the Lost and Found.

2. Listen again and fill in the blanks

. Conversation 1

Linda:I lost my _____ this morning.

Man:OK. Is this your watch?

Linda:No, it isn't. That's my watch.

Man:Here you are.

Linda:And that's my _____ .

Man:OK. What's your name?

Linda:Linda.

Conversation 2

Mike：That's my _____ .

Man：This?

Mike：Yes…and that's my _____ .

Man：All right. What's your name?

Mike：Mike.

Man：OK. Here's your baseball.

Mike：Thank you.

3. Find difficulties

找出听力材料中学生不明白的单词和句型。这个环节,采用小组讨论和学生互助的办法,让学生自己解决难点。

4. listen and read after the tape.

3）Post - listening 听力后活动。（包含两部分）

第一步,给出生词图片和重点句型,学生自主编对话。

指导学生学会利用图片和关键句型小组合作编对话。老师可以先给出示范,然后让学生自己练习,之后到讲台前进行课堂展示（Presentation）。在展示的过程中,要求学生认真听讲。以这种方式可以提高学生注意力,提高学习效率。

第二步,写出自己的对话。

在小组对话表演结束后,指导学生由说到写的转化,最终达成这节课的目标。我们说听说课,是在听说的基础上兼顾读写,能不能把自己想表达的写出来,这也是考察学生能否把知识内化成自己的语言的一个标准。

Module 4 Homework

1. Go on practicing the dialogue with your partners and try to write them down.

2. Next class，we will learn to write a notice about Lost and Found。So you should prepare for it after class.

英语阅读课教学模式
"阅读—参与—升华"课堂教学模式

一、教学模式概述:

"阅读—参与—升华"阅读课教学模式,遵循"着眼教材、重视整体、逐步推进"的原则,充分利用课文提供的语言材料,指导学生先整体感知、表层理解,再利用多种教学手段加大力度,循环加深,最后整体推进,深层理解,真正培养学生良好的阅读习惯。

二、教学思想：

我们基础教育阶段英语课程的任务是——激发和培养学生学习英语的兴趣，使学生树立自信心，养成良好的学习习惯和形成有效的学习策略，发展自主学习的能力和合作精神；使学生掌握一定的英语基础知识和听、说、读、写技能，形成一定的综合语言运用能力；培养学生的观察、记忆、思维、想象能力和创新精神；帮助学生了解世界和中西方文化的差异，拓展视野，培养爱国主义精神，形成健康的人生观，为他们的终身学习和发展打下良好的基础。

三、教学内容和教学目标：

1. 教学内容：

（1）快速阅读文章并理解文章大意。

（2）精读文章并获取细节信息，让学生读后关注语言的使用。

2. 教学目标：

（1）根据阅读主题激活学生的背景知识，引发学生对阅读内容的思考和预测，产生阅读期待。

（2）根据不同层次的活动和任务，培养学生的阅读策略和技能。

（3）结合阅读材料进行拓展性语言训练和运用，如复述课文、读写结合等。

四、"阅读—参与—升华"英语课堂教学模式操作流程图如下：

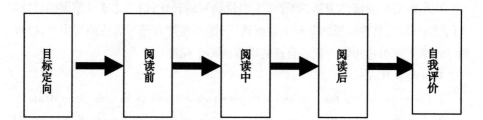

五、课堂教学模式操作基本程序：

（一）目标定向：

时间：1分钟

操作：Show the task of this class

目的：让学生从总体上知道本节课的学习任务和要求。

好处：教学目标好比茫茫大海为船只引航的灯塔，也是学生学习本节课之后要明白自己要达到的水平，因此教学目标的表述力求清晰、简洁，为学生学习明确方向。

（二）阅读前：

时间：4分钟

操作:Free talk 头脑风暴式导入

目的:头脑风暴能激活学生原有的背景知识,帮助学生进行发散思维,充分体现学生的主体性。教师应充分预设学生可能给出的答案,以便做出适当的指导。

(三)阅读中:

时间:25 分钟

1. Skimming (粗读或略读)

目的:这一步骤是为掌握文章大意而进行的阅读,要求学生读后找出文章的大意(general idea)、主题句(topic sentence),概括文章的标题(title),并注意文章的关键词、过渡词等。也可以设计一些简单的选择题或者判断对错的问题给学生回答。此环节要提醒学生不要逐词逐句的看课文,要讲究速度,在最短时间内找到问题的答案。在本环节中,教师可向学生展示下列问题:

What is the main idea of the text?

What is the topic sentence of each paragraph?

2. Scanning (跳读)

目的:这是一种为寻求特定细节,放弃大部分无关内容,只注意某一点或几点的阅读方式。要求学生根据老师准备的几个信息问题抓住重点进行跳跃式阅读,找出问题的主要信息。这些问题一般围绕 when、where、what、why、who 等 w 问题。也可以出一段填空文字,训练学生的主要阅读能力,形成"独立阅读、合作交流、个性构建"的阅读教学模式,要求学生在初读的基础上,各自独立完成精读任务,然后与同桌或同组同学合作,解决疑难点,再对文章的内容构建自己的观点。此环节也要讲究速度。

3. Intensive reading (细读)

目的:仔细地进行阅读,以便掌握全文内容及语言特征等。要求学生明确文章结构,找出语法难点,学习重点词语,进一步吸收新的词语知识、语法知识和文化知识。教师可以在读后让学生自己提出问题,包括不明白的单词、短语、句子结构,语法等。

注意点:在阅读课中,知识点和语法的讲解要尽量简练,因为阅读课的目的主要培养的是学生的阅读技能。教师要鼓励学生根据上下文去猜测新单词的意思。在初中各项考试的阅读理解中也经常见到让学生根据上下文猜新单词意思的题目,因此,这一阶段对培训学生根据上下文猜单词的能力有很大帮助。另外,在这一阶段也要引导学生学会运用参考书、字典等工具书,培养学生的自学能力。一些问题教师可以给时间让学生自己分组讨论解决。但是,当语法难而影响理解时,就要加以解释。

4. Listening and reading（听读）

目的:在操作完细读后可以让学生听课文录音,教师要告诉学生听的时候注意语音、语调,并尽量模仿,然后让学生大声朗读。这一步骤可以训练学生的听力,帮助学生进一步理解课文,为下一步复述课文打下基础。一开始可以看着书本听,熟悉课文后也可以合上书本听。

（四）阅读后:

时间:13 分钟

操作:Post - reading 复述课文

目的:帮助学生熟悉新语言项目的书面和口头形式,结合视觉、听觉和口头表达,使学生初步形成新的语言习惯,是围绕阅读材料巩固知识的环节,以及让学生通过活动进行知识的内化、迁移,从而掌握英语知识的技能,陶冶情操、拓宽视野、丰富生活经历、发展思维能力、提高语言实际能力。

注意点:练习与活动的指令要清晰,练习与活动要紧扣主题,练习与活动时间的把握要到位,练习与活动要面向全体学生,让不同层次的学生都能在活动中有所收获,练习与活动后要进行适当评价。

（五）自我评价:

时间:2 分钟

操作:对照表格,看自己的收获。

目的:让每个孩子对本节课所掌握的知识点做到心中有数。

阅读教学模式的课例
Unit 6 How often do you exercise?

【教学设计】

Warming – up

I. Show the task of this class

II. Free talk

What do you do in your free time?

How often do you do that?

课件播放图片中学生的动作,让学生自己表述正在发生的动作。并根据我们在本单元已经学习过的内容,让学生对这些发生在自己身上的动作进行频率的描述。采用小组对话交流和小组讨论的方式进行练习。

Step I Fast Reading

在学生快速阅读文章之前,教师应根据文章内容设计出简单的并且能够引起学生兴趣的问题,这样学生就会带着问题和好奇心去阅读。在初中英语阅读教学中,设计问题、回答问题是课堂教学使用率最高的一种教学手段。教师问题设计的得体、精巧,能把学生引入"问题情境",激发学生探索知识和阅读的欲望,引导他们积极思考,对发展学生的英语表达能力能起到极大作用。

因此本节课在跳读的环节中,我设置了学生易于找到的问题:What's the passage about? It's about _____? 同时教给学生跳读的意义:就是根据文章的大标题,以及小标题或者各个段落的中心句子来猜测文章的大意。

Step II Careful Reading

1. Read paragraph 1 carefully and fill in the blanks

Careful Reading

Read Paragraph 1 carefully and answer the questions:

1.How many kinds of free time activities are mentioned in the paragraph?

2.What do No. 5 High School students do in their free time?
They _____ _____ _____
in their free time.

分段细读。在注意细节、注意语言结构的基础上,处理语言点,揭示文章结构的内在联系,帮助学生深化理解文章。在有效指导学生学习语言知识基础上,培养他们理解、掌握和应用语言知识的能力。针对有碍阅读理解的内容,我们采用"疏"导法,教学生抓住重点句、重点词,摆脱不必要的困扰;针对阅读中的重要知识,我们采用"点"导法,并且把重要语言点深挖下去。

2. Read Paragraph 2 carefully and fill in the blanks.

Read Paragraph 2 carefully and fill in the blanks:

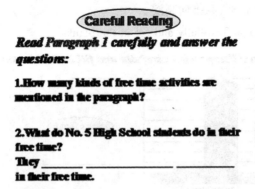

结合文章内容,教师应该先把文章的大概框架列出,然后让学生仔细阅读文

章,把具体细节补充完整。本段落主要是关于锻炼方面的内容。

这项练习的目的是寻找文章中特定的信息,通过这项练习,能够使学生理清文章的脉络,加深对文章主要内容的理解。同时采用饼状图的思维导图的形式,将整个段落枯燥的文字内容转化为易于记忆的图形的形式,学生就会觉得特别容易了。

在第二阶段的仔细阅读后,结合课文内容进行口语练习,以了解学生理解和掌握的情况。教学中我注意挖掘教材,围绕课文主题引导学生进行本段落的复述。这种活动可以设计成与课文内容有关的记者采访,也可以是课文情景下的单独角色的复述。活动形式可以是单人活动,也可以是小组活动。如果师生配合默契,往往能将课堂教学气氛推向高潮。

3. Read Paragraph 3carefully and fill in the blanks.

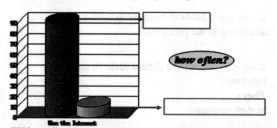

Read Paragraph 3 carefully and fill in the blanks:

how often?

Use the Internet

What do most students use the Internet for?
Most students use it for fun and not for homework.

我们在阅读课上坚持以教师为主导、学生为主体的思想,精心设计阅读教学过程,使学生拓宽视野,杜绝教师搞"一言堂",让学生由被动接受知识转化为开动脑筋主动探索知识,由"要我学"转变成"我要学",从而达到培养他们的阅读能力,提高综合运用语言的能力,提高阅读的速度和质量。

柱状图表是继饼状图表之后能够再次吸引学生眼球的地方,他们可以通过柱状图表在最短的时间来完成所列的问题。

阅读巩固阶段的口语练习可以侧重课文中语言形式的掌握和运用,做一些有关本课需重点掌握的单词、短语和结构的基本口语练习。如可以根据本段的 every day,three or four times a week 等,教师也可另外编写、补充一些;再次增加整体印象;还可以围绕课文内容及该单元中心话题,对学生进行口语训练。

4. Read Paragraph 4carefully and answer the questions

运用任务型教学法,充分利用课堂中的人力资源,发挥学生间的互动功能;在课堂教学中创设以小组为活动单位,合理搭配不同层次的学生。他们互相启发、互相补充、互相实现思维和智慧上的碰撞,使课堂教学更加丰富多彩,大大激发了学生的学习兴趣和潜能。

5. Read Paragraph 5 carefully and answer the questions。

初中阶段的每一篇阅读文章都有较深的寓意,有的属于规劝篇,有的属于励志篇等等。本文则属于规劝篇。课堂的最后,教师应当注重对学生进行德育教育,让学生分组讨论一下自己的日常生活中锻炼所占的比例,体会到锻炼对我们身心的好处。使学生不仅能从这节课中学到一些语法、词汇知识,而且还能得到心灵的启示。因此,这样一节阅读课下来,学生们会觉得受益匪浅。

6. Read Paragraph 5, try to make your own mind – map to retell this paragraph. (in groups)

Step III Homework

Do a survey in your class:the percent of your classroom joining different clubs.

我的收获(自我评价):

同学们,看看这节课你能得几个笑脸,给它们涂上你喜爱的颜色吧。

爱学	我在学习的过程中感到快乐	
合作	我能积极参与小组讨论活动,能与他人很好的合作。	
会问	遇到不懂的知识我能积极请教老师和同学。	
会想	善于思考,积极动脑并能有条理地表达自己的看法。	
会用	我会用本节课所学的知识来复述课文并进行采访。	

"记忆—应用—测试"复习课教学模式

一、教学模式概述:

"记忆—应用—测试"复习课教学模式,是通过"立体导入、知识梳理——复习测试、发现问题——疑难点拨、考点攻略——课堂小结、布置作业"四个阶段,让学生明确复习重点,通过自主学习、教师点拨的方式来巩固、拓展知识,通过完成检测来检验自己的掌握情况,从而达到活学活用的教学效果。

二、教学思想:

英语课堂,应该是:以人为本,因学定教。不要生搬硬套"记忆—应用—测试"复习课教学模式,要根据课堂目标的达成、教学对象的年龄、知识、认知能力等,去精心设计教学过程与方法,通过复习基础知识,让学生把零散的知识系统化,达到能够灵活运用的最终学习目的。

三、教学内容和教学目标:

1. 教学内容:

①复习巩固本单元的词汇、语法;

②根据所学知识进行听说读写方面的实际应用训练,以及对所学进行拓展。

2. 教学目标:

①掌握本单元的词汇、句式以及重点语法知识;

②通过对所学的实际运用,进一步巩固知识点,增加语感,提高能力。

四、教学模式流程图:

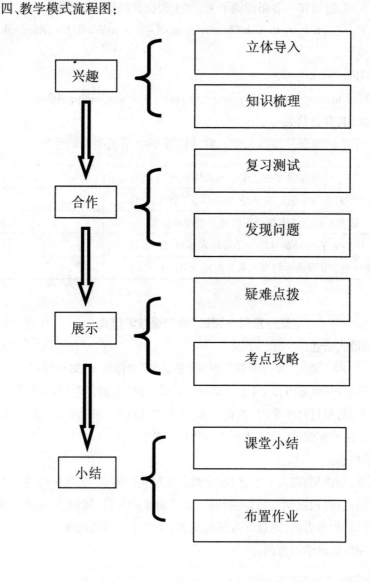

五、操作程序：

1. 立体导入、知识梳理

通过有关本节课的话题轻松导入。板书课题,揭示本节复习课的目标。指导学生围绕教学目标开展自学。先让学生复习要点里的词组及句子,然后给学生一定时间,运用词组以及语法点造句。

2. 复习测试、发现问题

在掌握本课知识点的前提下,完成达标检测,归纳产生的问题,这些问题先由组内同学自己讨论解决,解决不了的由班级其他同学帮忙,实在无法解决的,由组长做好记录,一会儿向老师质疑。

3. 疑难点拨、考点攻略

学生自学、质疑,教师巡视,并加以个别辅导。对照目标要求检查自学的效果。讲评,由中下游学生出答案,不对的由其他学生更正,教师进行评析,并针对倾向性题目进行讲解。

4. 课堂小结、布置作业

由学生通过小组合作探究,来归纳总结本节课的重点,组长发言,其他组补充,教师最后总结。当堂布置作业,并留给学生讨论当日作业的时间。

复习课模式的课例
Unit4 What time do you go to school?

【教学设计】

Module 1 热身(Warm – up)、出示任务

1. 课件播放学生自己每天的活动图片,老师与学生进行交流和讨论,引导学生讲述自己每天的生活安排。老师帮助学生说出学校生活的内容与时间,激发学生参加讨论的兴趣,紧接着引出任务:"我们年级本周末举行作文竞赛,希望广大同学踊跃参加"。

2. 出示任务:本周末我们年级将举行英语作文比赛,要求每人写一篇关于人物日常生活安排的作文,这节课我们就来做些准备吧!.

Module 2 Review the words and sentences

Words

Step 1：Read the words by themselves.

Step 2：Listen to the tape to correct students' pronunciation.

Step 3：Try to remember them by heart.

Step 4：Use several sentences to check up words.

1)出示部分单词中字母与字母组合的音标,让学生自己试读单词。

2)播放 useful words 的听力录音,学生纠正读音并跟读。

3)引入拓展词汇,让学生一起识记。

4)对于主要动词的考查,采用语言综合运用能力的方式,直接将检测带到句子中去。

Phrases

Step 1:给出关键词汇,让学生写出本单元所学的相关短语。

Step 2:拓展相关词汇的短语,让学生认识并记住。

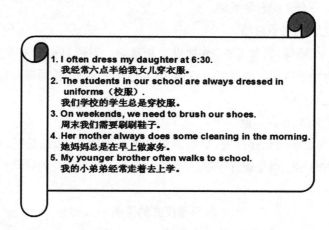

1. I often dress my daughter at 6:30.
   我经常六点半给我女儿穿衣服。
2. The students in our school are always dressed in uniforms (校服).
   我们学校的学生总是穿校服。
3. On weekends, we need to brush our shoes.
   周末我们需要刷刷鞋子。
4. Her mother always does some cleaning in the morning.
   她妈妈总是在早上做家务。
5. My younger brother often walks to school.
   我的小弟弟经常走着去上学。

(一)Sentences

Step 1:

通过图片展示 Kate 的刷牙动作和时钟信息,老师引导学生用本单元句型:sb. usually do/ does sth. at…来进行语言表达练习,导入部分基本短语和拓展短语用于描述各个时间点的行为动作。该环节先由老师进行示范导练,然后学生与同伴自由练习,鼓励学生运用前面所学的时间表达方式来进行对话。

Step 2:总结关于时间的各种表达方法,做到"温故而知新"。复习时间表达的逆读与顺读法,鼓励学生运用多样形式表达时间来完成对话练习。

What time do you usually do…? I usually do…at…

What time does he/ she do…? He / she usually does…at…

该环节教师提供短语提示框,学生可自行选择短语来完成对话练习。

Step 3:Test two—Finish the dialogue with the pictures. (通过做一个"看图说话"的小测试,来综合练习本单元的重点句式:What time do you usually do…? I usually do…at…学生根据图片信息小组交流练习;然后让学生以小组形式来展示对话,以提高学生的参与度。)

Module 3 Listening and Reading（听力和阅读）

英语课程标准中指出:听读和说写之间的关系及其密切,听读的理解可以促进学生说和写的表达技能,是复习课上必不可少的环节之一。

（一）Listening

课件展示 Jenny 的图片,向学生简单介绍之后引入听力环节。

该环节本着由易到难的原则分三步来进行:

Step1：Listen and answer questions

1）Can Jenny speak English?

2）How many classes does Jenny have every day?

Step2：Listen and fill in the blanks.

Step3：Read the passage aloud and then read after the tape.

（二）Reading

采用老师改写的一篇本单元的拓展性阅读小短文,分两步让学生进行阅读:

Step 1. 阅读短文回答问题(整体感知日常生活)。

Does Scott get up at six o'clock in the morning?

What time does he go to work?

Step 2. 阅读短文完成表格(捕捉细节)

Activities	Time
radio show	
exercise	
	at seven thirty in the evening
go to work	
	in the afternoon

Step 3. Retell——脑中构图,完成阅读短文的复述。

Module 4 Interview and Report

Step1：课件出示采访内容表格,同学小组合作相互采访,并做好采访记录。（可先小组讨论）

Time	Daily activities
6:30	get up and get dressed

Step2：找学生起来交流自己的采访结果,老师给以及时的评价与点拨。

Homework

Team A: Write about the day of your friend or classmate. 观察你的朋友或同学,并写写他们某个人的一天。

Team B: Make five sentences about your friends, classmates or families.

e. g. My father usually _____(起床) at _____.

My _____ always _____ (洗淋浴) in the morning.

我的收获(自我评价)

同学们,看看这节课你能得几个笑脸,给它们涂上你喜爱的颜色吧。

爱学	我在学习的过程中感到快乐。	☺ ☺ ☺
合作	我能积极参与小组讨论活动,能与他人很好的合作。	☺ ☺ ☺
会问	遇到不懂的知识我能积极请教老师和同学。	☺ ☺ ☺
会想	善于思考,积极动脑并能有条理地表达自己的看法。	☺ ☺ ☺
会用	我会用本节课所学的知识来描述自己和他人的生活。	☺ ☺ ☺

板书设计:

Unit 4 What time do you go to school?

What time do you usually do…?

I usually do…at…

get dressed   dress sb. , be dressed in

brush one's teeth   brush one's shoes

radio station   TV station, railway station

clean my room   do some cleaning

take a walk   walk to school, walk home

"探索——发现——运用"语法课教学模式

一、教学模式概述：

"探索—发现—运用"语法课教学模式,通过给学生提供丰富的语言材料,然后让他们通过观察和探索,从而发现并归纳总结语法规律。这样,学生才能在亲自体验、感知与参与的基础上真正掌握其语言特点,进而在掌握语言知识的基础上通过练习和实践,让学生学会运用,最终使语法教学成为提高学生语言运用能力的有效手段。

二、教学思想：

语法能力是提高学生英语综合能力的有效途径和保证,初中英语新课程标准坚持"优化而不淡化,重视而不死抠"的教学原则,其理念下的英语语法教学要求改变单纯的语法讲解和死记硬背的习惯,使学生在老师的引领下,通过不断体验、感知、实践与参与等手段从而掌握语言规律,学会正确运用语言,达到提高学生综合运用语言能力的目的。

三、教学内容和教学目标：

1. 教学内容：

(1)利用丰富的语言材料如典型例句,让学生观察、对比、发现和归纳语言结构特点。

(2)根据语法结构设计不同形式的练习,由浅入深,达到从语言学习到语言运用的过程。

2. 教学目标：

(1)在老师的引领下,探索、发现本语法的规律,归纳出语法结构特点。

(2)熟练运用语法知识进行交际,达到活学活用。

四、教学模式流程图：

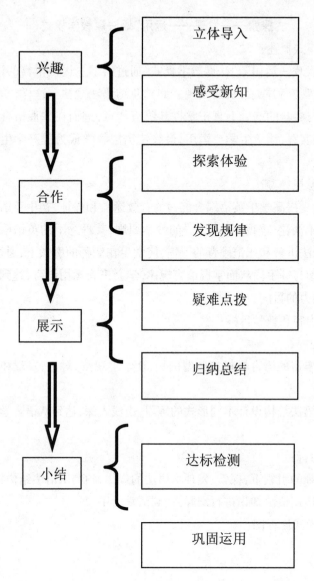

五、操作程序：

1. 立体导入、感受新知

设计有关本节课的话题轻松导入，利用图片歌曲游戏等方式激起学生兴趣，板书课题，指导学生围绕本节课教学目标开展自学。学生先自己通过朗读课前准备的内容从而感受新知。

2. 探索体验、发现规律

通过句式操练等形式让学生自主探索寻找发现语法规律，同时通过小组交流合作讨论的方式，使学生互相帮助、团结协作，这样一方面调动了学生的积极性尤其是部分待优生的参与积极性;另外一方面也让他们在讨论中互相取长补短、互相激发,并最终找到问题的答案。

3. 疑难点拨、归纳总结

学生在自学和质疑中,教师巡视,并加以点拨辅导。最后学生通过屏幕展示等方式交流所得,教师加以适当补充和归纳,师生进行评析评价,并针对倾向性题目和重点内容进行讲解。

4. 达标检测、巩固运用

利用本节课所学知识,通过中考链接、小组调查等方式,学生间互评、老师终结性评价等措施检验学生所学是否能活学活用,达到学以致用的目的。

语法课模式的课例

Unit8 What's the best movie theater?（Section A 3a－3c ）

【教学设计】

Module 1 热身(Warm－up)

Before class:通过滚动屏幕让同学感受新知,自己大声读屏幕上形容词、副词的比较级和最高级。

Look at the pictures and understand

big　　　　　bigger　　　　　biggest

Now please read the comparative adjective and the superlative adjective by yourselves and understand the meaning.

big bigger biggest heavy heavier heaviest …

Leading in :Today I bring you many presents, Can you guess what they are? If you can do well ,I'll give them to you. Work harder , please.

Step one: Now please look at this picture and make sentences with the comparative degree. we can see the strawberry is the smallest of the three. Who can translate the sentence?

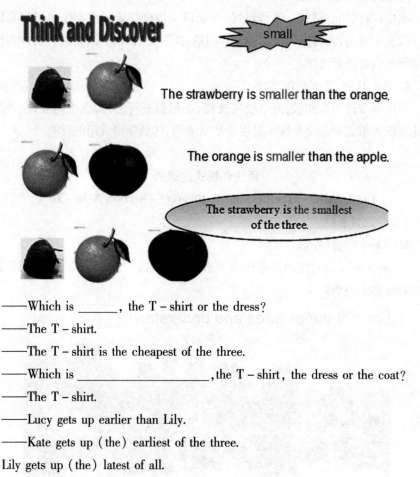

Think and Discover

small

The strawberry is smaller than the orange.

The orange is smaller than the apple.

The strawberry is the smallest of the three.

——Which is _____, the T – shirt or the dress?

——The T – shirt.

——The T – shirt is the cheapest of the three.

——Which is _____, the T – shirt, the dress or the coat?

——The T – shirt.

——Lucy gets up earlier than Lily.

——Kate gets up (the) earliest of the three.

Lily gets up (the) latest of all.

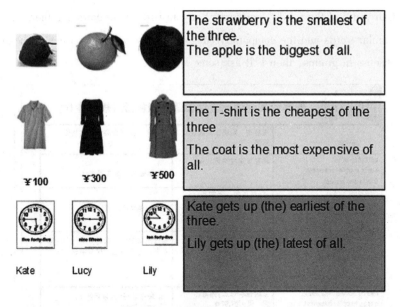

Then the teacher asks students to discuss how to use the superlative in pairs and tell me the differences between superlative adjective and the superlative adverb.

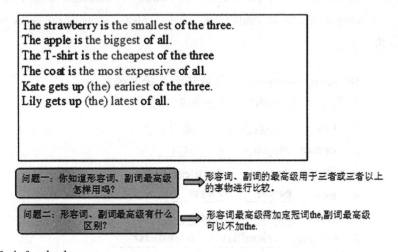

Task for the lesson：

Please give some advice to Linda.

Linda is an exchange student from the USA. She's new in my city. She likes traveling, shopping and local food. Can you give her some advice?

Step Two：In order to help Linda, we have to master the rules of superlative degree. Can you find the words' partners? You can write them down together. According to the similar words and the comparative degree, can you find the rules of the superlative? Discuss in groups, then I'll ask some students.

Discussion 形容词和副词比较级和最高级构成 (规则变化)		
单词	形容词、副词比较级变化规律	形容词、副词最高级变化规律
tall taller tallest warm warmer warmest fast faster fastest	单音节词在词尾加 er	单音节词在词尾加 est
nice nicer nicest late later latest fine finer finest	以 e 结尾的，只加 r	以 e 结尾的，只加 st
hot hotter hottest big bigger biggest thin thinner thinnest	重读闭音节词，末尾只有一个辅音字母，应双写这个辅音字母，加 er	重读闭音节词，末尾只有一个辅音字母，应双写这个辅音字母，加 est
heavy heavier heaviest happy happier happiest easy easier easiest	以辅音字母加 y 结尾的词，变 y 为 i，加 er	以辅音字母加 y 结尾的词，变 y 为 i，加 est
popular more popular most popular famous more famous most famous	部分双音节词、多音节词，在词前加 more	部分双音节词、多音节词，在词前加 most

After learning the rules, give them a few minutes to remember them. Ask some students to recite them. Some words have no rules, please remember them by heart.

评价 一:

Do some exercises.(看看谁写的又快又准)
写出下列形容词的比较级和最高级:

1. big   bigger   biggest
2. cheap   cheaper   cheapest
3. funny   funnier   funniest
4. new   newer   newest
5. close   closer   closest
6. friendly   friendlier   friendliest
7. comfortable   more comfortable   most comfortable
8. popular   more popular   most popular
9. good   better   best
10. bad   worse   worst

Step Three：Discuss in groups.

Can you give Linda some good advice? Shopping Center：I have many good places to choose，Such as vacation places：you can choose Swan Lake，Fahua Temple…Restaurant：There are many famous restaurants to choose．You can talk about your ideas according to price ，service，quality，distance(距离)and so on.

评价二：达标检测

Homework

1. Remember the rules of comparative（比较级）and superlative(最高级).

2 Write down your advice for Linda according to the survey

板书设计：

Unit 8 What's the best movie theater？		
	比较级	最高级
badly	worse	worst
friendly	friendlier	friendliest

第四节　物理学科模式及课例

第一部分:模式概述

一、物理学科的特点:

物理学科是一门让学生学习初步的物理知识与技能,经历基本的科学探究过程,通过受科学态度和科学精神的熏陶,以提高全体学生的科学素质、促进学生的全面发展为主要目标的自然科学基础课程。它有四个特点:

1. 实验性

观察和实验是物理学研究的基本方法,人们认识物理世界总是先通过观察实验获得感性材料,再经过一系列的科学抽象,从现象深入到本质,从感性上升到理性,最后形成物理理论。同时,实验也是检验物理理论真理性的惟一标准。

2. 严密理论性

物理学的完整体系是由反映物质运动及其相互作用特点的基本概念、与这类概念相联系的基本规律、和运用逻辑推理得到的一系列结论所组成的。物理学概念是人们在实验基础上,经过反复科学实验抽象而成的,物理学规律(原理、定理、定律)则是在对实验结果严密分析的基础上,经过概括、抽象、归纳而得到的。因此,物理学具有严密的理论性。

3. 定量精密性

物理学的基本定律和公式,是物理量之间函数关系在一定条件下的规律性反映。这表明物理学与数学的关系极为密切。数学作为研究物理学的一种重要语言和工具,不仅为物理学提供了描述物理概念和规律的简洁、精确、形式化的语言和表达式,而且为分析和解决具体物理问题提供了计算工具。物理概念和规律的定性表述与精确的数学定量表述相结合,是物理学科的突出特点之一。物理学定量的精密性,使物理学的结论可以随时加以严格检验。

4. 使用广泛性

物理学研究自然界物质运动形式的最一般规律,它是自然科学和工程技术的理论基础,物理学的知识和方法已经被广泛应用于科学技术的各个领域,它不但极大地影响着社会生产力的发展,而且影响人们的生活方式,工业技术发展中各个阶段的重大突破,都无不体现了物理学的应用的广泛性。

二、物理知识分类：

现象类　概念类　规律类　实验类　应用类

三、物理学科教学模式

模式名称	创始人	适用范围
"观·探·展·评"教学模式	田颖萃张浩	初中物理规律类教学
问题驱动、模块化教学法	刘阳	新授课

第二部分：模式具体操作流程

"观·探·展·评"教学法
——规律类教学模式

一、模式概述

"观·探·展·评"教学法即：观察现象、小组探究、展示结论、师生评价，通过自主探究，了解科学探究的过程和方法，尝试应用于科学探究活动，逐步学会科学地看问题、想问题，逐步养成科学的行为习惯和生活习惯。

二、教学思想

该教学法以课程标准为指导，根据我校"小组合作、五步教学"的教学模式，以实验探究为课堂主体，让学生在教师的指导下通过观察现象获得感知，通过探究发现规律，通过动手动脑提高自身的科学探究能力，并学会把所学知识运用到解决实际问题中。

三、教学内容、教学目标

1. 教学内容

(1)探究的内容和过程

(2)归纳得出的结论

(3)规律的应用

2. 教学目标

(1)通过实验探究知道浮力的大小与哪些因素有关。

(2)知道阿基米德原理的内容、公式和适用条件。

(3)能应用阿基米德原理计算浮力和解决简单问题。

四、教学模式流程图

"观 探 展 评" 教学法

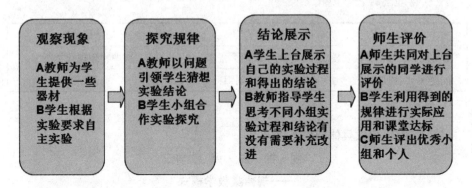

五、操作流程

1. 观察现象

操作:

A 教师为学生提供一些器材

B 学生根据实验要求自主实验

目的:培养学生的独立思考和创新能力

好处:探究实验的关键,在于提高学生设计实验的能力;由教师的帮助设计逐步过渡到学生自主设计,培养学生的创新意识和实验操作能力。

2. 探究规律

操作:

A 教师以问题引领学生猜想实验结论

B 学生小组合作实验探究

目的:给学生更多的自主空间,发挥学生的积极性与创造性,培养小组合作的能力。

好处:由于实验猜想和自主设计实验往往有一定难度,问题的设计就显得尤为重要。设计的问题要恰当,既能激发学生的发散思维又不能过于散乱,真正使学生在做中学,在学中思。

3. 展示结论

操作:

A 学生上台展示自己的实验过程和得出的结论

B 教师指导学生思考各小组实验过程和结论有没有需要补充改进

目的:展示过程培养学生的归纳能力和表达能力,思考过程培养学生的观察和倾听能力。

好处：从课堂效果和学生发展来看，"展示"这一环节既可以检查学生对实验内容、目的的理解又可以检查各小组的实验操作技能和合作情况，同时也给学生提供了一个锻炼和展示的平台。

4. 师生评价

操作：

A 师生共同对上台展示的同学进行评价

B 学生利用得到的规律进行实际应用和课堂达标

C 师生评出优秀小组和个人

目的：激发学生的竞争和求胜欲望，提高课堂学习气氛。

好处：小组评价贯彻了全面质量管理的原则和精神。只有在将小组所有成员看成一个整体的前提下绩效才能达到最好的评估效果。

《阿基米德原理》课堂实录
——"观·探·展·评"教学模式课例

一、教材分析

阿基米德定律是初中物理的重要内容之一，它对人们日常生活和科学技术的发展起到重要的作用，这节是"浮力"这一章的核心内容，通过本节的学习，不仅让学生掌握了浮力大小与哪些因素有关及浮力大小的计算，还可以让学生掌握自主科学探究过程和方法，从而激发学生求知的欲望以及热爱科学、热爱祖国的爱国热情。

二、学生分析

八年级学生刚开始接触物理知识，对涉及实验的有关问题有充分的兴趣和热情，而浮力现象是学生在生活中比较熟悉的，已学习的力、二力平衡及质量、密度等知识为浮力的学习作了很好的铺垫，通过对本课的学习，可对原有知识起到复习和巩固提高的作用，在教学中可利用学生的心理特征，激发学习兴趣，并在探索浮力规律的过程中培养其尊重科学的思想。

三、教学目标及重难点

教学目标：

1. 通过实验探究知道浮力的大小与哪些因素有关。

2. 知道阿基米德原理的内容、公式和适用条件，能应用阿基米德原理计算浮力和解决简单问题

重点难点:

重点:阿基米德原理的探究

难点:利用阿基米德原理进行浮力的简单计算并解决生活中的简单问题

教学模式	"观探展评"教学法			创始人		田颖萃、张浩
课题	阿基米德原理	课型:新授	授课班级		授课人	

目标与重难点	知道浮力的大小与哪些因素有关 知道阿基米德原理的内容、公式和适用条件,能应用阿基米德原理计算浮力和解决简单问题 重点:阿基米德原理的探究 难点:阿基米德原理的应用	恰当具体可测
器材准备	给学生准备一些有关的实验器材,包括实验室器材和身边物品例如:乒乓球、鸡蛋、盐等	自主开放
教学思路	为学生提供一些方便操作的器材,充分发挥学生的主动性与创造性,发挥小组合作完成实验探究,利用小组评价激励学生,培养学生的学习兴趣和科学素养	具体
课程导入	1. 石块放入水中将下沉,如何用弹簧测力计测出它所受的浮力? 2. 木块漂浮在水面上,此时浮力等于重力,如何测出它所受的浮力?	
板书设计	阿基米德原理 1. 内容:浸在液体中的物体所受的浮力,大小等于它排开的液体所受的重力。 2. 适用条件:阿基米德原理不仅适用于各种液体,也适用于各种气体。 3. 公式: $F_浮 = G_排$ 或 $F_浮 = \rho_液 g V_排$ (1)说出 $F_浮$ $G_排$ $V_排$ 各符号的意义 (2)说出公式 $F_浮 = \rho_液 g V_排$ 中各物理量的单位	

续表

教学内容 与时控	教师活动	学生活动	修正
教师提出 问题,温 故知新 称量法 运用二力 平衡	教师活动 展示本节学习目标 提出问题 提问 1. 石块放入水中将下沉,如何用弹簧测力计测出它所受的浮力? 2. 木块漂浮在水面上,此时浮力等于重力,如何测出它所受的浮力 【课件】中国第一艘航母辽宁号 师:对于这么一个庞然大物你能否用上面的两种方法直接测量出它所受的浮力? 师:今天我们来学习一种既简单又普遍适用的方法,阿基米德原理。本节课我们要达成以下学习目标: 探究:浮力的大小与哪些因素有关 实验一:用弹簧测力计测出物体在以下四种情况下所受的浮力: 1. 小部分浸入液体中 2. 大部分浸入液体中 3. 刚好完全浸没液体中 4. 继续下移,浸没液面下一定深度 物体名称:_____ 液体名称:_____	学生活动 学生思考并回答 学生观看视频思考并回答 生动手完成实验,将数据记录在表格中	 修正

浸入情况	物体重力 $G_物$ / N	拉力 $F_拉$ / N	浮力 $F_浮$ / N
小部分浸入液体中			
大部分浸入液体中			
刚好完全浸没液体中			
浸没液面下一定深度			

思考:浮力的大小是怎样变化的? 浮力的大小可能与什么因素有关? 说出你的理由

师:物体浸入的体积和他排开的体积有怎样的大小关系

【播放课件】

实验二:将鸡蛋放入水中,它将下沉,浮力小于重力。
利用老师给你提供的器材,(盐、玻璃棒)
想办法让鸡蛋浮上来?

思考:导致浮力增大的原因是什么? 那么浮力的大小与什么因素有关? 说出你的依据

总结:浮力的大小与液体的密度、物体排开液体的体积有关

探究:浮力的大小等于什么?

● 提出问题:浮力的大小等于什么?

小组合作实验探究得出结论 小组展示成果

续表

教学内容与时控	教师活动	学生活动	修正
通过探究浸没在液体中和漂浮在液体中的物体受到的浮力,得出浮力大小与排开液体的重力有关的结论	实验三:用手将皮球慢慢压入水中,感受浮力的变化,观察溢出水的多少思考:浮力的大小跟排开的水之间会有怎样的关系? ●猜想与假设:浮力的大小是否等于排开液体所受的重力 ●设计实验与制订计划: 【实验器材】 铁架台、溢水杯、小桶、塑料水杯、弹簧测力计、物体(铜块、铝块、石块、橡胶块)、液体(水、盐水、硝酸钠溶液、酒精) 重点介绍溢水杯的使用 【实验步骤】 说明:浮力的大小可以任选"实验一"中的一组数据,重点探究如何测排开液体所受的重力。 思考: 怎样收集排开的液体并测出排开液体所受的重力 小组上台展示收集方法,师生点评 ●进行实验,收集证据: 温馨提示: 1. 溢水杯中的水要加到不能再加为止 2. 待溢出的水全部收集完再称重 物体名称:_____ 液体名称:_____ 浸入情况:_____	小组合作实验探究得出结论小组展示成果	
	  物理量 / 桶重 $G_{桶}$/N / 物体重 $G_{物}$/N / 拉力 $F_{拉}$/N / 桶与排开水总重 $G_{总}$/N / 浮力 $F_{浮}$/N / 排开水重 $G_{排}$/N (空表格一行)	学生分析数据,得出结论:浮力的大小等于排开液体的重力	
通过实验探究测量,得出结论:浮力的大小等于物体排开液体的重力	●分析数据,得出结论: 小组上台展示实验结果师生点评、归纳结论 师:这就是著名的阿基米德原理,一直到现代,人们还在利用这个原理测定船舶的载重量。 ●评估: 探究活动中出现了什么新的问题?吸取了哪些经验教训?如何改进探究方案? 阿基米德原理: 1. 内容:浸在液体中的物体所受的浮力,大小等于它排开的液体所受的重力。 2. 适用条件:阿基米德原理不仅适用于各种液体,也适用于各种气体。 3. 公式: $F_{浮} = G_{排}$ 或 $F_{浮} = \rho_{液}\, g\, V_{排}$		

续表

教学内容 与时控	教师活动	学生活动	修正
学习致用	(1)说出 $F_浮$ $G_排$ $V_排$各符号的意义 (2)说出公式 $F_浮 = \rho_液 g V_排$ 中各物理量的单位 1. 2012 年 9 月 25 日中国首艘航空母舰辽宁号(16 号)正式交接入列。以下是它的部分参数,根据这些参数,你能否计算出它满载时所受的浮力? (友情提示:排水量就是轮船满载时排开水的质量) <table><tr><td>舰长</td><td>304m</td></tr><tr><td>舰宽</td><td>70.5m</td></tr><tr><td>吃水深度</td><td>10.5m</td></tr><tr><td>满载排水量</td><td>67500t</td></tr></table> 2. 如图甲所示,体积为 1dm³ 的立方体铜块,浸没在水中,受到的浮力是多少?(g 取 10 N/kg) (温馨提示:解题时要注意统一单位、选择合适的公式以及要有必要的文字说明) 如果立方体铜块处于图乙的位置,浮力又是多少? 如果把这个铜块压扁,再把它浸没在水中,其所受的浮力会不会发生变化? 通过这节课的学习,我们又知道了一种新的求浮力的方法－阿基米德原理。对照知识结构图梳理本节的知识	学生根据所学的公式进行计算、展评,最终归纳出正确的解题思路和步骤 学生梳理本节的知识结构图,并同桌交流。	
知识梳理			
拓展延伸	课后利用橡皮泥做一条小船,下节课带到教室,看谁做的船装"货物"最多,并说出你的理论依据。		

问题驱动、模块化教学法
——新授课教学模式

四、模式概述：

"问题驱动、模块化"教学法是通过创设情景引导学生进入课堂，教师以问题驱动的形式引导学生以多种形式分模块来探究新知，利用小循环多反馈教学法，让学生及时思考，帮助学生及时小结，构成几个循环单元，整节讲完后，进行综合反馈，构成完整循环。依据"低起点，严要求，小步子，快节奏，多反馈，勤校正"的原则，将一节课的知识内容分成几个知识模块，学生在老师的引导下，先分后合，先简后繁，稳扎稳打，步步为营。通过多层面的反馈校正，不失时机地练习巩固每一个知识点，及时反馈教学信息，及时调整教学过程，把各种错误消灭在萌芽状态，学生进入每一级学习，都会有新感受、新收获和新创造。

五、教学思想：

以学生现有知识和生活经验为基础，老师以问题驱动的形式引导学生或自学或小组合作探究或讨论交流等多种形式分模块来探究新知，不断增强学生的自学能力、合作探究能力、口头表达能力等多种能力，增加学生认知的广度和深度，最终使知识系统化、网络化，并能应用其解决生活中的实际问题。

六、教学内容和教学目标：

1. 教学内容：每节新授课

2. 教学目标：引导学生学会求知、学会学习（自学、探究）并能运用知识解决实际问题

七、教学模式流程图：

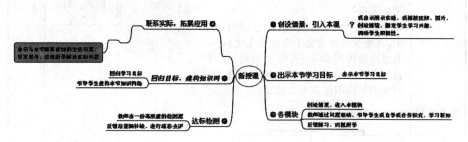

八、教学流程：

（一）创设情景，引入本课

操作：或出示演示实验，或播放视频、图片，创设情景，激发学生学习的兴趣，调动学生学习的积极性。

目的：激发学生的学习兴趣，引发学生强烈的学习愿望，集中其注意力，迅速

进入角色。

好处:给学生创造生动形象的物理情境,引导学生主动探索身边的物理现象,感到物理就在自己的身边,有强烈的学习激情。

(二)出示本节学习目标

操作:出示本节学习目标

目的:强化学生目标意识

好处:发挥目标导学功能

(三)各模块

操作:

①创设情景,进入本模块;

②教师通过问题驱动引导学生采取或自学或小组合作探究的形式学习新知;

③反馈练习,巩固所学。

目的:将一节课的知识内容分成几个知识模块,学生在老师的引导下,先分后合,先简后繁,稳扎稳打,步步为营。

好处:通过多层面的反馈校正,不失时机地练习巩固每一个知识点,及时反馈教学信息,及时调整教学过程,把各种错误消灭在萌芽状态,学生进入每一级学习,都会有新感受、新收获和新创造。

(四)联系实际,拓展应用

操作:出示与本节联系密切的生活问题引发学生思考,学会应用所学解决实际问题。

目的:培养学生灵活运用知识解决实际问题的能力。

好处:通过全班交流,学生之间相互启发,在互动、碰撞中加深对知识的理解,让学生学会活学活用。

(五)回归目标,建构知识网

操作:回归目标,引导学生建构本节知识网络。

目的:进一步强化学生的目标意识,并引导学生对本节知识有一个系统的全面的认识,深化本节所学。

好处:让学生的认知结构得到进一步地完善和丰富。

(六)达标检测

操作:

①教师结合本节的学习目标、重点、难点、疑点,精心设计一份高质量的检测题;

②反馈后查漏补缺,进行画龙点睛的讲评。

目的:了解学生本节课的知识掌握度,及时反馈学生中存在的问题。

好处:通过达标检测,培养学生知识迁移能力,锻炼学生的综合分析能力,提高学生解决实际问题的能力,同时对学生的掌握情况做一次补救与深化。

◎应用本模式的教学案例

《电阻》新授课教学设计

学习主题	第十二章《电压和电阻》第三节《电阻》
课标陈述	通过实验,了解物质的导电性,比较导体、半导体、绝缘体导电性能的不同。知道电流、电压、电阻。
内容分析	本节课新授内容是山东科学技术出版社出版的《义务教育教科书物理·九年级·上册》第十二章《电压和电阻》第三节《电阻》。本节主要内容,一是让学生了解不同物体的导电和绝缘能力;二是让学生知道电阻是表征导体对电流阻碍作用的物理量以及电阻的单位;三是引导学生进行实验探究,体验探究过程、学习科学的研究方法,知道决定电阻大小的因素,了解半导体、超导体现象。 电阻同前面学习过的电流、电压一样,都是中学物理电学知识的主体部分,是学习电学的基础知识和重点知识,是讨论电路问题所需的基本物理量,是进一步学习欧姆定律必备的基础知识。在初中物理知识体系中,欧姆定律是一个处于核心地位的基本规律,而电阻是理解欧姆定律的基本概念,因此电阻是初中物理教学中必须认真处理的内容。 理解电阻概念的初步含义及其决定因素,是变阻器、欧姆定律以及电阻的串、并联等后续学习的必要基础,在生产和生活中也有广泛的应用,所以,本节课具有承前启后的重要作用。 重点与难点: 知识的探究过程是本节课的重点与难点内容。
学情分析	对初四学生来说,经过一年的物理学习,大部分学生基本领悟了科学探究的各主要环节,同时也具有了一定的实验设计能力及操作能力,但是面对一个陌生的探究课题,有一半的学生还是不能独立完成,对于提出问题、猜想和假设、设计实验等能力还有待于提高。
学习目标	1. 了解导体和绝缘体的区别及常见的导体和绝缘体。 2. 知道电阻是表示导体对电流阻碍作用的物理量。 3. 知道电阻的单位并能进行电阻的不同单位之间的换算。 4. 通过实验探究,知道决定电阻大小的因素,感悟用"控制变量法"来研究物理问题的科学方法。 5. 能根据决定电阻大小的因素,判断、比较不同导体电阻的大小。

续表

学习主题	第十二章《电压和电阻》第三节《电阻》
评价设计	1. 通过演示实验一、思考一、反馈练习一,检测目标 1 的达成; 2. 通过演示实验二、思考二、反馈练习二,检测目标 2.3 的达成; 3. 通过思考三、实验探究、演示实验三,检测目标 4 的达成; 4. 通过反馈练习三,检测目标 4.5 的达成; 5. 通过触类旁通、想想议议,检测目标 5 的达成; 6. 通过达标检测,检测 5 个目标的达成。
教学方法	学生自主学习、小组合作学习与教师的点拨相结合的方式
设计意图说明	1. 本课采用"合作型小循环多反馈"的设计思路,本课共分三个小循环,一是模块一导体与绝缘体的学习与反馈;二是模块二电阻的学习与反馈;三是模块三决定电阻大小的因素的学习与反馈。每一模块学完后,紧跟一个反馈练习,利用"小循环多反馈"教学法,让学生及时思考,帮助学生及时小结,构成三个循环单元。通过多层面的反馈校正,不失时机地练习巩固每一个知识点,及时反馈教学信息,及时调整教学过程,把各种错误消灭在萌芽状态,学生进入每一模块学习,都会有新感受、新收获和新创造。 2. 注意做到基于课程标准的目标、教学、评价一致性。注意学习目标的可评价原则,在教学设计之前,首先进行评价设计。
学习活动设计	课前准备: 1. 导线一般是用什么材料做成的? 2. 高压输电用的电线和家庭使用的电线一样粗吗? 一、问题导入: 交流: 大多数导线都是用什么材料做的?(生答用铜或铝)为什么不用铁来做导线呢?高压输电用的电线和家庭使用的电线粗细为什么不一样呢?

学习主题	第十二章《电压和电阻》第三节《电阻》
学习活动设计	同学们带着这个问题开始我们今天的学习之旅吧。 二、明确目标： 1. 了解导体和绝缘体的区别及常见的导体和绝缘体。 2. 知道电阻是表示导体对电流阻碍作用的物理量。 3. 知道电阻的单位并能进行电阻的不同单位之间的换算。 4. 通过实验探究，知道决定电阻大小的因素，感悟用"控制变量法"来研究物理问题的科学方法。 5. 能根据决定电阻大小的因素，判断、比较不同导体电阻的大小。 三、探究新知： 模块一：导体和绝缘体 我们先来做一个演示实验： 演示实验一：连接如图所示的电路，依次在电路中接入一段铜丝、镍铬合金线、橡皮、铅笔芯、钢尺、塑料尺、水、油，闭合开关，学生观察电流表的示数及小灯泡的发光情况。 思考一：灯为什么有时亮有时不亮？电流表为什么有时有示数，有时没有示数？ 请同学们带着这个问题自学42页第一版块，看看你从中能学到哪些知识？小组内交流。 班内展示(口头交流)，其它小组补充。 回答思考一。 反馈练习一： 1. 小红打开小明的铅笔盒后，发现里面有以下物品：硬币、小刀片、塑料圆珠笔帽、铁丝、纸片、铅笔芯、橡皮擦，请你在这些物品中，挑出其中的导体： 2. 下列各组物质中全是绝缘体的是(　　) A. 金属、陶瓷、大地　B. 酸、碱、盐的水溶液 C. 塑料、油、玻璃　D. 人体、橡胶、干木柴 模块二：电阻 演示实验二： 依次在电路中接入一段铜丝、长度和横截面积相同的镍铬合金线，闭合开关，学生观察电流表的示数及小灯泡的发光情况。 思考二：1. 两次实验中灯发光吗？这一现象说明了什么？ 2. 两次实验中灯的亮度相同吗？电流表的示数相同吗？你估计是因为什么原因？ 当接入不同的导体时，灯的亮度为什么不同，电流表的读数为什么不同呢？为什么在相同的电压下，通过不同导体的电流不同呢？ 请同学们带着这个问题自学42页第二版块，看看你从中能学到哪些知识？小组内交流。班内展示，其它小组补充。 老师可提示学生，补充完整，如从小资料中你获得了哪些信息？ 根据大屏幕展示的内容，以小组为单位，对说，巩固本模块的内容。 大屏幕的内容： 1. 电阻是表示_____的物理量。不同的导体，电阻一般_____，电阻是导体本身的一种_____。

续表

学习主题	第十二章《电压和电阻》第三节《电阻》
	2. 导体的电阻用字母_____表示,单位是_____,简称_____,符号是_____。比较大的单位有_____、_____。1.5kΩ = _____ Ω 1.8 Ω = _____ MΩ
	3. 在电子技术中经常用到具有一定电阻值的元件－－电阻器,它在电路图中的符号是_____。
	4. 阅读小资料,可知各种金属导体在_____、_____一定的情况下,电阻的大小与_____有关。("材料""长度""横截面积")。
	反馈练习二:
	1. 物理学中,电阻是表示导体对_____的_____作用,通常用字母 R 表示。在国际单位制中,电阻的单位是_____,简称_____,符号是_____,电阻的常用单位还有_____、_____。
	2. 实验室中常用的小灯泡的电阻约为8Ω,合_____ kΩ ,合_____ MΩ。在电路图中电阻的符号是_____。
	3. 实验室中用的1m 长的铜导线,其电阻通常忽略不计,是因为_____。
	4. 请将下列几种导体的电阻按照从小到大的顺序排列( )
	A 实验用的导线 B 人的双手(干燥) C 人的双手(湿润) D 实验用的小灯泡
学习活动设计	模块三:决定电阻大小的因素
	思考三:
	1.43 页小资料中给出的几种不同导体的电阻值是在什么情况下? 这样的限定给你什么启示?
	2. 观察10 瓦和100 瓦的灯泡的灯丝,比较它们的粗细,一样吗?
	3. 剥开几段家用电线,比较它们的材料和粗细,一样吗?
	4. 基于以上,请你猜想一下导体的电阻与哪些因素有关?
	实验探究:
	1. 选择的器材:
	2. 要研究电阻与材料的关系,应控制什么因素相同? 什么不同?
	3. 要研究电阻与长度的关系,应控制什么因素相同? 什么不同?
	4. 要研究电阻的大小与横截面积的关系,应控制什么因素相同? 什么不同?
	5. 以上研究物理问题的方法叫什么法? 以前在哪个实验中也用到?
	6. 在实验中,通过观察什么现象来比较电阻的大小? 这种研究物理问题的方法叫什么法? 以前在哪个实验中也用到?
	根据实验方案进行实验:
	各小组选出代表交流实验现象,得出结论。
	归纳总结:导体的电阻是导体本身的一种性质,它的大小决定于导体的材料、长度、横截面积。
	温度对电阻的影响:
	演示实验三:
	灯泡的钨丝连入电路,观察亮度,用酒精加热灯丝,观察灯的亮度。
	得出结论:电阻还与温度有关。大多数导体,温度升高电阻变大。

续表

学习主题	第十二章《电压和电阻》第三节《电阻》
学习活动设计	反馈练习三： 1. 不同的导体,电阻一般(　　),电阻是(　　　)的一种性质,导体电阻的大小决定于导体的(　　)(　　)(　　)。 2. 关于导体电阻的正确说法是[　] A. 因为导体电阻表示导体对电流的阻碍作用,所以导体中没有电流通过时,导体的电阻为零。 B. 导体两端电压越大,电流也越大,所以导体电阻随电压的增加而减小。 C. 导体电阻是导体阻碍电流的性质,它的大小跟电压、电流的大小都没有关系。 D. 导体两端电压越大,电流也越大,所以导体电阻随电压的增加而增大。 3. 关于导体的电阻说法错误的是[　] A. 两根长短、粗细都相同的铜导线和铝导线,铜导线的电阻小。 B. 长短相同的铜导线,粗的导线比细的导线电阻小。 C. 粗细相同的铝导线,长的导线比短的导线电阻大。 D. 用铝导线换下输电线路中的铜导线,保持电阻值不变,铝导线的横截面积应和原来铜导线的横截面积一样。 4. 如图是四根高压输电线上的一个装置,利用这个装置将四根导线并联起来,相当于增大了导线的_____,从而减小了导线的_____,以达到减少输电线上电能损失的目的. 回顾课前准备： 1. 导线一般是用什么材料做成的？为什么不用铁来做导线呢？ 2. 高压输电用的电线和家庭使用的电线为什么不一样粗？ 触类旁通： 1. 断了的灯丝搭接好以后,还能使用,其电阻如何变化？为什么？ 2. 正常发光时白炽灯灯丝的电阻与不工作时的电阻相比是变大了还是变小了？为什么？ 想想议议： 小资料 随着国家"家电下乡"政策的深入落实,广大农村家庭中增加了许多电器设备,因老旧线路的电线大都是直径小的铝芯线而且绝缘老化,带来诸多安全隐患。最近几年国家进行了农村电网改造,将电线更换成了直径大的铜芯线。为什么要这样更换电线呢？ 四、盘点提升：

续表

学习主题	第十二章《电压和电阻》第三节《电阻》
学习活动设计	五、达标检测： 1. 关于导体的电阻，下列说法正确的是：[　] A. 短导线的电阻比长导线电阻大。 B. 铜导线的电阻一定比铝导线的电阻小。 C. 电阻是导体对电流的阻碍作用，当导体中无电流时，导体就无电阻。 D. 以上说法都不对。 2. 一段导体两端的电压是 3V 时，导体的电阻是 12Ω，断开电源，使导体两端的电压为零时，导体的电阻是：[　] A.0　B.12Ω　C.4Ω　D.2Ω 3. 同种材料制成的甲、乙、丙三根电阻线，已知甲比乙长，但横截面积相等，丙比乙粗，但长度相等，则甲、乙、丙三根电阻线的电阻相比：[　] A. 甲最大　B. 乙最大　C. 丙最大　D. 乙最小 4. 在探究"导体的电阻跟哪些因素有关"的问题时，某老师引导学生作了如下的猜想： 猜想1：导体的电阻可能跟导体的横截面积有关； 猜想2：导体的电阻可能跟导体的长度有关； 猜想3：导体的电阻可能跟导体的材料有关。 下图是他们进行实验探究的器材，演示板上固定了四条金属电阻丝，a、b、c三条长度均是1m，d的长度是0.5m；a、b的横截面积相同，材料不同；a、c的材料相同，但c的横截面积大于a；a、d的材料和横截面积都相同。 (1)在探究电阻跟横截面积的关系时，可依次把M、N跟_____的两端连接，闭合开关，记下电流表的示数，分析比较这两根金属丝电阻的大小。 (2)依次把M、N跟a、d的两端连接，闭合开关，记下电流表示数，分析比较a、d两根金属丝电阻的大小，可探究电阻跟_____的关系，其结论是：_____。 (3)以上方法在研究物理问题时经常用到，被称为控制变量法。试根据学过的物理知识再列出两例用这种方法研究的问题：_____。 六、课后延伸： 根据今天学习的内容设计一个简易变阻器。
	板书： 一、导体和绝缘体 善于导电的物体叫导体。如金属、人体、酸碱盐溶液、石墨等 不善于导电的物体叫绝缘体。如橡胶、玻璃、塑料、陶瓷、油 二、电阻 定义：表示对电流的阻碍作用 符号：R 单位：Ω、kΩ、MΩ 三、决定电阻大小的因素 材料、长度、横截面积 影响因素：温度

第五节 化学学科模式及课例

第一部分：模式概述

一、化学学科特点：

化学学科是从学生和社会发展需要出发，要求学生积极主动地学习，获得化学知识和技能的科学。初中化学有以下特点：实验为基础；基本概念、基本理论集中；记忆性的用语、概念、性质多。

二、化学知识分类：

概念类　规律类　实验类　应用类

三、化学学科教学模式：

模式名称	创始人	适用范围
"问题导学、互动探究"教学模式	王华妮	新授课
"探查已知——探究未知和想知"教学法	刘茹	实验类教学

第二部分：模式具体操作流程

"问题导学、互动探究"教学模式
——化学学科新授课课堂教学模式

一、教学模式概述

"问题导学互动探究"教学模式，以问题来统领教与学的活动，教学活动始终围绕问题而进行。通过问题引出教学内容，引发学生思考，引导学生探究。充分体现了"学生为主体，教师为主导，探究为主线"的教学理念，注重学生能力的培养和素质的提高。

二、教学思想

以尊重生命，面向全体学生，提高学生的化学科学素养，注重探究性学习为宗旨，使学生通过自主、合作、探究的学习方式，获得终身学习的能力。

三、教学内容和教学目标

1. 教学内容

初中化学

2. 教学目标

①培养学生的问题意识和思维能力。

②培养学生的自学能力和合作意识。

③培养学生的探究能力、解决问题的能力。

④帮助学生形成科学的思维习惯。

四、教学模式流程图

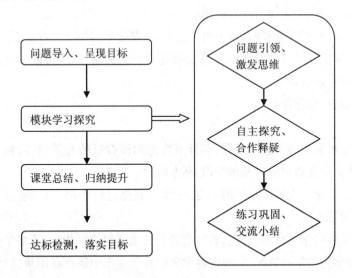

五、操作程序

(一)问题导入,呈现目标

时间:3 分钟左右

操作:

①教师创设情境,导入课题。教师可以根据教学内容,采用多种方式导入新课。如根据生产、生活中的化学现象提出问题激趣导入法、开门见山直接导入法、复习旧知导入法、单元知识树导入法、实验导入法等等。

②通过口述或课前制作好的幻灯片引导学生明确学习目标。

目的:使学生明确自己应该学会什么? 怎么学? 学到什么程度? 从而激发学生的学习兴趣,使学生能够科学合理地调控自己在课堂上的学习。

意义:

①灵活多变且具有现实意义的情景导入,能够激发学生的学习兴趣和探究欲望,同时呈现学习目标,可以使学生在上课开始就明确本节的学习任务和要求,促进学生在以后的各个环节里围绕目标主动地学习。

②由于学习目标往往是一节课的主干知识及其中心思想的体现,因此长期坚持展示目标,可以培养学生的归纳概括能力。

(二)模块学习探究

时间:此环节为课堂学习的主要部分,大约30分钟

问题引领、激发思维

操作:教师根据课程标准和教材内容,设计科学合理且具有一定思维含量的问题,通过导学案或课件呈现出来,并且教师声情并茂的提出来,从而引起学生的重视和兴趣,激发学生学习探究欲望。

目的:培养学生的问题意识和思维能力,激发学生的探究学习欲望。

意义:学生在问题的驱动下会激发探究学习的兴趣和热情,使学习成为学生主动探究的自发活动。

自主探究、合作释疑

操作:

①学生根据教师预设的问题,有针对性地阅读教材的有关内容,独立寻找问题答案,从而掌握教材中的基础知识、基本概念。

②对于学生个人解决不了的问题,学生可自愿进行小组讨论,通过组内交流解决疑难问题。

③在学生自学、合作讨论时,教师有针对性地适时进行指导,了解学生的学习进程,掌握学生的学习情况,哪些内容学生在自学合作中还存在困难,以便后面的指导更有针对性。

④各小组分别派代表对合作学习的成果进行展示,并由本组或其他组成员对展示过程中所出现的问题进行纠正和补充。

⑤教师对各小组的展示交流情况进行评价,对于好的地方进行及时表扬,讲解不到位的地方给以相应的补充和纠正,对于重点和难点的内容进行强调、分析。

目的:最大限度地调动学生学习的积极性,使每个学生都能积极主动地参与到学习中来,确保每个学生都能学有所获。

意义:充分发挥学生学习的主动性,培养学生独立思考能力、学习能力,培养学生的合作交流能力,帮助学生养成良好的学习习惯。

练习巩固、交流小结

操作:

①学生先独立完成教师根据本模块的知识内容设置的有一定梯度的问题练习,有困难的与同伴交流解决。

②教师以反馈练习为抓手,引导学生交流本模块学习中存在的困难,帮助学生拓宽思路,提高应用知识的能力。

③教师引领学生总结本模块知识要点,帮助学生巩固知识。

目的:所学知识能达到"步步清"的效果。

意义:促进学生对所学内容有一个反刍回味的过程,加深对知识的理解记忆,对个别疑难问题能深入消化。模块小结可使学生对模块知识要点有更深的理解。

（三）课堂总结、归纳提升

时间:4 分钟左右

操作:教师引导学生对本节内容进行梳理和总结。如用思维导图、知识树、框架图、表格等形式。

目的:帮助学生建立知识网络,形成知识体系。

意义:通过师生共同归纳总结本节重点内容,可有效地提高学生的归纳总结能力,促进学生对知识的整体认识,以及促使学生形成和发展化学的基本观念和思想方法。

（四）达标检测、落实目标

时间:5 分钟左右

操作:教师结合学生的学习情况、本节课的学习目标、重点难点和关键性问题,精心挑选、合理编排设置一份检测题,以课件的形式投影到银幕上或直接呈现在导学案上,限时完成。检测反馈后,教师针对学生中存在的问题,有的放矢,对症下药,及时进行画龙点睛的讲评与答疑。

目的:教师及时准确地掌握学生知识目标的达成度,做到"堂堂清"。

意义:通过检测反馈,培养学生的知识迁移应用能力,提高学生的解决问题能力和综合分析能力,使学生对知识的掌握再一次得到补救和深化的机会。

"问题导学、互动探究"教学模式课例

（一）案例简介

教学模式	"问题导学、互动探究"课堂教学模式					创始人	王华妮
课题	质量守恒定律	课型	新授课	授课班级	3.10	授课人	王华妮
学习目标与重难点	1. 通过对水电解和过氧化氢分解两个具体化学变化的微观过程分析,了解化学反应过程中原子的种类、数量和质量都不会发生变化,从而理解质量守恒定律的含义和实质。(重点) 2. 通过历史再现,学习科学家严谨认真的态度和敢于质疑的精神。 3. 通过实验探究,初步学会如何利用某一具体化学反应实验验证质量守恒定律,发展化学实验探究能力;同时能够描述并理解质量守恒定律的内容。(重点、难点) 4. 能用微粒的观点解释质量守恒定律,并运用质量守恒定律解释生产、生活中的化学现象,提高分析解决实际问题的能力;树立辩证唯物主义观念,进一步发展化学变化观、微粒观和元素观。(重点、难点)					科学、规范、可操作、可观测	

教学模式	"问题导学、互动探究"课堂教学模式				创始人	王华妮
课题	质量守恒定律	课型	新授课	授课班级	3.10	授课人	王华妮

多媒体运用	动画模拟水电解和过氧化氢分解的微观过程;课件图文展示质量守恒定律的发现史。课件展示思考问题以及课堂练习和达标测试题。	
教学思路	本节课首先利用课件以框架图的方式引导学生回忆总结化学变化的有关知识,使学生再一次从化学变化的实质、类型、可控性等方面对化学变化形成较全面的认识,帮助学生建立宏观的知识体系。然后利用问题:"木炭燃烧后化为灰烬,小树苗长成参天大树,这些化学变化前后物质的总质量如何变化?"导入定量认识化学变化的学习,使学生明白物质在发生化学变化时不只存在质变的规律,也存在着量变的规律,从这一单元开始就要从定量的角度认识化学变化。然后通过"探索质量守恒定律"、"认识质量守恒定律"和"应用质量守恒定律"三个模块的学习,使学生理解化学反应中物质的总质量保持不变,从而理解并掌握质量守恒定律。接下来通过课堂小结再次建构知识树,形成知识体系,最后的课堂检测,既能使学生理解巩固本节课的内容,又能使教师掌握本节课学生知识目标达成度。	问题引领,思路清晰明确。
板书设计	第一节 化学反应中的质量守恒 一、探索质量守恒定律 化学反应前后物质的总质量是否变化? 微观分析——不变 科学实验——不变 实验探究——不变 二、认识质量守恒定律 内容: 参加化学反应的各物质的质量总和 ⟷ 反应后生成的各物质的质量总和 原因: 原子的种类、数目、质量 都没有改变 适用范围:化学变化 三、应用质量守恒定律	纲目式与图表式结合,可将知识结构纲要化、加深学生对知识的印记。

(二)案例教学设计

教学内容	教师活动	学生活动
(一)课堂导入呈现目标 整体回顾化学变化有关内容,形成化学变化观。	通过前面的学习我们已经接触了很多的化学变化,化学学科研究的主要内容就是化学变化,那么关于化学变化你都知道哪些呢? 课件展示"化学变化知识框图"。 设问:木炭燃烧后化为灰烬,小树苗长成参天大树,这些化学变化前后物质的总质量如何变化?	结合课件与教师一道复习回顾化学变化的有关知识,建立知识网络。 根据已有的知识进行科学合理的猜想。
(二)模块学习探究 【任务一】:探索质量守恒定律 活动一:微观推测化学反应前后物质的总质量变不变?	问题导入: 1. 一定量的水全部分解,得到的氧气和氢气的质量总和与水的质量有什么关系? 2.68g过氧化氢全部分解,得到的氧气和水的质量总和与68g有什么关系?	小组合作:用分子模型模拟水电解和过氧化氢分解两个化学变化的微观过程。 独立思考: (1)上述两个化学变化的实质是什么?变化前后原子的种类和数目有什么关系? (2)上述两个化学变化前后参加反应的反应物的质量与生成物的质量总和有什么关系,为什么? 自我归纳总结得出:化学反应前后原子的种类和数目不变,所以反应前后物质的总质量也不变。
活动二:追溯质量守恒定律发展史,了解科学发展历程	同学们已经从微观的角度推测化学反应前后物质的质量总和不变,是否真是这样,还需要通过实验进行验证。首先让我们追溯历史,看一看几百年前科学家的实验是怎样的结果?	思考: 1. 拉瓦锡、波义尔、罗蒙诺索夫三位科学家的实验结果不同,你认为谁的结果是不正确的?是什么原因导致了他的结果不正确?

续表

教学内容	教师活动	学生活动
	课件展示:质量守恒定律的发现史。	2. 从科学家的探究历程中你学到了什么?得到什么启示? 得出结论:科学家的实验结论:化学反应前后物质的总质量保持不变
活动三:实验探究化学反应前后物质的总质量变不变?	问题导入:如何通过实验探究化学反应前后物质的总质量变不变?	思考讨论:通过实验探究化学反应前后物质的总质量是否改变时,需要考虑哪些因素? 实验探究: 1. 学生根据提供的三个化学变化(白磷燃烧、盐酸与大理石反应、氢氧化钠溶液与硫酸铜溶液反应),思考、设计实验方案。 2. 小组交流方案,提出困惑,师生共评,优化方案。 3. 学生分组进行实验,记录实验现象和数据,教师巡视指导。 4. 学生交流实验结果,分析总结得出结论—化学反应前后物质的总质量不变。 5. 反思评价实验成功的关键和失败的原因。
小结: 从化学反应过程的微观分析、科学家的实验再现以及同学们自己的实验探究,三个方面都得出这样的结论:化学反应前后物质的总质量保持不变。		
【任务二】:认识质量守恒定律	引领学生归纳质量守恒定律。	思考:1. 质量守恒定律适用的范围是什么? 2. 为什么化学反应前后各物质的质量总和守恒? 总结:化学变化中虽然物质的种类发生了改变,生成了新物质。但,因为化学反应前后,原子的种类、数目和质量都没有改变,所以化学反应前后物质的总质量不变

教学内容	教师活动	学生活动
【任务三】：应用质量守恒定律。 （三）课堂总结、归纳提升	利用课件或导学案呈现一组具体问题。 通过本节课的学习，你对化学变化有什么新的认识？ 再次将前面的主题单元的框架图展示出来，并在此基础上添加定量研究化学变化和质量守恒定律的内容，使化学变化这一主题的内容框架更丰富、更具生命力；使学生的认识更趋完善。	独立完成，不会的小组讨论。 学生独自总结—组内交流—班级交流 将知识框架整理在笔记本上。
（四）课堂达标、落实目标	利用课件或导学案展示课堂达标检测题。 巡视，发现问题，对学生检测结果进行统计，及时点拨强调学生的遗漏点	学生独立完成检测题，针对正确答案找出错题原因，及时纠正。

"探查已知——探究未知和想知"教学模式

一、教学模式概述：

传统的教学模式注重灌输式的教学方式，学生没有主动获取的欲望，导致学习效率的低下。初中生正处于探究欲望极强的黄金时期，但化学学科的课时短、任务重，如何在极短的时间内了解学情，把握住学生思想的脉搏就显得尤为重要。因此，通过多年的探索，结合实验学科的特点，我们提出了"双板块四环节"教学模式。该教学模式的重点在板块二"探究未知和想知"，通过四环节的层层落实，达到学生想学、会学、乐学，教学相长的教学效果。

二、教学思想：

"教有重点"。通过交流，探查学生的已知，了解学生的未知和想知，进而从学科角度有针对性地筛选出有探究价值的化学问题，通过实验探究解决问题、提高认识。

"教为不教"。通过对个别学习主题的实践、交流、归纳，形成对这类学习主题的一般性认识规律，为以后的学习指引方向、提供方法，从而达到事半功倍的学习效果。

三、教学内容和教学目标：

教学内容：1. 发现和提出有探究价值的化学问题．2. 实验方案的设计及其探究过程；3. 实验现象或数据的记录及其规律或结论的应用。

教学目标:1. 能够发现和提出有探究价值的化学问题,明确实验目的后能利用提供的实验仪器与药品设计实验方案。2. 通过设计、优化和实施实验探究方案,使学生享受实验探究的乐趣,增强实证意识,体会发散性创新思维方式。3. 通过实验现象或数据的分析,得出实验规律或结论,并运用结论解决生活中的化学问题。

四、教学流程图:

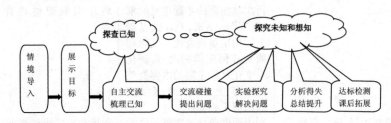

五、操作程序:

(一)创设情境,导入课题

时间:大约 2 分钟

操作:运用与课题密切相关的话题、图片、谜语甚至是小魔术引入新课,可激发学生的兴趣和好奇心,唤起学生爱祖国,爱科学的热情,从而激发起学生学习新课的兴趣。

目的:组织教学

意义:组织教学,集中学生注意力,激发学生兴趣。

注意点:充分利用学科资源,激发学生兴趣

(二)展示目标,明确方向

操作:通过口述或课件让学生快速浏览。

时间:大约 2 分钟

目的:让学生从总体上知道本节课的学习任务和要求。

意义:

1. 使学生在上课开始就明确学习目标和学习方向,促进学生在以后的各个环节里主动地围绕目标进行探究。

2. 由于学习目标是一节课的主干知识、学习方法及其要求的体现,因此长期坚持展示目标,可以培养学生的概括能力。

注意点:

1. 要认真钻研教材和标准,准确地制定学习目标。

2. 要层次清楚,简明扼要。

3. 要给学生充足的快速浏览时间。

(三)自主交流,梳理已知

操作:结合学习主题,教师引导学生从化学的视角谈对所学对象的已有认识,其他同学补充完善,从而形成最基本的认识。

时间:大约 5 分钟

目的:引导学生从学科的视角梳理已知,培养学生的实证意识和合作意识,重视亲身体验和同伴互补。

意义:既帮学生理清了学习思路,又使教师摸清了学情,为后面的探究学习奠定了基础。

注意点:教师指令下达要简明易懂,使学生能在较短的时间内通过补充逐步完善对所学对象的已有认识。

(四)交流碰撞,提出问题

操作:

首先,教师创设真实问题情境,学生先组内思考交流,提出想探究的问题并由记录员将问题整理在一张纸上。

其次,将各组提出的问题在展台上展示,其他同学帮助解答,大家都无法解答的问题,较难由教师有针对性的予以解答。最终从知识、能力、时间等方面综合考虑筛选出适合学生本节课探究的有价值的问题。

时间:大约 8 分钟

目的:创设真实问题情境,培养学生善于观察、勤于思考、敢于提问的良好科学素养。

意义:培养学生提出有价值问题的能力。

注意点:

1. 要求组内合理分工,充分发挥各自的特长。

2. 给出明确的时间限制或相应的激励措施,保证学生既有充足的交流时间,讨论时又有紧迫感。

(五)实验探究,解决问题

操作:针对要解决的问题,各小组据老师的实验要求来设计实验方案、进行实验、记录并分析实验现象、获得结论。教师根据学情适时引导小组交流、互助,通过互补,达成共识。

时间:大约 16 分钟

目的:引导学生利用已有知识经验分析、解决疑难问题,注重学科知识的相互渗透;引导学生利用已有的生活经验进行思考,重视发散性思维的培养。

意义:培养学生知识迁移的能力和实证意识。

注意点:

1. 培养学生的安全意识及应对可能出现的不安全因素的能力。

2. 要有明确的实验要求。如：请利用所提供的实验用品设计出尽可能多的实验方案；请从所设计的方案中选出你们最感兴趣的方案进行实验等。

3. 教师巡视时主要关注两点：一是注意确保实验安全；二是控制好实验所需时间。

（六）分析得失，总结提升

操作：先引导学生谈这节课在知识、方法等方面的收获，对知识点的应用和解题方法、思路进行归纳总结，提升理解问题的高度，再和学生一起回顾教学环节领会科学探究的方法、思路。

时间：大约 5 分钟

目的：通过学生讨论，教师点拨，使学生进一步加深对所学知识的理解，最终形成运用所学知识去分析问题、解决问题的能力。通过学生的表现，评价目标的达成度。

意义：通过交流共享，不同层次的学生都有提高，待优生能解决基本问题了，优秀生学会用发散性创新思维方式解决问题了，大家都充分享受了实验探究的乐趣。

注意点：调动学生畅所欲言，及时给予恰如其分的评价或鼓励，使每个学生首先敢说，进而会说。

（七）达标检测，课后拓展

操作：

【方式一】布置检测内容；组间交换当堂批改，给予等级评价。

【方式二】搜索与所学主题相关的热点话题或资料，引导学生课后探讨或实验探究，形成书面资料准备下节课交流。

时间：大约 7 分钟

目的：检测每位学生是否都当堂达到了学习目标。

意义：及时反馈学生的学习信息，教师及时掌握学生的学习目标达成率，对教师、学生的教与学都产生了促进作用。

注意点：

1. 检测题要典型、适度和适量。

2. 评价方式要多元化，评价等级的标准要合理化。

◎运用该模式的课例：

初探酒精

【教学目标】

1. 让学生通过交流、讨论对酒精的已有认识，能说出酒精的某些性质，初步形成认识物质的一般思路。

2. 通过探究"酒精燃烧"，使学生初步学习观察与推理、猜想与假设等科学方法；初步学会用实验进行实证的方法；能够发现和提出有探究价值的化学问题，增强问题意识；能用分析、概括等理性思维方法获得结论。

3. 通过设计、优化和实施"酒精燃烧"的实验探究方案，使学生享受实验探究的乐趣，增强实证意识，体会发散性创新思维方式。

【教学重点、难点】教学目标的 2 和 3

【学情分析】

(1)知识：知道物理变化、化学变化、物理性质、化学性质等知识，通过"氢气燃烧"的实验，知道物质的性质决定物质的用途。通过"探究蜡烛燃烧的奥秘"学习，对科学探究的过程、方法有了初步了解，对科学探究表现出较强的好奇心。

(2)实验技能、探究能力、探究方法：初步掌握了简单的化学实验基本操作技能，而对于化学实验探究学习的方式和探究方法的学习尚处于初级阶段。

(3)学生的学习心理和能力：学生刚开始化学学习，情绪和心理都处于比较兴奋、好奇状态，对物质世界充满了探究欲望，但学生的心理发展还不够成熟，认知能力有限。酒精是学生在实验室经常接触的一种物质，又因它与我们的生活密切相关，很多同学对它充满了好奇心，期盼着亲自动手探究，揭开心中的疑惑。

【教学方法】讨论交流、实验探究、分析归纳。

【实验用品】酒精灯、火柴、烧杯、集气瓶、燃烧匙、澄清的石灰水、短玻璃管、坩埚钳、胶头滴管、湿抹布。

【教学过程】

教学环节与教师活动	学生活动	设计意图
【问题导入】酒精是我们非常熟悉的一种物质。想想你都在哪里见过它？	叙述生活中常见的含酒精的物品。	引领学生关注身边的常见物质，激起学生的好奇心，调动学生从化学的视角去认识物质。
【图片汇总】医药方面、食品加工业、燃料 这么重要的一种物质，你对它了解多少呢？我们今天就从化学的视角来走近酒精、初探酒精。	看图片。	感受酒精与我们的生活密不可分。
【学习目标】出示	阅读，明确学习目标。	使学生学有目标。
板块一、探查已知 【组织交流】出示实验台上的酒精。	观察酒精，交流对酒精的已有认识。	培养学生的实证意识和合作意识，重视亲身体验和同

教学环节与教师活动	学生活动	设计意图
【归纳总结】认识物质的一般思路:组成结构、物理性质、化学性质、用途等方面 【过渡】通过交流,我们对酒精有了初步的认识,相信同学们还想了解更多的关于酒精的知识,今天我们继续对酒精这种物质进行探究,现在就针对酒精的燃烧来提出你想探究的问题。 板块二、探究未知和想知 一:提出问题 【强调安全】因为要点燃酒精灯来观察,所以我们需要先明确安全事项。你认为我们在实验中应注意哪些安全问题? 【问题引领】关于酒精燃烧,你想探究哪些问题? 【展台展示】各小组提交的问题 对提出的问题简单分类,引导学生解答或分析所提问题。明确本节课要探究的具体问题。 二:解决问题 【实验探究一】乙醇燃烧的产物是什么? 【巡视引导】询问猜想的依据。鼓励学生多角度思考设计方案。 【实验探究二】探究焰心处是否有酒精蒸气? 【引导分析】画图演示短玻璃管的两种放置方式,分析多数小组实验失败的原因。 【思维引导】 刚才我们是用导管将蒸气导出的方法	据已有知识回答 据已有知识和生活经验回答。 点燃酒精灯观察,小组讨论后,将提出的问题写在老师提供的小卡片上。 解答其他小组提出的问题,筛选出有探究价值的问题。 参与问题的分类,明确这节课要探究或验证的问题。 思考、交流猜想和方案,实验后交流现象和结论。 明确实验任务——据已有认知讨论、交流方案——实验——交流现象、结论——反思交流 思考、回答。	伴互补。 帮助学生将零散的认识条理化,为以后认识其他物质指明思路。 培养学生的安全意识及应对可能出现的不安全因素的能力。 创设真实问题情境,培养学生善于观察、勤于思考、敢于提问的良好科学素养。 培养学生提出有价值问题的能力。 培养学生知识迁移的能力和实证意识。 引导学生利用已有知识经验分析、解决疑难问题,注重学科知识的相互渗透。

续表

教学环节与教师活动	学生活动	设计意图
来探究酒精蒸气,下面我们可以换一种思路来探究。大家都喜欢喝牛奶,想一想喝牛奶时,我们将管插入盒中以后,再怎么办? 你得到了什么样的启示呢?	思考、回答。	引导学生利用已有的生活经验进行思考,重视发散性思维的培养。
【图片演示】提供操作演示图片	交流方案,看图,动手实验。	
【归纳总结】设计实验方案应注意的问题: 1. 理论上可行 2. 操作上简便 3. 现象要明显	聆听、体会。	通过实验方案的对比,使学生意识到当面临"一题多法"的时候,要选择最佳方案。
三、总结提升 先引导学生谈这节课在知识、方法等方面的收获,再和学生一起回顾教学环节领会科学探究的方法、思路。	谈本节课的收获与体会。	
四、课后拓展 【图片展示】自制固体酒精的原料、步骤。		通过学生的表现评价目标的达成度。
【演示实验】取一小块自制的固体酒精点火。	观察、体会	体会化学就在自己的身边。引导学生在确保安全的前提下多参与课外实验。

第六节　生物学科模式及课例

第一部分　教学模式

一、生物学科的特点

1. 科学性

生物科学是自然科学中的基础学科之一,是研究生命现象和生命活动规律的一门科学。

它是农林、医药卫生、环境保护及其他有关应用科学的基础。生物科学经历了从现象到本质、从定性到定量的发展过程,并与工程技术相结合,对社会、经济和人类生活产生越来越大的影响。生物科学有着与其他自然科学相同的性质。它不仅是一个结论丰富的知识体系,也包括了人类认识自然现象和规律的一些特有的思维方式和探究过程。生物科学的发展需要许多人的共同努力和不断探索。

2. 探究性

生物教学既要让学生获得基础的生物学知识,又要让学生领悟生物学家在研究过程中所持有的观点以及解决问题的思路和方祛。生物学课程期待学生主动地参与学习过程,在亲历提出问题、获取信息、寻找证据、检验假设、发现规律等过程中习得生物学知识,养成理性思维的习惯,形成积极的科学态度,发展终身学习的能力。

3. 实验性

实验教学是生物学教学的基本形式之一,许多探究活动都是通过实验来进行的。实验种类有探究、进一步探究、演示实验、调查、设计、课外实验、模拟制作等多种类型,有利于提高学生的实验操作能力。多种类型的实验,有利于引导学生主动参与、勤于动手、积极思考,逐步培养学生收集和处理科学信息的能力、获取新知识的能力、分析和解决问题的能力,以及交流与合作的能力等。

二、生物知识的分类

科学—生活类　概念—原理类　实验—探究类

三、生物学科教学模式

模式名称	创始人	适用范围
"导学探究六环节"教学模式	隋晓红	新授课
"理解—运用—整合"教学模式	国进丽	复习课

第二部分　具体模式操作流程

"导学探究六环节"教学模式
——生物新授课课堂教学模式

一、教学模式概述

"导学探究六环节"教学模式,以"教师主导,学生主体"为基本理念,以学生"自主学习"、"小组合作""交流展示"为基本环节,以"学生主动探究获取知识"为基本目标,使学生在自学、合作过程中,培养终身学习的能力并感受获得成功的愉悦感。

二、教学思想

以面向全体学生,提高学生的生物科学素养,注重探究性学习为宗旨,使学生通过自主、合作、探究的学习方式,获得终身学习的能力。

三、教学内容和教学目标

1. 教学内容

初中生物全六册

2. 教学目标

①使学生获得生物学基本事实、概念、原理和规律等方面的基础知识,了解并关注这些知识在生活、生产和社会发展中的应用。

②培养学生的科学探究和实践能力,养成科学思维的习惯。理解人与自然和谐发展的意义,提高环境保护意识。

③使学生初步形成生物学基本观点、创新意识和科学态度,并为确立辩证唯物主义世界观奠定必要的基础。

四、教学模式流程图

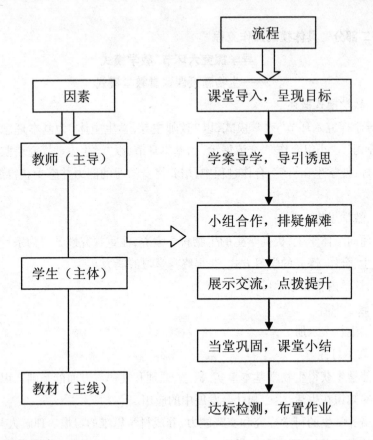

五、操作程序

（一）课堂导入，呈现目标

时间：3分钟左右

操作：

①教师创设情境，导入课题。教师可以根据教学内容，采用多种方式导入新课。如影像或图片资料导入法、设疑或悬念激趣导入法、开门见山直接导入法、复习旧知导入法、单元知识树导入法、实验导入法等。

②通过口述或课前制作好的幻灯片引导学生明确学习目标。

目的：激发学生学习兴趣，目标的呈现让学生从总体上知道本节课的学习任务和要求。

意义：

①多元化的课堂导入，激发学生探究学习的欲望，同时呈现目标，使学生在上课开始就明确学习目标和学习方向，促进学生在以后的各个环节里主动地围绕目标探索、追求。

②由于学习目标往往是一节课的主干知识及其要求的体现,因此长期坚持展示目标,可以培养学生的概括能力。

(二)学案导学,导引诱思

时间:每个模块4-5分钟左右

操作:

①教师依据学习目标和重难点,将知识设计成具有思维含量的问题,编写成学案,在课堂上发放给学生,为学生的自学定标定向;让学生根据学案阅读教材或有针对性、有选择性地阅读教材的重难点,从而使学生理解基本概念、基础知识,对本模块知识有初步的认识,初步构建起知识体系。

②学生在自学时,要求边看边思,反复推敲。对自学中遇到的疑难问题,做出标记,在此环节,提倡自主思考,最大限度地自主解决问题。

③教师指导学生自学,了解学习进程,掌握学生自学中存在的疑难问题和不足之处。

目的:使每个学生都积极动脑,认真自学,挖掘每个学生的潜能。

意义:学生按照老师的指导自学,积极思考,及时地进行操作实践。学生处于主体地位,培养了他们自主学习和动手的能力。

(三)小组合作,排疑解难

时间:每个模块3-4分钟左右

操作:

①对自学过程中存在的问题,小组内进行充分的交流,使学习内容最大限度的在小组内得到解决,并找出本组的共性问题。

②合作过程中,一般采用差生展示,中等生纠错,优等生讲解的模式。通过生生合作,即"兵教兵,兵强兵,兵练兵"的方式,使每个人都完成学习任务。

目的:以最短的时间最高的效率解决学生的疑难问题。

意义:小组合作,生生互助,学生之间用他们的语言来解决问题比老师的讲解更接近学生的理解力,更能吸引学生的注意力。各个不同层次的学生在合作过程中都能找到自己的角色定位,在合作过程中获得成功的成就感,合作过程中也培养了学生的团队意识、合作精神。

(四)展示交流,点拨提升

时间:每模块5~6分钟

操作:

①各小组分别派代表对合作学习的成果进行展示,并由本组或其他组成员对展示过程中所出现的问题进行纠正和补充。

②教师对各小组的展示交流情况进行评价,对于好的地方及时表扬,讲解不到位的地方给以相应的补充和纠正,对于重点和难点的内容进行强调、分析。

目的:学生对自学、对学、群学的成果进行展示,教师点拨,使学生进一步加深对所学知识的理解,彻底澄清学习中的疑难问题。

意义:这一环节既是补差,又是培优,不同层次的学生都有提高,既帮助后进生解决基本问题,又使优秀生理解更加透彻,促进其求异思维和创新思维的发展。

(五)当堂巩固,课堂小结

时间:4分钟左右

操作:

①学生整理学案,回顾课本,理解记忆。

②教师引导学生对本节内容进行梳理和总结。

目的:对所学知识能达到"堂堂清"的效果。

意义:课堂巩固使学生对所学内容有一个反刍回味的过程,加深对知识的理解记忆,对个别疑难问题能深入消化。课堂小结有助于对所学知识形成一个完整的知识体系。

(六)达标检测,布置作业

时间:5分钟左右

操作:

①教师结合学生的学习情况、本节课的学习目标、重点难点和关键性问题,精心挑选、合理编排设置一份检测题,以课件的形式投影到银幕上或直接呈现在导学案上,限时完成。检测反馈后,教师针对学生中存在的问题,有的放矢,对症下药,及时进行画龙点睛的讲评与答疑。

②布置一些探究性的、观察性的、调查研究性的课外作业,以激发学生的学习兴趣,拓展学生的知识视野。

目的:教师及时准确地掌握学生知识目标的达成度。

意义:

通过检测反馈,培养学生的知识迁移应用能力,提高学生的解决问题能力和综合分析能力,使学生对知识的掌握再一次得到补救和深化的机会。课外作业使学生的学习过程由课内延伸到课外。

模式课例：

教学模式	"导学探究六环节"课堂教学模式					创始人	隋晓红
课题	细菌	课型	新授课	授课班级	3.1	授课人	隋晓红
学习目标 与重难点	1. 我能说出细菌的大小、形态、结构。（重点） 2. 我能区分出细菌基本结构与动植物细胞结构的不同。（难点） 3. 我能推测出细菌的营养方式。（难点） 4. 我能说出细菌的生殖方式。（重点） 5. 我能认同科学的发展与技术的进步密切相关； 认同科学的新发现是建立在缜密的思维和精细的实验基础上的。					恰当 具体 可测	
多媒体运用	巴斯德鹅颈瓶实验视频、各种不同形态细菌的图片、细菌结构、动植物细胞结构图片、细菌分裂过程图片					整合点 准确恰当	
教学思路	本节课通过单元知识树导入，然后通过细菌的发现、细菌的形态结构、细菌的生殖三个模块让学生理解细菌的特点，教学过程每个模块都基本采用自主学习、小组合作、交流展示、反馈练习的流程，让学生在自主学习、合作探究的过程中，达到对知识的掌握与理解，课堂小结再次建构知识树，以形成本节内容的知识体系，最后的课堂检测，既能使学生理解巩固本节课的内容，又能使教师掌握本节课学生知识目标达成度的情况。					具体 明晰	
导语设计	本章我们学习的是细菌和真菌，这一章共包括五节，上节课我们学习了第一节，细菌和真菌的分布，通过学习，同学们掌握了细菌和真菌培养的一般方法，并运用学会的方法探究了细菌和真菌的分布特点，在探究的过程中，同学们还观察到细菌和真菌的菌落具有不同的特点。其实，不但细菌真菌的菌落特点不同，它们的形态结构也相差甚远。那么，细菌和真菌的形态结构分别具有怎样的特点呢？带着这个问题，这节课我们先来学习第二节细菌。					通过复习 旧知识引 入新课， 达到承前 启后的 效果	
板书设计	第二节细菌 一、细菌的发现 列文·虎克 巴斯德 二、细菌的形态结构 形态：球形、杆形、螺旋形 结构：没有成形的细胞核 三、细菌的生殖：分裂					知识结构 纲要化	

教学内容	教师活动	学生活动
一、1. 导入（单元知识树导入） 上节课学习了细菌和真菌的分布，了解到细菌和真菌的菌落具有不同的特点。其实，不但菌落不同，它们的形态结构也相差甚远。那么，细菌和真菌的形态结构分别具有怎样的特点呢？带着这个问题，这节课我们先来学习细菌。	单元知识树，呈现本单元内容和前一节内容。	复习回顾前一节，建立新旧知识的联系及本章的知识体系。
2. 呈现学习目标	利用 ppt 课件呈现本节学习目标。	学生默读学习目标
二、学习模块一：细菌的发现 1. 自主学习 导学案： 　　（1）列文·虎克的故事 ①细菌是谁发现的？ ②他能发现细菌的关键是什么？	教师提出自学要求，巡视，了解学生自学进度并个别辅导。	学生自主学习，在课本上勾画重点，不会的问题做出标记。
（2）巴斯德的故事 ①巴斯德将肉汤煮沸，煮沸的目的是什么？ ②你认为鹅颈瓶实验的变量是什么？ 如果不用鹅颈瓶，改用软木塞塞住瓶口可以吗？ ③巴斯德对前人的观点提出质疑，通过巧妙的实验过程，他证实了什么观点？ ④巴斯德的贡献还有哪些？ 2. 小组讨论，解决疑难问题 3. 全班展示交流 视频展示：巴斯德鹅颈瓶实验过程。	教师巡视，把握时间。 教师组织学生展示交流讨论结果，疑难问题或有争议的问题，教师适时点拨，并对学生展示内容进行评价。	小组长带领组员讨论解决个人的疑难问题。 小组成员代表展示小组讨论结果，其他成员认真倾听，不足之处及时补充或纠正。

教学内容	教师活动	学生活动
三、学习模块二:细菌的形态结构 1. 自主学习 导学案: (1)细菌的个体非常小,需要借助什么仪器才能观察到? (2)根据外部形态的不同,细菌大致可以分为哪三类? (3)分别指出细菌各部分结构名称。细菌的基本结构有哪些? 有些细菌还有特殊结构,特殊结构有哪些,它们的作用分别是什么? (4)回忆初一学过的植物细胞、动物细胞结构,你能找出细菌基本结构与植物细胞和动物细胞的区别分别是什么吗? (5)试根据细菌的结构推测,细菌能够像植物那样自己制造有机物吗? 它的营养方式是怎样的? 2. 展示交流	教师巡视,发现学生在学习过程中存在的问题,指导并给予积极的评价。 教师组织学生展示交流自主学习成果,并适时点拨和评价。	学生自学,在课本上勾画重点,疑难问题在导学案上做出标记,重点问题在导学案上写出关键词。 学生展示。
3. 反馈练习 四、学习模块三:细菌的生殖 1. 自主学习 导学案: (1)细菌的生殖方式是什么? (2)你能计算出一个细菌分裂两次能产生多少个细菌吗? 分裂三次呢? 分裂 n 次呢? (3)假设你手上此刻有 100个细菌,细菌的繁殖速度按每 30 分钟繁殖一代计算,在没有洗手的情况下,4 小时后你手上的细菌的数目是多少?	大屏幕出示针对本模块重要知识点的练习题。 教师巡视,发现学生在学习过程中存在的问题,指导并给予积极的评价。	学生独立完成,交流观点。 学生自主学习,在课本上勾画重点,疑难问题在导学案上做出标记,重点问题在导学案上写出关键词。

教学内容	教师活动	学生活动
2. 小组讨论	教师巡视	学生在小组长带领下重点讨论第2.3个问题,找出细菌繁殖的数量规律。
3. 展示交流	教师通过多媒体图片演示细菌繁殖的过程,引导学生总结规律。	学生交流。
五、当堂巩固	教师巡视,对学生进行个别辅导。	学生整理学案,对本节内容进行理解记忆。
六、课堂小结(形成知识树)	教师引导学生概括总结本节内容,形成知识体系。	学生畅谈本节课收获,梳理总结形成知识体系。
七、课堂检测 检测内容呈现在导学案上	教师巡视,发现问题,对学生检测结果进行统计,及时点拨强调学生的遗漏点。	学生独立完成检测题,针对正确答案找出错题原因,及时纠正。
八、布置作业 用彩色橡皮泥或彩色线绳做一个细菌结构的模型。	教师组织下节课展示评优。	学生课后动手制作,锻炼动手能力,同时巩固课堂所学知识。

"理解—运用—整合"教学模式
——生物复习课课堂教学模式

一、教学模式概述

"理解—运用—整合"教学模式以重要概念为主线,以学生"自主学习"、"小组合作""交流展示"为基本环节,通过三个步骤:自主复习,理解概念;练习反馈,运用概念;课堂小结,整合概念,让学生形成完整的概念体系。

二、教学思想

"理解—运用—整合"教学模式能充分体现生物新课标中提倡的概念教学,注重学生理解概念的过程,最终形成完整的概念体系,有利于提高学生对生物概念的运用,使学生通过自主、合作、探究的学习方式,获得终身学习的能力。

三、教学内容和教学目标

1. 教学内容

初中生物十个主题

2. 教学目标

①对于基本概念要求学生先作理解,然后通过阅读教材,在原有概念基础上进一步系统化提高。

②就某一个问题展开,以点带面,从特性到共性,由表及里引导学生完成知识的深化及规律的总结。

③采用多种方式——知识纲要、填图、列表比较、问题提示等引导学生梳理知识网络形成概念体系。

四、教学模式流程图

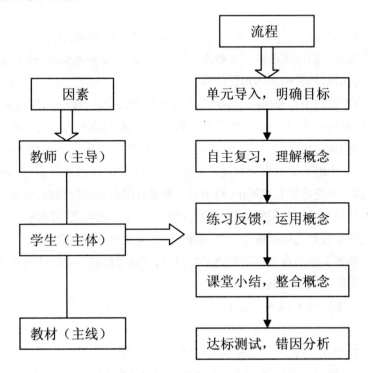

五、操作程序

(一)单元导入,明确目标

时间:3分钟左右

操作:

①教师展示单元知识树导入。

②通过口述或课前制作好的幻灯片引导学生明确学习目标。

目的:利用知识树的展示让学生对生物知识有一个总体的框架认识,目标的呈现让学生对自己本节课的学习任务和要求做到心中有数。

意义:

①展示知识树让学生对生物知识结构有一个大致的认识,有助于学生对概念体系的建立。

②确定出恰当的复习目标,让学生做好心理上的准备,产生在"温故"基础上探求新知的欲望。

(二)自主复习,理解概念

时间:每个模块4-5分钟左右

操作:

①教师依据复习目标和重难点,将概念知识设计成学案,让学生根据学案有针对性、有选择性的阅读教材的重难点,从而使学生理解基本概念,对本模块知识有进一步的认识,初步构建起知识体系。

②对自学过程中存在的问题,小组内进行充分的交流,使学习内容最大限度的在小组内得到解决,并找出本组的共性问题,由其他组成员进行纠正和补充。

③教师指导学生自学,了解学习进程,掌握学生自学中存在的疑难问题和不足之处。对各小组的展示交流情况进行评价,对于好的地方及时表扬,讲解不到位的地方给以相应的补充和纠正,对于重点和难点的内容进行强调、分析。

目的:使每个学生都积极动脑,认真自学,并敢于暴露自己的问题。

意义:学生按照老师的指导自学,积极思考,及时地进行操作实践。学生处于主体地位,培养了他们自主学习和动手的能力,并能很好的体现团队合作的意识。

(三)练习反馈,运用概念

时间:每个模块3-4分钟左右

操作:

①通过学生的口答等方式完成变式练习,检查学生复习的成果,这一过程中教师对于结果的评价要中肯、及时,调动学生的学习积极性。

②通过学生的回答,教师进行点拨、更正、补充,帮助学生解决疑难问题,进一

步培养学生的自学能力和学习品质。

目的:学生对自学、对学、群学的成果进行展示,教师点拨。

意义:每一模块之后及时进行反馈,能提高学生运用概念的能力,同时也能很好的掌握学生对概念的理解程度,及时发现存在的问题进行纠正。

(四)课堂小结,整合概念

时间:每模块 5－6 分钟

操作:

①学生整理学案,回顾课本,理解记忆。

②教师引导学生对本节内容进行梳理和总结,完成知识树。

目的:通过整理学案、完成知识树,使学生进一步加深对所学知识的理解,并将零碎的知识点进行整合。

意义:课堂小结有助于对所学知识形成一个完整的知识体系,使学生加深对知识的理解及系统性记忆。

(五)达标测试,错因分析

时间:5 分钟左右

操作:

①让学生在规定的时间内完成达标测试题并对答案。

②小组内对错题进行分析与讲评。

目的:对所学知识能达到"堂堂清"的效果。教师及时准确地掌握学生知识目标的达成度。

意义:通过检测反馈,培养学生的知识迁移应用能力,提高学生的解决问题能力和综合分析能力,使学生对知识的掌握再一次得到补救和深化的机会。

模式课例:

教学模式	"理解—运用—整合"教学模式					创始人	国进丽
课题	生物与环境	课型	复习课	授课班级	3.6	授课人	国进丽
学习目标 与重难点	1. 举例说出水、温度、空气、光等是生物生存的环境条件,举例说明生物与环境、生物和生物之间有密切的联系。(难点) 2. 概述生态系统的组成,列举不同的生态系统,阐明生物圈是最大的生态系统。(重点) 3. 描述生态系统中的食物链和食物网,举例说出某些有害物质会通过食物链不断积累。阐明生态系统的自我调节能力是有限的,确立保护生物圈的意识。(难点)					恰当 具体 可测	

续表

教学模式	"理解－运用－整合"教学模式				创始人	国进丽
课题	生物与环境	课型	复习课	授课班级	3.6	授课人	国进丽

多媒体运用	展示：猎杀动物,砍伐,排放污水、污气、乱扔垃圾等图片;阴霾天气、导致疾病、滑破、洪水、荒漠化等图片。投影展示学生的成果。	运用恰当
教学思路	本节课通过单元知识树导入,然后通过生物与环境的关系、生物与环境构成生态系统、统一的整体三个模块让学生理解生物与环境的相关概念,教学过程每个模块都基本采用自主学习、小组合作、交流展示、反馈练习的流程,让学生在自主学习、合作探究的过程中,达到对知识的掌握与理解,课堂小结再次建构知识树,以形成本节内容的知识体系,最后的课堂检测,既能使学生理解巩固本节课的内容,又能使教师掌握本节课学生知识目标达成度的情况。	具体明晰
导语设计	初中生物包括十大主题,今天我们复习第三个《生物与环境》	直接进入主题
板书设计	生物与环境 1. 相互关系： 生物与环境:适应、影响 生物与生物:捕食、合作、竞争 2. 构成生态系统 ⎰生物部分:生产者、消费者、分解者 ⎱非生物部分:阳光、空气、水等 3. 统一整体 ⎰食物链:藻类→小鱼→大鱼 ⎱生物圈:⎰范围 ⎱基本条件	知识结构纲要化

生物与环境复习课教学设计

一、课标解读

本节课《生物与环境》属一级十大主题中的第三个,下设三个二级主题及具体内容：

1. 生物的生存依赖一定的环境

2. 生物与环境组成生态系统

3. 生物圈是人类与其他生物的共同家园

主要让学生形成以下五个重要概念：

1. 生物与环境相互依赖、相互影响。

2. 一个生态系统包括一定区域内的所有的植物、动物、微生物以及非生物环境。

3. 依据生物在生态系统中的不同作用,一般可分为生产者、消费者和分解者。

4. 生产者通过光合作用把太阳能(光能)转化为化学能,然后通过食物链(网)传给消费者、分解者,在这个过程中进行着物质循环和能量流动。

5. 生物圈是最大的生态系统。

应指导学生通过对一片草地,一个池塘,一块农田等环境的研究,加深对生物与环境关系的认识,对学生形成热爱大自然,爱护生物的情感,理解人与自然和谐发展的意义以及提高环境保护意识十分重要。

二、教材分析

本章内容从宏观角度系统地沟通了与其他章节之间的联系,是现代生物学在宏观方面研究的中心问题。生物的生存与发展都与环境密切相关,只有深刻揭示生物与环境之间的相互关系,发现其内在固有的规律即生态学基本原理,才能为解决人口爆炸、粮食危机、资源匮乏、能源短缺和环境污染等世界性的重大问题提供理论依据,从而实现人与自然和谐统一和可持续地发展,因而搞好本章教学意义重大。

三、学情分析

这部分的知识是初一的学习内容,作为初三的学生对知识有了一定的认识基础,所以本节课的重点是把零碎的知识进行整合。

四、学习目标

1. 举例说出水、温度、空气、光等是生物生存的环境条件,举例说明生物与环境、生物和生物之间有密切的联系。

2. 概述生态系统的组成,列举不同的生态系统,阐明生物圈是最大的生态系统。

3. 描述生态系统中的食物链和食物网,举例说出某些有害物质会通过食物链不断积累。阐明生态系统的自我调节能力是有限的,确立保护生物圈的意识。

五、目标评价

1. 模块一及变式练习、达标测试1.6检测目标一

2. 模块二及变式练习、达标测试3.4.7检测目标二

3. 模块三及变式练习、达标测试2.4.5检测目标三

六、教学过程

一、单元导入,明确目标

展示知识树,本节课属于十大主题中的第三个《生物与环境》。

展示本节课的学习目标。

二、自主学习,合作探究

模块一:生物与环境的关系

(一)创设情境引导学生思考分析:

1. 庞大的生物恐龙为什么会灭绝? 低等的无脊椎动物蚯蚓为什么没有灭绝? 谁能用达尔文的自然选择学说来解释一下?

这体现了生物与环境之间有什么样的关系呢?(适应)

动物不论是高等还是低等,适应环境就能生存,那我们要做什么样的人呢?

(学生:通过努力学习适应了不同环境而被环境选择,而不努力学习不能适应社会而慢慢被环境淘汰掉)

2. 我们适应社会环境的同时,也在利用我们的智慧不断地进行这样一些活动:(展示图片:猎杀动物、砍伐、排放污水、污气、乱扔垃圾等)

以致经常发生这样的情况:(展示图片:阴霾天气、导致疾病、滑破、洪水、荒漠化等)

刚才大家看到的一系列的图片中体现了生物与环境之间具有哪些关系?

学生:(1. 生物适应、影响环境;2. 环境影响生物)

(二)阅读课本 17 - 21 页,完成下面两个小题(导学案),时间 3 分钟。

3. 生物与生物之间有什么样的关系?

4. 影响生物生活的环境因素包括哪些?

(三)变式练习:

1. (2012 会考 8.)下列不能说明生物适应环境的是(　　)

A. 蚯蚓的活动使土壤变得疏松、肥沃　B. 枯叶蝶外形和体色象一片枯叶

C. 荒漠中仙人掌的叶特化成刺　D. 工业城市中深色的桦尺蠖较浅色的多

2. (2012 会考 31.)"人间四月芳菲尽,山寺桃花始盛开"。这句诗反映出,影响桃树开花的非生物因素是_____。

3. (2012 会考 35)(2)对于不同种动物来说,动物运动方式的多样性是对不同_____的适应。如,鱼的游泳是对水中生活的适应,蚯蚓的蠕动是对在土壤中生活的适应。

模块二:生物与环境构成了生态系统

(一)阅读课本 26－36 页,完成导学案,时间 5 分钟。

1. 说出生态系统的概念。

2. 举例说出生态系统包括哪些类型?

3. 用概念图的形式表示生态系统的组成。

(二)变式练习:

1. (2012 会考 2.)下列不属于生态系统的是(　　)

A. 荣成天鹅湖　B. 环翠楼公园　C. 乳山河　D. 昆嵛山上一棵千年银杏树

2. (2012 会考 3.)"落花不是无情物,化作春泥更护花"。根据生态系统各成分的功能可知,将"落花"化作"春泥"的是(　　)

A. 生产者　B. 消费者　C. 分解者　D. 阳光

模块三:统一的整体

1. 能量流:用自己的方法表示能量的流动(让学生形成下面的概念图)

展示:

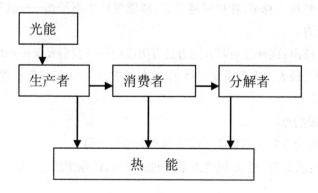

2. 物质循环:用自己的方法表示物质的流动(让学生形成下面的概念图)
展示:

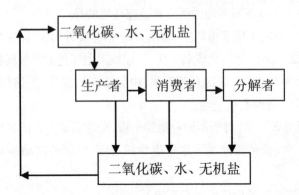

3. 食物链、食物网

(1)判断:

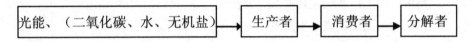

是否是一条食物链?分析理由。

(2)运用某些有害物质会通过食物链不断积累的知识,写出食物链:

生物种类	A	B	C	D
DDT	0.002	1.2	0.15	0.03

(3)食物网

①在一个草原生态系统中,我们能不能将狼全部消灭呢?

②分析:热带雨林与草原相比较,谁维持生态平衡的能力强?说明理由。

学生:(生物种类越多,食物网越复杂,越能维持生态平衡——这是生态系统的自动调节能力)

引导学生说出:这种自动调节能力是有限度的——我们要保护环境。

③生物圈是最大的生态系统,我们生活在其中,应该如何来保护呢?

4. 生物圈

(1)生物圈的范围

(2)生物圈为生物生活提供了哪些基本的生存条件?

变式练习:图2为一个水域生态系统的示意图,请据图回答问题

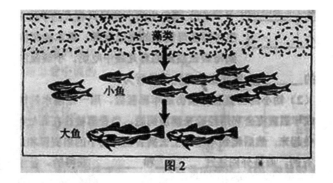

图2

(1)该生态系统中生物所需能量的根本来源是_____;有机物的制造者是_____。

(2)大鱼与小鱼之间的关系是_____,小鱼与小鱼之间的关系是_____。

(3)请写出该生态系统中的一条食物链:_____

(4)除我们从图中能看到的生物外,该生态系统中的_____也对物质循环起着重要作用。

(5)若水被污染,水中含有某一种毒素,其中体内毒素含量最多的生物是_____。

三、课堂小结

四、达标测试

1. 俗话说"大树底下好乘凉""千里之堤,溃于蚁穴"。这都体现了(　　)

A. 生物能影响环境　　　　　　B. 生物能适应一定的环境

C. 环境能影响生物的生存　　 D. 生物与环境可以相互影响

2. (2012 会考 4.)下列生态系统中,自动调节能力最强的是( )

A. 农田生态系统　 B. 园林生态系统　 C. 草原生态系统　 D. 热带雨林生态系统

3. (2011 会考 2.)地球上最大的生态系统是( )

A 生物圈　 B 草原生态系统　 C 森林生态系统　 D 海洋生态系统

4. (2011 会考 5.)下列关于右图"生态系统中各生物之间关系"的叙述,正确的是( )

A. ①是生产者,②③④是消费者

B. ①固定太阳能的多少将影响②③的数量

C. 图中包含的食物链是①→②→③→④

D. 图中所有生物共同构成了一个生态系统

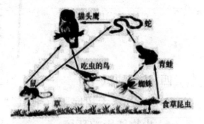

5. 下列能正确表示食物链的是( )

A. 草←食草昆虫←青蛙　　　　　 B. 草→食草昆虫→青蛙→细菌和真菌

C. 阳光→草→食草昆虫→青蛙　　 D. 草→食草昆虫→青蛙

6. (2010 会考 31.)鳀鱼在威海又有俗名鲅鱼食、离水烂、老雁屎,曾经是黄海数量最大的鱼种,也是黄海食物网中的关键物种。请回答下面有关鳀鱼的问题。

(1)鳀鱼是洄游鱼类。每年春季黄海北部水域温度回升,鳀鱼进入黄海北部近海海域,我市石岛东南是其密集地之一。影响鳀鱼洄游的主要环境因素是_____。

(2)鳀鱼俗称为"鲅鱼食",起因于它是鲅鱼的主食。鲅鱼与鳀鱼之间的关系,在生物学上称为_____。

(3)过度捕捞导致目前我国近海鳀鱼几乎不能形成鱼汛。为保护严重衰退的鳀鱼资源,我市把鳀鱼产卵期间的 6 月 1 日 - 9 月 1 日规定为休渔期。由此可见,影响鳀鱼生存和繁衍最主要的生物是_____。

7. 下图是某草原生态系统中部分生物之间关系的示意图,请据图回答:

(1)生态系统中的生物成分包括生产者、消费者、分解者。图中的草属于_____,蛇、鼠、猫头鹰等动物属于_____。

(2)图中最长的一条食物链是:_____。

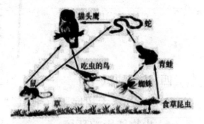

（3）图中各条_____相互交错构成食物网。

（4）如果猫头鹰的数量大量减少,鼠的数量大量增加,则短时间内草会_____（填"减少"或"增加"）。

（5）若经常喷洒农药,体内农药累积最多的是_____。

第七节 历史学科模式及课例

第一部分 模式概述

一、历史学科特点

初中历史课程是历史学科研究人类社会发展过程的学科,是人文社会学科中的一门基础课程,对学生的全面发展和终身发展有着重要意义。它具有以下特点:

1. 存在形式的过去性

历史是已经过去的人类社会实践活动,他不能重演,也无法实验,只能通过文字、实物、图片等直观教具,将抽象的东西形象化,概括的东西具体化,用语言记述将历史知识转化为生活的画面,让学生间接认识或感知历史。

2. 情感认知的人文性

坚持用唯物史观阐释历史的发展与变化,使学生认同中华民族的优秀文化传统,以人类优秀的历史文化陶冶学生的心灵,帮助学生客观地认识历史,正确理解人与社会、人与自然的关系,增强爱国主义情感,拓展国际视野,树立正确的世界观和人生观。

3. 认知结构的多样性

社会发展过程中主观与客观、内因与外因、原因与结果之间的关系是非常复杂的。因此在学习历史知识的过程中,认知途径灵活多变,不应从单一的角度去认识历史事件,而应从多方位、多角度进行认识和思考。

4. 学科联系的综合性

历史是一门综合性的学科,它涉及古今中外,涉及自然和社会的各门学科,其内容异彩纷呈,纵横交错,互为影响。在课堂教学中要抓住这一特点,以历史为依托进行学科间的渗透、综合,开阔学生的视野,丰富学生的知识,发展其创新能力。

5. 思维方式的求异性和灵活性

求异思维能够突破思维定势,揭示客观事物的本质特征和内在联系,创造出新的思维成果,有利于拓展学生的思路,提高创新思维能力。思维的灵活性是指学生根据不同情况、不同角度,用不同的方法去观察、分析问题的能力。"史由证来,论史一致;论从史出,史论结合"是历史学科最重要的特点,应重视史料的作用,培养学生对史料进行多方面真实解读的能力。遵循历史与现实、史论与史实相结合的原则。

二、历史知识分类

政治、军事、经济、民族外交、科技文化等

三、历史学科教学模式

模式名称	创始人	适用范围
"导、学、思、点、测"优质高效教学法	王丽华	复习课
五步和谐教学法	单晓波	民族外交、政治、军事、经济类新授课

第二部分：模式具体操作流程
"导、学、思、点、测"优质高效教学法
——复习课教学模式

一、模式概述

"导、学、思、点、测"优质高效教学法即教师根据历史事件的发展特点,指导学生梳理政治、军事等历史事件的发展脉络,明确事件发展的前因后果,并结合课本及教师提供的丰富史料,对政治、军事事件进行评价,探讨其影响及启示的教学方法。分为：图文引领、出示目标；知识整合、梳理脉络；拓展延伸、史论结合；归纳总结、点拨释疑；课堂检测、及时反馈。

二、教学思想

本教学法通过学生的自学、小组讨论、展示学习成果等方法充分调动学生学习积极性、主动性。同时教师适时指导,调动学生的积极性和主动性。遵循"以人为本"的教学原则,对于发挥学生的主体作用、充分发挥小组合作的优势、发展学生的自学和探究能力有着积极作用。

三、教学内容和教学目标

1. 教学内容：中外历史上重要政治制度,重大政治、军事事件及历史人物等基本史实；重大政治、军事事件的影响及评价。

2. 教学目标：掌握重大政治、军事事件的基本史实；分析重大政治、军事事件在人类历史进程中的作用及影响,汲取历史经验教训。

四、教学模式流程图

结合时政热点，出示视频、图片或文字资料，创设情境，引出话题 | 结合课标及重难点，进行知识整合，学生依此阅读课本，理清脉络 | 分析重大政治、军事事件的作用及影响，史论结合 | 利用知识树归纳总结事件的发展过程，总结出规律性的知识 | 精心设计题目检查学生掌握情况并及时反馈，查漏补缺

| 图文引领
出示目标 | 知识整合
梳理脉络 | 拓展延伸
史论结合 | 归纳总结
点拨释疑 | 课堂检测
及时反馈 |

五、操作流程

1. 图文引领、引出话题

操作：出示本节课的学习目标，图片或视频展示历史事件，让学生对本节课的内容有一个初步认知，教师适时加以指导。

目的：解读学习目标的过程，让学生在认识上、情感上予以高度关注，激发学生求知欲。明确不同时期发展情况，建立知识衔接，更好地理解历史事件的发展过程及特点。

好处：使学生对本课有一个初步认识，尽快投入学习。

2. 知识整合、梳理脉络

操作：学生根据教师列出的基本问题查阅课本，找出相关答案。期间教师巡回指导，检查学生的学习情况，发现学生学习中的难点，确定重点讲解的内容和方法，同时对个别学生的问题进行知识或方法上的辅导。

目的：培养学生的自学能力，自主探究知识、积极主动解决问题的能力。使学生积极参与，善于竞争，张扬学生个性。使学生养成团队合作、交流互助的良好品德，实现生生思维对话的目标。

好处：学生有充分的时间阅读教材，把握教材基础知识，理清线索，初步感知。

3. 拓展延伸、史论结合

操作：在学生自主思考的基础上，人人发言，集思广益。先由小组内讨论形成小组共识，最后以组为单位选出 1 名代表进行全班交流展示。在交流展示时，要引入竞争机制和良性规则，第 1 名代表发言后，其他代表相同的答案或观点不再重复，只能补充或纠正。

目的：在复习基础知识的基础上，通过思考和合作探究题目，既培养学生思考

和解决问题的能力,又注重学生合作能力的培养,以及情感价值观方面的教育。

好处:合作探究题目(一般2-3个)是教师精心设计的,因为复习课尽量避免单一的背诵课本基础内容或做题训练。上课时既要充分利用书本的文字和图片,还要尽量多地使用教材以外的资源。可以说是既立足于教材,又高于教材;既考虑学生的已有知识,又有提高与升华;既有基础知识的复习,又有拓展延伸。适当提升复习的深度和广度,这样才能引起学生的共鸣。在教学目标方面,既要突出知识和能力目标,又要兼顾思想价值目标。

4. 归纳总结、点拨释疑

操作:在学生展示时,教师适时地进行学法指导和点拨,归纳出一些学生不易掌握的解题方法和规律。同时小结点睛,最好是把复习内容以某种内在联系为线索,利用图示清晰明白地展示给学生。

目的:遵循由浅入深、循序渐进的原则,帮助学生把复习内容多方位进行提升。

好处:学生在自学、合作的基础上,对复习内容有了一定程度的认知,此时教师点拨释疑、小结点睛,能把学生的认知、能力提升到一个新的高度。

5. 课堂检测、及时反馈

操作:教师围绕学习目标精心设计一套注重基础、兼顾能力、能基本覆盖本课时复习的主要内容、题量适当的达标检测题(一般以选择题10个左右、非选择题2—3个为宜),让学生当堂自主完成。在自练的基础上,学生同桌互批互改、当堂反馈矫正,教师有针对性地讲评学生出错较集中的问题。

目的:设计的题目注重基础、兼顾能力、能基本覆盖本课时复习的主要内容,既能考察出学生的掌握情况,学生能及时认识到自己的漏洞,并查漏补缺,

好处:学生通过达标检测,在巩固中掌握知识,在运用中提升能力,在能力展示中有所创造。

◎模式课例

复习课:世界史上册第七单元《垄断资本主义时代的世界》

目标解读:

本单元《垄断资本主义时代的世界》包括两部分内容:"人类迈入电气时代"和"第一次世界大战"。通过复习,掌握电的利用,内燃机与汽车、飞机的诞生等史实,理解工业革命带来的社会进步和社会问题。通过第一次世界大战的复习,了解一战的背景、经过和影响,认识到我们应该热爱和平,远离战争。

教材分析

八年级上册主要讲述的是世界近代史,也就是资本主义产生和发展的历史,包括英、法、美、俄、日等主要国家资本主义制度的确立和加强,同时穿插着殖民地人民的抗争和无产阶级的斗争,到了19世纪后半期,在第二次工业革命的推动下,主要资本主义国家进入垄断资本主义时代,这节课我们复习的第七单元《垄断资本主义时代的世界》,包括"人类迈入电气时代"和"第一次世界大战"。这两个事件对人类历史的发展产生了重大影响,处于世界近现代史的过渡时期,起着承上启下的过渡作用。

重点:电力的发明和应用、汽车和飞机的问世、三国同盟和三国协约。

难点:第二次工业革命的影响、一战的原因。

学情分析:

经过两年的历史学习,初三学生已经有了一定的历史知识储备和记忆历史基础知识的方法以及分析问题、解决问题的能力,在此基础上进行复习,有利于学生在短时间内更好地巩固基础知识,同时,复习课中通过知识的整合和归纳、前后知识的联系和比较以及材料解析题答题技巧的指导等,有利于更好地培养和提升学生多方面的能力。

教学目标:

1. 运用图示,熟练掌握本单元的基础知识。

2. 列表比较、联系旧知,掌握两次工业革命的相关知识,理解科学技术对生产力的推动作用。

3. 通过变式练习,提高有效获取、处理和运用历史信息的能力。

4. 通过课堂检测,提升灵活运用知识的能力。

评价标准:

1. 通过小组抽背、老师抽查,检测目标1的达成。

2. 通过小组合作、展示,检测目标2.3的达成。

3. 通过独立完成检测题,检查目标4的达成。

板书设计

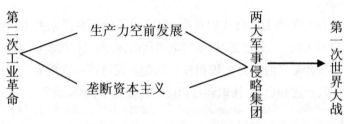

教学过程设计：一、图文引领、出示目标：（结合知识树导入，时间2分钟）

近期我们复习世界近代史，也就是资本主义产生和发展的历史，包括英、法、美、俄、日等主要国家资本主义制度的确立和加强，同时穿插着殖民地人民的抗争和无产阶级的斗争以及两次工业革命，到了19世纪后半期，在第二次工业革命的推动下，主要资本主义国家进入垄断资本主义时代，这节课我们就来复习第七单元《垄断资本主义时代的世界》。

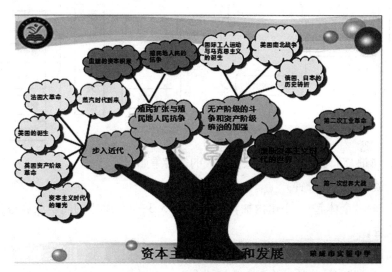

出示本节课学习目标，教师指出其中的重点词句。（时间1分钟）

二、知识整合、梳理脉络

对照学案结合课本熟记相关基础知识，时间5分钟。

温馨提示：

　1. 查漏补缺，掌握好的先过，着重记重点和打问号的问题；

　2. 有疑问可以小组内解决，解决不了的做标记全班解决。

---

1. 依据示意图掌握相关内容

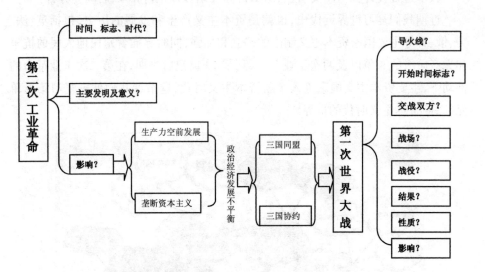

2. 熟记"两大军事集团是怎样形成的？后果如何？"

反馈：(时间8分钟)

反馈一：全体起立，小组内抽背(1—6.2—5.3—4)，站立的同学课后组长负责跟踪检查；

反馈二：教师抽查(不合格的双倍扣分)

三、拓展延伸、史论结合(时间15分钟)

独学——对学——群学——展示——质疑——点拨

(比较记忆是历史学习中常用的一种方法，下面的表格从七个方面对两次工业革命进行比较，同学们动手把答案写在学案上。)(小组内快速交流解惑，推选一名同学发言)

1. 列表比较两次工业革命

	时间	标志	时代	动力机	交通工具	能源	共同影响
第一次							
第二次							

(快速浏览材料，结合后面的问题独立思考；小组内展示、合作，组长、副组长负责，每个同学不但要知道答案，还要知道为什么；最后组长安排每个同学的发言顺序。)

2. 材料一：让别的国家分割大陆和海洋，而我们德国满足蓝色天空的时代已经过去,我们也要求阳光下的地盘。

——德国外交大臣皮洛夫

材料二:20世纪主要帝国主义国家经济和殖民地占有情况表

位次 类别	英国	德国	美国	法国
工业产品数量 所占位次	3	2	1	4
殖民地面积 所占位次	1	4	5	2

请回答:

(1))材料一中"别的国家"指哪些国家?"分割大陆和海洋"指的是什么事?

(2)从材料二中可以看出帝国主义国家之间存在什么矛盾?这种矛盾导致什么后果?

(3)哪一事件的发生使德国的经济实力超过了英国和法国?

(4)从材料一和材料二中可看出第一次世界大战爆发的原因和性质分别是什么?

3. 材料一:一位法国经济学家保罗·德·卢西埃在1892年出版的《美国生活》一书中写道:"法国士兵的背包里装的都是芝加哥生产的牛肉罐头","美国已从一个令人好奇的东西变成了一个令人恐惧的东西"。

材料二:欧洲对美国的担忧一直持续到了第一次世界大战末期,然而长期以来,美国并未对欧洲发动进攻,也没有在经济上将欧洲挤垮,是欧洲内部的矛盾日益激化,导致了第一次世界大战。

材料三:据不完全统计,第一次世界大战持续了4年3个月,参战国家33个,卷入战争的人口达15亿以上。战争双方动员军队6540万人,军民伤亡3000多万人,直接战争费用1863亿美元,财产损失3300亿美元。

请回答:(1)根据材料一和所学知识,指出第二次工业革命中美国取得的令欧洲人"好奇"的发明有哪几个?为什么说美国变成了一个令人恐惧的东西?(2)材料二中"欧洲内部矛盾日益激化"形成了哪两大军事集团?并在图中填出组成国。

(3)依据材料结合所学知识谈谈一战的影响?对我们有何启示?

四、归纳总结、点拨释疑(时间2分钟)

师生共同回顾:本节课我们复习了垄断资本主义时代的世界处于世界近现代

史的过渡时期,包括第二次工业革命和第一次世界大战,第二次工业革命开始于19世纪70年代,以电力的广泛使用为标志,人类进入电气时代,使生产力获得空前发展,尤其是美德,主要资本主义国家经济政治发展不平衡,形成两大敌对的军事集团,导致一战的爆发,这场战争给世界带来重大影响,大战中俄国爆发十月革命,诞生了世界上第一个社会主义国家,形成新的世界格局,世界历史步入现代史,下节课我们将继续复习。

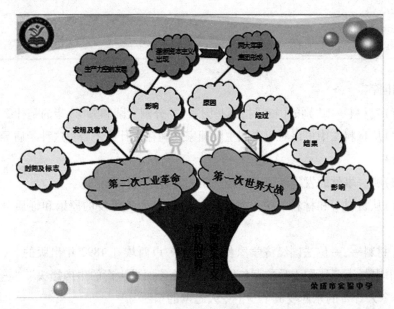

五、课堂检测、及时反馈(每要点10分共100分)时间10分钟

1. 有这样一段广告词:"一个苹果让牛顿吸引了世界,一壶沸水让瓦特转动了世界,一个元素让爱迪生点燃了世界……""爱迪生点燃了世界"是指(　)

A. 发现万有引力定律　　　B. 发明内燃机

C. 研制成功耐用碳丝灯泡　D. 改良蒸汽机

2. 2009年12月,哥本哈根世界气候大会上强调汽车尾气已成为目前各国环境污染的重要源头之一,汽车尾气主要来自(　)

A. 蒸汽机　B. 发电机　C. 电动机　D. 内燃机

3. 南斯拉夫某城有一块石碑上刻着"1914年6月28日,加夫里诺?普林西波在这里用他的子弹,表达了我们人民对暴虐的反抗和对自由的向往。"碑文记述的是下列哪一重大历史事件?(　)

A. 萨拉热窝事件　B. 彼得格勒武装起义　C. 珍珠港事件　D. 诺曼底登陆

4. "一九一四年至一九一八年的战争,从双方来说,都是帝国主义的(即侵略

的、掠夺的、强盗的)战争。"这是列宁对下列哪次战争的评价？(　　)

A. 普法战争　　　　　B. 拿破仑的对外战争

C. 第一次世界大战　D. 第二次世界大战

5. 生活在 19 世纪末期的英国人,出门旅行不可能乘坐的交通工具是(　　)

A. 火车　B. 汽车　C. 飞机　D. 轮船

6. 材料解析题

材料一　在我们的印象里革命往往伴随着刀光剑影和血雨腥风,可是二百多年前,英国却发生了一场完全不同的变革,彻底改变了人们的生产和生活方式……它影响和改变了世界的面貌。

材料二　在这次革命的推动下,世界资本主义经济处于高速发展的"黄金时代",工业生产取得了巨大飞跃。1870~1900 年间,世界工业总产值增长了 2 倍多,交通运输业获得了空前的发展……

材料三

变革开始制造的火车机车

A　　　　　　　　　B　　　　　　　　　C

请回答:

(1)材料一中所说"二百多年前,英国却发生了一场完全不同的变革"是指什么? 举例说明它如何"彻底改变了人们的生产和生活方式"

(2)材料二中的"革命"是指什么? "交通运输业获得了空前的发展"是从图中哪两种交通运输工具的发明开始的?

(3)上述材料说明什么道理?

五步和谐教学法
——历史学科新授课教学模式

一、模式概述

和谐教学倡导整体建构,不仅把教学过程看作是一个系统,也把教学内容看作是一个系统,要求学生在自学的过程中,本着先整体后部分、先宏观后微观的原则,整体感知、理解教材,直奔主题,不要过多在细节上下功夫。教师要引导学生站在系统的高度去学习知识,引导学生寻找教材的规律和解决某一类问题的方法。在学期初,教师要引导学生学习整个学段或整册书的知识结构;每学完一节教材都要及时回归到知识的上位系统。

二、教学思想

本教学法通过学生的自学、小组讨论、展示学习成果等方法充分调动学生学习积极性、主动性。同时教师适时指导,调动学生的积极性和主动性。遵循"以人为本"的教学原则,对于发挥学生的主体作用、充分发挥小组合作的优势、发展学生的自学和探究能力有着积极作用。

三、教学内容和教学目标

1. 教学内容:掌握重大政治、军事事件的基本史实;分析重大政治、军事事件在人类历史进程中的作用及影响,汲取历史经验教训。

2. 教学目标:中外历史上重要政治制度,重大政治、军事事件及历史人物等基本史实;重大政治、军事事件的影响及评价。

四、教学模式流程图

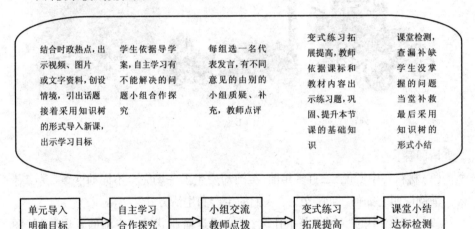

五、操作流程:

第一步单元导入　明确目标。

操作:采用知识树的形式,呈现本单元的知识及本节课的内容在单元中的地位。出示本节课的学习目标

目的:让学生对一个单元(或一节课)的知识有一个整体感知,明确目标。可以让学生做到心中有数,便于突出重点,突破难点。

好处:学案的第一部分内容就是学习目标,让学生先知晓具体学习目标,可以有的放矢,学习更有针对性。

第二步自主学习　合作探究。

操作:每堂课老师都不要急于先讲,本着"先学后教"的原则,先让学生自学,而这种自学是在教师指导下的自学。教师指导学生自学要做到"四明确":明确时间、明确内容、明确方法、明确要求。

目的:为先学后导,以学定教提供了可靠的依据。

好处:依据导学案自主学习基础知识,这是学生获取知识的重要环节,也是培养学生学习能力、思维能力的重要手段。合作探究培养了学生的合作能力,讲解能力,加深了同学之间的友谊,陶冶了助人为乐的高尚情操。

第三步小组汇报　教师点拨。

操作:师要退到最后一步,首先是学生自学,然后是小组讨论,之后是全班讨论,学生实在不能解决的问题才由教师来解决。教师讲什么、讲多少,取决于学生掌握的情况,这实际上就是预设与生成的关系。这个环节要求教师要善于倾听,善于启发。教师还要注意教给学生一些规律性的东西和方法。

目的:把课堂还给学生,使学生变成学习的主人。

好处:体现了教为主导,学为主体的原则。

第四步变式练习　拓展提高。

操作:这一环节我们一般采用"史料引领,问题驱动"的教学方法,让学生通过对史料的解读加深对基础知识的记忆和理解。

目的:通过检测准确地反馈学生学习中存在的问题,便于教师对学生掌握知识情况进行查缺补漏。

好处:当堂达标的做法,大大减轻了学生的课业负担,学生达标的过程,克服困难的过程也是享受成功喜悦的过程。

第五步:单元(课堂)小结　达标检测。

操作:教师围绕学习目标精心设计一套注重基础、兼顾能力、能基本覆盖本课时主要内容、题量适当的达标检测题,让学生当堂自主完成。在自练的基础上,学生同桌互批互改、当堂反馈矫正,教师有针对性地讲评学生出错较集中的问题。

目的:设计的题目注重基础、兼顾能力、能基本覆盖本课时复习的主要内容,既能考察出学生的掌握情况,学生能及时认识到自己的漏洞,并查漏补缺。

好处:再次呈现知识树让学生对本节课乃至本单元的知识进行整体回顾,并得出结论,为下一节课的学习埋下伏笔。当堂检测,能及时反馈学生学习中存在的问题,查漏补缺。

◎模式课例

《美国的诞生》教学设计

导入新课:

学习新课之前我们先来看一组图片,看完之后请说出自己的结论或者感受?对,在国际事务中随处可见美国伸长的手臂。我们在谴责美国的同时也来思考一下,他干涉别国内政依靠的是什么?(强大的国力)当今美国是世界上唯一的超级大国,在国际事务中占有十分重要的地位。然而,美国是一个年轻的国家,虽然只有200多年的历史,却演绎了大国兴起的罕见奇迹。那么美国是怎么诞生的呢?带着这个问题,我们走进第13课《美国的诞生》。

单元知识树(大屏幕):

这个单元的主题是步入近代,也就是资本主义发生发展的时期。前面我们学习的文艺复兴从思想文化上促进了资本主义的发生发展,而新航路开辟又从经济上为资本主义的发生发展创造了条件。接着资产阶级通过一系列革命最终确立了自己的统治,最有代表性的是英国资产阶级革命、美国的诞生和法国大革命。

学习目标(大屏幕):

重点掌握美国独立战争的起因和经过;

通过分析美国独立战争胜利的原因,提高综合分析历史问题的能力。通过对华盛顿这个重要历史人物的评价,学会全面客观地评价历史问题的能力。

认识美国独立战争的双重性质。

教学过程:

师:美国被看作是最民主最自由的国度,可是大家知道吗,他曾经是英国的殖民地,在争取自由的道路上美国人民经历了不平凡的"三部曲",首先我们进入

第一篇章渴望自由

师:1492年哥伦布发现了美洲大陆(出现图片),1607年,英国伦敦公司根据英王的特许状在北美建立了第一块殖民地——弗吉尼亚(出现图片),此后100多年的时间,英国在北美大西洋沿岸建立了13个殖民地(出现图片)

自主学习 合作探究

了解 (出现在大屏幕右上角)

英属北美殖民地人民为什么强烈地渴望自由?

美利坚民族形成

英国的压制

独立战争的导火线是什么?

师:通过自主学习,大家对美国独立战争的原因已经有了初步的了解,我们通过一组材料加深对这个问题的理解。

理解 (大屏幕右上角)

老师点拨　解读美国独立战争的原因。

材料一:随着应属北美大西洋沿岸 13 个殖民地资本主义经济的发展,各殖民地之间的贸易频繁往来,南部需要北部的工业品,而北部需要南部的原材料,这样就形成了统一的市场,在人们交往过程中,由于北美大部分移民是英国人,因此英语成为通用的语言,共同的语言产生共同的文化。

材料二:在英属北美殖民地,北部资本主义工商业发达,中部盛产的小麦、玉米,南部盛产的烟草、棉花等都远销欧洲市场,农场主、种植园主既是地主又是农业资本家,成为资本主义世界经济的一部分。

材料三:1660 年,颁布了"列举商品法",规定:殖民地上的某些商品如烟草、砂糖、棉花、靛青等只能输往英国。1765 年的印花税法规定所有的印刷品、商业单据、法律证件等,甚至连毕业证都要缴纳印花税才能生效。

问题1. 通过材料可以看出美利坚民族的形成具备哪些条件?

生答:统一的地域,统一的市场,统一的语言,统一的文化

师:(俗话说一方水土养一方人。是哪一方水土养育了美利坚民族呢?)这四个条件也是民族形成的必备要素。随着美利坚民族的形成,民族意识逐渐增强,在心理上逐渐摆脱了对母国也就是对英国的依赖。这使得英国的殖民政策变成了民族压迫,双方的民族矛盾发展到了不可调和的地步。

问题2. 请用一句话概括英属北美殖民地经济发展的状况

生答:英属北美殖民地的资本主义经济已经有了相当的发展。

问题3. 通过材料归纳出美国独立战争爆发的根本原因?

生答:英国通过一系列法律,把北美殖民地变成了他的原料产地和销售市场,又通过征收重税来压制北美经济的发展。

师:英国的殖民统治严重阻碍北美资本主义经济的发展,成为北美独立战争爆发的根本原因。

双重的矛盾,双重的压迫,使英属北美殖民地人民终于忍无可忍,拿起武器,勇敢地追求自由,我们进入第二篇章

第二篇章　追求自由

自主学习　合作探究

请依照提示来自主学习美国独立战争的过程和意义

了解 （大屏幕右上角）

1. 美国独立战争的经过（1775－1783）

(1)爆发：

(2)建军：

(3)建国：

(4)转折：

(5)胜利：

(6)结束：

2. 美国独立战争的意义（影响）

复习巩固，组内抽查。

变式练习拓展提高

1. "我来当导游"

师：美国是令很多人向往的旅游胜地，如果我校师生有机会到美国进行一次旅游，了解美国的建国历史，你打算带领大家到哪些地方呢？

现在组内演练，然后请一位或两位同学到讲台模拟给大家当导游。

（通过这一方式巩固美国独立战争中的六件大事，形式比较活泼，容易引起学生的兴趣）

……

2. 材料："现代的文明的美国历史，是由一次伟大的、真正解放的、真正革命的战争开始的……"——列宁

(1)材料中的战争是指什么战争？

(2)为什么说是一次"解放"的战争？又是一次"革命"的战争？

3. 解读美国独立战争胜利的原因

英国是18世纪最强大的资本主义国家，殖民地遍布全球，号称日不落帝国，这是战争期间英美两国的力量对比，差距显而易见，那么弱小的美国为什么能够打败强大的英国呢？请同学们结合所学知识来思考。

1. 战争的正义性 2. 美国人民英勇斗争 3. 法国等国的援助

4. 华盛顿的正确领导

师：经过8年艰辛的战争，美国人民挣得了自由，但是独立后的美国政府面临着各种窘境，用华盛顿的话说，各州的结合仅由一根"沙土做成的绳索"所联系。政局不稳，经济困难，急需建立一个强大的政府来保护独立战争的结果，保障来之不易的自由。

第三篇章　保障自由

自主学习合作探究(自主解决下列问题)

1. 美国人民通过什么来保障自由,说出它的内容

材料:行政权属于总统,总统有权否决国会立法,法官由总统提名经国会同意后任命;立法权属于国会,国会可以弹劾总统,国会可以弹劾法官,立法权属于联邦法院,法院有权宣布国会制定的法律不合宪法,最高法院可以宣布总统发布的行政命令违宪。

2. 列举华盛顿在本节课中的主要功绩。除此之外,你还了解他的哪些故事?

1787 年宪法。

展示学生的图示。依据宪法美国建立了联邦制、总统制、共和制相结合的国家制度,建立了强大精干的联邦政府。宪法确立了"主权在民"的宗旨,联邦政府内的立法、司法、和行政三权分立,相互制衡。1787 年宪法,为美国在此后 200 多年间由小变大、由弱变强提供了制度上的保证。宪法的制定和实施使真正意义上的美国诞生了。

2. 华盛顿的主要功绩

(1)出任大陆军总司令,领导美国独立战争的胜利。

(2)当选为美国的第一任总统。

师:你还了解华盛顿的那些小故事? 哪位同学愿意给大家分享一下?

学生讲完故事后老师总结。

师:不愿当国王的华盛顿,不经意间为这个新国家预留下了一个非常广阔的发展空间。华盛顿开创美国历史上摒弃终身总统,和平转移权力的范例,所以美国人民说"他是战争中的第一人,和平时代的第一人,也是他的同胞心目中的第一人。"(大屏幕出现)华盛顿被尊称为国父,他和另外三位总统的雕像被刻在拉什莫尔山上(出现图片)。

师:我们学习历史都要经过这样三个步骤,了解历史史实、线索、特征;理解历史因果关系、发展规律;最终形成自己的见解。希望同学们课后对这个问题广泛讨论,提出自己的见解。

见解　"各抒己见大胆创新"

中国古代就有"重民"思想,例如孟子提出"民贵君轻",为何与美国同时代中国未能产生"主权在民"思想? (大屏幕出现)

课堂小结:(知识树展示)美国诞生于独立战争,起止时间是 1775—1783 年,我们学习了战争的原因、经过、意义,最终美国独立战争的成果由 1787 年宪法发

扬光大,美国成功的很多经验都值得别国借鉴,那么如何由小变大,由弱变强,以后我们会陆续学习。

课堂检测——5分钟试卷

课堂检测——5分钟试卷

(每个要点10分,共100分,1.2号90分过关,3.4号80分过关,5.6号70分过关)

1. 美国独立战争的起止时间是:_____年至_____年,核心人物是_____。

2. 美国总统的职权是由下列哪一法律文件所规定(　　)

A.《美利坚合众国宪法》(1787年)

B.《独立宣言》C.《人权宣言》D.《权利法案》

3. 美国独立战争是一场(　　)

A. 资产阶级革命和民族解放运动　　B. 北美13个殖民地民族解放运动

C. 资本主义与封建主义的斗争　　　D. 资产阶级民主革命

4. 美国国旗中13道条纹代表最初北美13块殖民地,

(1)请问当时在这13块殖民地上的殖民者是哪个国家?哪件事是美国独立战争的转折点?

(2)自由女神像是美国的象征,她一手是高举火炬,一手紧握一本书,上面用罗马数字刻着一个日期——"1776.7.4"。

这本书是哪部文献?

它所表达的基本思想是什么?

它的发表有何意义?

第八节　地理学科模式及课例

第一部分　模式概述

一、地理学科特点

义务教育地理课程是一门兼有自然学科和社会学科性质的基础课程,具有以下几个特征:

1. 区域性

义务教育地理课程内容以区域地理为主,展现各区域的自然与人文特点,阐明不同区域的地理概况、发展差异及区际联系。

2. 综合性

地理环境是地球表层各种自然和人文要素相互联系、相互作用而成的复杂系统。义务教育阶段地理课程初步揭示自然环境要素之间、自然环境与人类活动之间的复杂关系,从不同角度反映地理环境的综合性。

3. 思想性

地理课程突出当今社会面临的人口、资源、环境和发展问题,阐明科学的人口观、资源观、环境观和可持续发展的观念,富含热爱家乡、热爱祖国、关注全球以及可持续发展思想的教育内容。

4. 生活性

地理课程内容紧密联系生活实际,突出反映学生生活中经常遇到的地理现象和可能遇到的地理问题,有助于提升学生的生活质量和生存能力。

5. 实践性

地理课程含有丰富的实践内容,包括图表绘制、学具制作、实验、演示、野外观察、社会调查和乡土地理考察等,是一门实践性很强的课程。

二、初中地理知识分类

1. 知识分类

地理基本概念类　地理事物演变过程类

地理基本原理类　地理空间分布类

2. 复习课型的分类

(1)按照教学时段来分,可分为:单章节复习课、学段(学期、学年)复习课、结业、升学复习课等。

(2)按照复习内容来分,可分为:专题性复习课、单元性复习课、综合性复习课。

（3）按照复习的功能目标来分,可分为:知识归类复习:把相关的知识放在一个专题复习。

（4）按照复习方法来分,可分为:纲要式复习课、比较式复习课、主题式复习课。

三、地理学科教学模式

模式名称	创始人	适用范围
"问题导学五步法"	刘桂琴	初一初二地理每一章节初次复习
"模拟旅游"教学法	王华静	地理事物类

第二部分　模式具体操作流程
"问题导学五步法"教学模式

一、教学模式概述

"问题导学五步法",是指教学过程从导入问题的情境激趣→驱动问题的自主梳理→递进问题的合作探究→提升问题的思维拓展→中考试题的距离接触,通过这五个环节的问题驱动,实现学生综合能力的提高。

二、教学思想

"学起于思,思缘于疑","疑"是学生学习的关键,只有疑,学习者才能积极、主动去思考,并在不断生疑、质疑、释疑的过程中,有所"创新"。"问题导学五步法",就是在备课的时候精心设计五个教学环节的驱动性的问题、递进性的问题、提升性的问题,让学生通过"问题为中心,探究为主体"的教学提高学习的实效性。

三、教学内容和教学目标

1. 教学内容
地理空间分布类,包括我国不同地理区域的地理特点和差异

2. 教学目标
①通过有效问题的设置,让学生自主对基础知识进行梳理。
②在问题的驱动下,让学生进行思考、探究、思维碰撞,解决平时最容易出错的问题和难题。
③通过达标检测中对中考试题的零距离接触,全面提升学生的综合能力。

四、教学模式流程图

1.单元导入　明确目标

2.自主复习　固化知识

3.合作探究　深化知识

4.能力提升　活化知识

5.达标检测　直通中考

五、操作程序

1. 情境导入明确目标

操作:出示本单元的单元知识树,提出问题。

目的:从单元目标出发,设计有效问题,引发思考。

好处:让学生对本单元的知识有个整体的认识,回顾本单元的知识,并能从上节课的复习中迁移地理区域分析的方法,明确本节课的目标。

2. 自主复习固化知识

①知识梳理

操作:结合文字和图片资料,提出一组驱动性问题放在学生的导学案上,由学生自己完成。

目的:让学生通过重温课文的图文资料,刺激回忆,唤醒先前经验。

好处:基础知识的自主梳理,达到知识的固化。

②组内检查

操作:小组内交流答案,进行纠错巩固。

目的:让学生通过生生活动,提高课堂效率。

好处:展示交流中提高学生的倾听和纠错能力。

3. 合作探究深化知识

①合作探究

操作:结合多媒体课件为学生提供探究的典型图文资料,提出一组递进性问题,由学生小组合作完成。

目的:递进性问题的设置,在驱动性问题的基础上让学生的能力上个新台阶。

好处:充分利用小组合作的优势,调动学生的学习积极性。

②展示交流

操作:每个小组把合作中有疑问的问题提出来,其他小组帮忙解决,还有疑问的由老师进行点拨补充,总结归纳。

目的:实现"兵教兵"的效益,全面提高课堂的实效性。

好处:通过小组的力量获得知识,提高小组合作的凝聚力。

4. 能力提升活化知识

①问题引领

操作:出示一组提升性问题,把图片和材料放在导学案上,让学生独自思考。

目的:引领学生的深度思维,提高学生的迁移应用能力。

好处:激活课堂,培养学生的创新意识。

②展讲点拨

操作:学生经过思考后进行发言,互相质疑、释疑、补充,老师做适当的追问点拨。

目的:通过这样的训练使学生的思维得到进一步的锻炼,解答问题时活化所学知识。

好处:学生和学生、学生和老师的思维大碰撞,展现学生个人魅力,活跃课堂气氛,有利于课堂新的生成的产生。

5. 达标检测直通中考

①闭卷测试

操作:出示达标检测题,学生闭卷独立完成。

目的:通过灵活多变的中考题目,检测每一位学生本节课是否达成复习目标。

好处:用经典真题告诉学生这一章节的重要性,达到"此时无声胜有声"的效果。

②订正答案

操作:出示正确答案,小组之内交换批改,对出错的地方及时订正。

目的:利用小组合作,快速掌握具体情况。

好处:及时反馈复习信息,有利于对本节课教学环节的宏观"诊断",针对实际情况,及时查漏补缺。

◎模式课例

《西北地区和青藏地区》(复习课)教学设计

【课标解读】

《西北地区和青藏地区》是义务教育课程标准实验教科书地理七年级下册第

五章的第三节,本节对应的课程标准具体内容是:

(1)运用地图指出西北地区、青藏地区的范围,比较它们的自然地理差异。

四大地理单元是为了适应地理学习和研究的需要而划分的,因此,具体的界限,"标准"未作明确决定。尽管具体的界限可能有多种取法,但宏观上四大地理单元的特征和地理差异是明显的。"标准"要求在地图上指出西北地区和青藏地区的范围,是因为如果不明确范围,则无法比较地理单元的自然地理差异。西北地区的范围:西北地区大体位于大兴安岭以西,昆仑山—阿尔金山、祁连山以北。包括内蒙古自治区、新疆维吾尔自治区、宁夏回族自治区和甘肃省西北部。青藏地区的范围:位于横断山以西,喜马拉雅山以北,昆仑山(西段)和阿尔金山、祁连山以南,包括西藏自治区、青海省和四川省西部。西北地区和青藏地区自然地理差异,可以从位置、范围、地形、气候、河湖、植被、资源等方面比较。

(2)用事例说明西北地区和青藏地区自然地理环境对生产、生活的影响。

本条"标准"是对上一条"标准"的进一步要求。中国的地理差异不仅表现在自然环境上,还表现在社会、经济、文化等方面。在学习时,不要从方方面面分析中国的地理差异,而应以自然环境差异为基础,说明自然环境对社会、经济、文化等方面的影响,更易于学生学习。

自然地理环境对生产的影响以农业最为典型,此外对交通、聚落的影响也很明显,而对工业、矿业的影响就不那么明显了。西北地区在整体干旱的情况下主要以牧业为主,又发展了灌溉农业,青藏地区在高寒的整体情况下也以牧业为主,又发展了河谷农业。对生活的影响表现在衣食住行等方面,特别是对交通线和村镇的分布影响很明显。

【教材分析】

本节教材是中国地理总论部分和中国区域部分的衔接点之一。在七年级上册讲述中国地理概况、自然环境、自然资源和经济发展的一般特征的基础上,开始进一步阐述我国不同地区的地理差异。作为中国区域地理学习的开篇部分,本节乃至整章只是对区域地理的宏观介绍。主要的作用有两个:其一,从整体上把握区域的差异,为后面认识各分区地理特征作知识上的铺垫;其二,由于后面的区域选择不能过多,选择的区域尺度有大有小,先有了宏观整体认识之后,才能避免在具体区域的学习时以偏概全。因此,在教学中应注意发挥其承上启下的作用。《西北地区和青藏地区》属于"中国区域地理"部分,是在复习了《南方地区和北方地区》之后另两个区域,是两个特殊的地理区域,特别是通过学习它们的自然环境的特殊性为今后的学习和认识本区的具体地理环境打下了基础,所以复习本节教材意义十分重大。学生有了北方和南方地区的基础,对中国区域特征已有较完整的知识结构和学习方法。本节教材共三部分组成,第一部分:干旱的西北地区,描述西北地区的自然特征;第二部分:高寒的青藏地区,描述青藏地区的自然特征;第三部分:以牧业为主的地区,讲述这两个区域共同的经济生活。

【复习目标】

1. 通过阅读西北地区和青藏地区的地形图,能说出西北地区和青藏地区的位置、范围和主要地形特点。

2. 通过阅读西北地区和青藏地区的地形图和景观图,分析西北地区和青藏地区主要自然特征的形成原因。

3. 用事例说明西北地区和青藏地区自然地理环境对生产、生活的影响。

4. 通过对照,比较西北地区和青藏地区自然特征的异同点。

【学情分析】

初二学生思维活跃,求知欲强,好奇心强。根据本课的特色,最好让学生实际操作,以分组自学,组内讨论合作的形式让每个学生都参与到课堂教学中的每一个环节中,让学生联系课前收集一些两地的资料,从自学讨论中了解我国西北和青藏地区"干旱"和"高寒"的区域地理特征,使其在活动中发现问题,提出问题,解决问题。

经过接近两年的地理学习,学生积累了比较丰富的感性知识,具有一定的理性分析及探究能力,但还缺乏一定的学习方法和总结归纳、迁移提升的能力,但不会运用适当的方式表达自己的看法,合作和交流的能力还有待提高。

【评价设计】

1. 通过自主复习,固化知识环节,达成目标1.4,

2. 通过能力提升,活化知识环节,达成目标2.3。

3. 通过问题引领,思维拓展,达标检测,直通中考环节,达成目标1234。

【复习过程】

一、单元导入,明确目标

《中国的地理差异》这一单元我们主要学习四大地理区域的划分、四大地理单元主要的自然地理特征以及四大地理单元自然地理环境对人们生产和生活的影响。上一节课,我们复习了《四大地理区域的划分》和《南方地区和北方地区》,这节课我们一起来复习《西北地区和青藏地区》。请同学们阅读导学案上复习目标。

二、自主复习,固化知识

请同学们结合课本 P11—14 的文字和图片资料,结合大屏幕上老师为你准备的我国年降水量分布图、我国干湿地区划分图、我国气候分布图、我国地形图,完成导学案上本环节的 1.2 两题

1. 在四大地理区域图中填注:

西北地区　青藏地区　阿尔泰山　天山　昆仑山

喜马拉雅山　祁连山　横断山　大兴安岭

准噶尔盆地　塔里木盆地　青藏高原　内蒙古高原

塔里木河　额尔齐斯河　黄河　长江

2.

比较项目	西北地区	青藏地区
位置范围		
地形		
气候		
河湖		
植被		
自然地理特征		

三、合作探究深化知识

承转过渡:干旱是西北地区最突出的自然地理特征,高寒是青藏地区最突出的自然地理特征。从地理环境整体性规律看,本区的自然地理要素要体现与整体环境一致性的表现上。下面我们从气候、河流、湖泊、植被方面看看他们是如何协调一致的? 同时干旱、高寒的自然特征又给这两个地区农牧业生产、村镇、交通线的分布带来哪些不同的变化呢?

请同学们思考结合课本第12－16的文字和图片资料思考回答本环节的问题:

1. 西北为什么干旱? 干旱的气候特征对河流、湖泊、植被有什么影响?

2. 西北地区农业生产的主要类型是什么? 说出该农业类型的主要分布地区。

3. 说出西北地区种植业的主要分布地区,并分析影响本区种植业发展的限制性因素,用最简练的语言概括出本区种植业的特点?

4. 从高寒自然特征方面,解释青藏地区太阳能资源丰富的原因,和成为许多大江大河发源地的原因。

5. 青藏地区农业生产的主要类型是什么? 说出该农业的主要分布区。本区发展农业限制性因素是什么? 有利条件有哪些?

6. 西北地区和青藏地区人口、村镇和重要交通线分布有何特点? 为什么这样?

这六个问题,比起上个环节的问题有一定的难度,先让学生小组合作交流,小组统一认识后,再展示合作成果。

老师点拨:

西北干旱的原因主要是地理位置的影响,也不能忽视地形的影响;

西北地区主要的农业类型是畜牧业,但区内还存在着差异性,注意内蒙古温带草原牧场和新疆山地牧场的区分;

在干旱的环境下,缺水是本区种植业发展的主要制约因素,种植业的特点:灌溉农业。四个著名的灌溉农业区要注意引导学生分析灌溉水源的来源;

青藏地区"高寒"高—寒,高—空气稀薄,太阳能丰富;

青藏地区的农业和西北比较既有共性又有区别,都是以牧业为主,但青藏地区以高寒牧场为主,本区发展农业的制约因素是热量条件,因此,充足的光照、昼夜温差大、气温低生长期长就成了发展河谷种植业的有利条件;

因为干旱、高寒,村庄、交通线都呈点状、带状沿绿洲、河谷分布。

四、能力提升活化知识

承转过渡:干旱的西北、高寒的青藏是国家西部大开发的主要阵地,要实现经济的腾飞,我们一起来思考以下问题:

1. 根据所学知识分析西北地区那种资源比较匮乏?那些资源比较丰富?从资源跨区域调配角度看西北地区和东部地区应建立哪些联系?

(水资源,石油,天然气,西气东输)

2. 从自然地理特征看,西北、青藏地区丰富的能源有哪些?两区都丰富的有哪些?

(西北:石油、天然气、太阳能;青藏:太阳能、水能、地热;都丰富:太阳能)

3. 西北地区纬度位置比青藏地区高,为何热量条件反而比青藏地区好?

(受地形影响,青藏地区海拔高。)

4. 西北地区和青藏地区存在什么不同的生态环境问题?

(干旱、荒漠化和盐碱化,高寒,载畜能力低,生态环境脆弱)

5. 西北地区河流的汛期和补给水源与东北地区有什么不同?

(西北:夏季高山冰雪融水,东北:春季将雪融水和夏季大气降水)

6. 青藏地区修铁路面临的困难是什么?"以桥代路"的设计方案又是为了什么?同样的"以桥代路"在京沪高铁的建设中又起到了什么作用?

(海拔高,气温低,空气稀薄,缺氧,保护野生动物的迁徙路线,保护有限的土地资源)

五、达标测试,直通中考。

请同学们做达标检测题。

一、单项选择题

1.【2012 泰安】下列关于西北地区农业生产的叙述,正确的是:

A. 农田主要分布在有河水、高山冰雪融水或地下水灌溉的地势平坦地区。

B. 植被由东向西呈现荒漠—荒漠草原—草原过渡的趋势。

C. 河西走廊和天山山麓一带广种水稻、小麦、棉花、瓜果。

D. 西北地区依靠冰雪融水,畜牧业和林业发达。

2.【2012 威海】青藏地区的许多山峰终年积雪,原因是:

A. 纬度高　B. 日照强　C. 海拔高　D. 空气稀薄

3. 新疆绿洲地带主要特色农产品是:

A. 水稻、油菜、甘蔗　B. 棉花、甜菜、瓜果　C. 玉米、高粱、小麦　D. 小麦、花生、大豆

4.【2012 莱芜】"羌笛何须怨杨柳,春风不度玉门关"描述的是:

A. 北方地区　B. 南方地区　C. 西北地区　D. 青藏地区

5.【2011 威海】新疆气候干旱的主要原因是。

A. 地势高,水气难以到达　　　B. 距海远,水气难以到达

C. 植被少,蒸发量大　　　　　D. 纬度高,昼夜温差大

二、综合题

6.【2011 威海】扬长避短,凸显区域特色

我国是世界上面积第三大国,东西南北自然条件差异很大,在寻求区域发展过程中,因地制宜是可持续发展的必由之路。读甲、乙两地区图(图17)及气候资料,完成下列各题。

(1)从河流的汛期及汛期主要水源两方面比较①②两河流特点有什么不同?

(2)甲、乙两地区地理位置不同,自然条件差异大,适合发展的农业类型各不相同。请根据它们的自然条件差异,说出各自主要的农业类型:

甲_____　乙_____

比较甲、乙两地区发展种植业的有利自然条件:

甲_____　乙_____

实施西部大开发后,甲地区石油化工工业得到了迅猛发展,其发展石油化工工业最有力的自然条件是_____;乙地区作为老工业基地,传统工业面临资源枯竭、能耗高、经济效益差的局面。为此,我国正积极推进该地区工业重振计划,你知道采取的具体措施有哪些吗?

学生做题时,老师巡视,注意发现学生在做题的过程中出现的主要问题。老

师出示标准答案。

各小组交换批改,学生订正答案,老师适当点拨。

"模拟旅游"教学法
——地理事物类教学模式

一、模式概述

"模拟旅游"教学法主要借助多媒体(录像、VCD 光盘、三维模拟动画、模型……)等来"观其景、听其声、论其事、探其源"从而使学生在课堂学习区域地理过程中,既能获得地理事物的相关知识又可以欣赏自然美景、游览名胜古迹,了解各地风俗民情。

二、教学思想

"模拟旅游"教学法就是以课堂"旅游活动"作为教学的重要手段,根据教学内容,结合学生实际进行课堂"旅游活动"的教学方法。通过"导、议、总、测"即"导游——议游——总游——测游"四个教学环节,来提高学生学习地理的兴趣,加强学生观察、比较、思维、综合等地理能力培养及地理技能的训练,从而达到素质教育的目的。

三、教学目标和教学内容

1. 教学内容:地理事物的相关知识点

2. 教学目标:①掌握地理事物的相关知识点;②提高学生学习地理的兴趣;③加强学生观察、比较、思维、综合等地理能力培养及地理技能的训练。

四、教学模式流程图

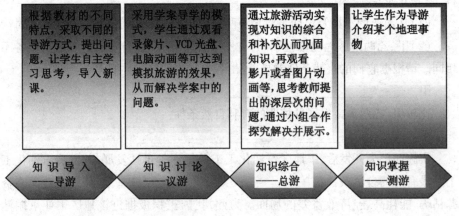

根据教材的不同特点,采取不同的导游方式,提出问题,让学生自主学习思考,导入新课。	采用学案导学的模式,学生通过观看录像片、VCD 光盘、电脑动画等可达到模拟旅游的效果,从而解决学案中的问题。	通过旅游活动实现对知识的综合和补充从而巩固知识。再观看影片或者图片动画等,思考教师提出的深层次的问题,通过小组合作探究解决并展示。	让学生作为导游介绍某个地理事物
知识导入 ——导游	知识讨论 ——议游	知识综合 ——总游	知识掌握 ——测游

五、操作流程

1. 知识导入——导游

操作:根据教材的不同特点,采取不同的导游方式,提出问题,让学生自主学习思考,导入新课。

目的:让学生带着问题和兴趣进入新课

好处:让学生看着影片自主思考问题,培养学生自主学习和归纳总结的能力。

2. 知识讨论——议游

操作:采用学案导学的模式,学生先看导学案的内容,然后学生通过观看录像片、VCD 光盘、电脑动画等可达到模拟旅游的效果,再结合课本知识让学生在兴奋之中议论"旅游"的感受,从而解决学案中的问题。

目的:激发学生的兴趣,让学生自主思考,培养学生的自主学习能力。

好处:加强直观认识,提高观察想象、判断推理、分析综合、概括总结等能力,促进学生思维能力的培养和训练。

3. 知识综合——总游

操作:通过旅游活动对知识的综合和补充让学生巩固知识。再观看大屏幕影片或者图片动画等,思考教师提出的深层次的问题,通过小组合作探究解决并展示。

目的:帮助学生理解地理事物的脉络,帮助学生加深印象,综合地理知识,巩固所学的知识;培养合作探究的能力。

好处:让学生加深对知识的理解和巩固,并会学以致用。

4. 知识掌握——测游

操作:让学生作为导游介绍某个地理事物

目的:检查学生对所学知识掌握的程度,有利于对知识的巩固和提高。

好处:让学生及时查漏补缺,重点记忆。

◎模式课例

《长江》课堂实录

一、教材分析

"滚滚长江"是"中国的河流"这节内容的第二课时,在学生了解了"中国河流——外流区为主"后,学习我国的第一大河——长江。本课时是第三节"中国的河流"的教学重点。长江这一课时的学习是学生深刻了解"人地关系"和谐发展与矛盾并存的典型教学案例之一,能够体现"学习对生活有用地理"的课程标准理念。因此,本课题在整个《中国地理》的教学中占有重要地位。

二、学生分析

长江是我国第一大河,全长 6300 千米,世界第三,举世闻名。学生平时对它已有初步的感性认识,加上已学过《中国地理》的政区、地形等知识,以及前一节对河流的水文特征、学习河流的方法已有所认知。针对初中生好动、好奇、好表现,注意力易分散,学习热情较高等特点,在教学中要注意引导学生尽量多动口、动手、动脑,多给学生表现他们才智的机会,以激发学生的学习热情。

三、教学目标及难重点

1. 能说出长江的源流概况和各段的自然特征,记住长江流经的省级区。

2. 说出长江在水能、灌溉、航运等方面的巨大作用及其开发利用的现状。

3. 通过对长江"利"与"害"的分析,培养学生一分为二看待问题的处世态度,树立起人地协调发展的观念。

四、课堂实录

师:同学们在《三国》中"火烧赤壁"和"草船借箭"的故事发生在我国哪条江上,你知道吗?

生:长江。

师:今天我们就一起学习长江。下面请同学们拿出一张纸,跟老师一起去长江旅游。教师在黑板上边画干流图边导游:我们的游程是从长江的源头各拉丹东出发到正源沱沱河,与长江的另一源流当曲汇合后至青海玉树,这里称通天河,也是《西游记》中孙悟空师徒所到之处;从玉树到四川宜宾之间的河段叫金沙江,是红军长征时曾经过的地方;宜宾到宜昌的河段大部分在四川境内穿过,所以习惯上称为川江;从湖北枝城到湖南城陵矶之间,河道特别弯曲,有"九曲回肠"之称,叫荆江;长江在江苏的镇江、扬州一带的干流,古称扬子江。

生:边画边记录。

师:画支流图,边画边导游:注入长江的一级支流大约有 100 条,其中最大的支流有北岸的雅砻江、岷江、嘉陵江、汉江 4 条,南岸的乌江、湘江、赣江 3 条,主要湖泊有洞庭湖、鄱阳湖 2 个。谁到黑板上画出长江上、中、下游划分的地点。

生:举手,上黑板画,其他同学在自己画的游程图上标出。

师:这位同学画得非常正确。现在老师把刚才的游程图在大屏幕显示:长江干支流、湖泊名称,上、中、下游位置第一级阶梯青藏高原,第二级阶梯四川盆地上,第三级阶梯长江中下游平原。提问:长江上中下游为什么这样划分?依据是什么?请欣赏录像,让我们一起去了解。

师:播放《话说长江》中有关源头画面—金沙江著名的峡谷虎跳峡—重庆(嘉陵江在这里汇入长江)—三峡美景(瞿塘峡、巫峡、西陵峡)葛洲坝水利枢纽及建设中的三峡工程。

学生看完录像。

师:长江上游的景况怎样?

生:多支流、多峡谷、水流急、水利资源丰富,有利于建水电站。

师:长江上游流经的省市区有哪些? 请看动画。(播放电脑动画)

生:青、藏、滇、川、渝五个。

师:同学们看得真仔细啊,那么中下游与上游有什么不同? 大家接着看录像。

教师播放录像(节选)武汉(长江第一大支流上汉江在这里注入长江,把武汉分为三镇即汉口、汉阳、武昌,站在黄鹤楼上眺望长江的宽阔的江面。)—八百里洞庭(是我国第二大淡水湖,素有"鱼米之乡"誉称)—雄伟的南京长江大桥—长江入海口(天海相连,一望无际)

生:中游多湖泊,江宽水阔,水流缓和与上游峡谷处水流急形成了鲜明的对比。

师:同学们归纳总结得很正确。那么长江中下游流经省区有哪些? 请大家继续看动画。

生:鄂、湘、赣、皖、苏、沪六个。

师:请同学们对照导学案复习巩固刚才学过的知识。

生看导学案,小组合作记忆巩固。

师:为什么说长江是我国第一大河?

学生讨论回答:

长:6300 千米中国第一大河

广:180 万立方千米

大:10000 立方千米

师:回答的太全面了。那长江的水利资源为什么丰富? 播放大屏幕及电脑显示:长江干流画面和长江水量情况,急流勇士在长江上游漂流的录像。

学生讨论回答。

师:如何开发和利用长江的水力资源? 播放葛洲坝水利枢纽录像。

学生谈感受。

师:这节课大家都学习得很好,现在请你做导游来给老师和同学们介绍一下长江。

学生准备,小组合作,互相展示。

师:本节课表现优秀的小组有……希望……继续努力。

下课。

第九节　政治学科模式及课例

第一部分:模式概述

一、思想品德学科的特点:

思想品德课程是一门以初中学生生活为基础、以引导和促进初中学生思想品德发展为根本目的的综合性课程。本课程的特性主要有以下几个方面。

思想性:以社会主义核心价值体系为导向,深入贯彻落实科学发展观,根据学生身心发展特点,分阶段分层次对初中学生进行爱祖国、爱人民、爱劳动、爱科学、爱社会主义的教育,为青少年健康成长奠定基础。

人文性:尊重学生学习与发展规律,体现青少年文化特点,关怀学生精神成长需要,用初中学生喜闻乐见的方式组织课程内容、实施教学,用优秀的人类文化和民族精神陶冶学生心灵,提升学生的人文素养和社会责任感。

实践性:从学生实际出发并将初中学生逐步扩展的生活作为课程建设与实施的基础;注重与社会实践的联系,引导学生自主参与丰富多样的活动,在认识、体验与践行中促进正确思想观念和良好道德品质的形成和发展。

综合性有机整合道德、心理健康、法律和国情等多方面的学习内容;与初中学生的家庭生活、学校生活和社会生活紧密联系;将情感态度价值观的培养、知识的学习、能力的提高与思想方法、思维方式的掌握融为一体。

二、思想品德学科知识的分类:

本课程内容分为三部分:成长中的我;我与他人和集体;我与国家和社会。

第一部分包括:(一)认识自我、(二)自尊自强、(三)心中有法

第二部分包括:(一)交往与沟通、(二)在集体中成长、(三)权利与义务

第三部分包括:(一)积极适应社会的发展、(二)认识国情,爱我中华、(三)法律与秩序

三、思想品德学科教学模式

模式名称	创始人	适用范围
"小记者采风"教学法	肖红英	国情类教学内容
"一例多境六步"教学法	王维菲	权利与义务

第二部分：模式具体操作流程

"小记者采风"教学法

一、模式概述

"小记者采风"教学法,就是教师指导学生认识我国现阶段的国情,如:基本国情、教育科技创新国情、人口资源环境等方面的国情,学生以"记者采风"的形式将搜集到的我国国情方面的内容,通过撰写新闻稿、搜集国情图片、视频等形式介绍给其他同学,引发学生的讨论思考,激起学生探究知识的欲望,也可以有效加深学生的印象,从而打造生命化高效课堂的一种教学方法。

二、教学思想

本教学法在充分尊重学生主体地位的基础上,坚持"以生为本"的教学原则,将国情教育知识渗透到学生的探究和创作中去,让学生通过自主学习、合作探究,将各方面的国情用"小记者采风"的形式呈现出来,可以充分调动学生学习的积极性,培养学生收集和处理信息的能力、获取新知识的能力、分析和解决问题的能力,以及交流与合作的能力。

三、教学内容和教学目标

教学内容:

(1)我国现阶段的基本国情,教育、科技和创新,人口、资源、环境等方面的国情状况。

(2)各方面国情带来的影响。

(3)对此,我国所采取的对策及意义。

教学目标:

(1)培养热爱祖国、热爱大自然的情感。

(2)感知我国各方面国情的现状及影响。

(3)掌握改变现状的措施,提高以实际行动报效祖国的能力。

四、教学模式流程图

"小记者采风"教学法

五、操作流程

学案导学,筹备采风

操作:此环节为向课前延伸。教师根据教材内容,结合学生实际,编写预习学案。教师课前一至两天发放学案,并提出明确的时间要求和任务要求。学生根据学案自主学习,运用圈、点、勾、划等方法读懂、读透教材,理清逻辑关系,掌握基础知识,并搜集需要的资料。

目的:一是提高自主学习的针对性和学习效率;二是了解学生自主学习中存在的问题,对学生自主学习进行必要的方法提示和指导。

好处:对于老师而言,可以掌握学生的学习情况,有利于有针对性地施教。对于学生而言,可以提高自主学习的能力,提升搜集和获取信息的能力,提高课堂学习的效率。

创设情境,采风点题

操作:教师出示由采风小记者搜集到的最近热点新闻或视频资料,提出问题,激发学生的学习兴趣,引领学生进行学习。

目的:通过"小记者采风"中搜集的近期的时政热点新闻、视频资料等引出话题,创设情景,让学生整体感悟某一国情的巨大魅力或给人类带来的重大影响,从而引出课题,导入新课。

好处:不仅渲染课堂气氛,而且激发学生学习兴趣,为整堂课的展开创造良好的契机。课题的引入也顺其自然,水到渠成。

合作探究,交流采风

操作:

(1)由各组小记者代表交流自己的采风情况,展示自己的采风结果。

(2)其他小组的同学针对上述情况进行国情的归纳总结,分析原因,寻找对策,包括国家的政策措施及自己的身体力行。

(3)教师点拨、补充、更正、归纳。通过自学、展示等环节仍然没有很好地理解和解决的易错点、易混点、易漏点等,教师要进行重点讲解、点拨、归纳和提升,保证学生形成明确的观点。

目的:通过小记者们的交流、展示和讨论,及教师的点拨、补充、更正、归纳,让学生的知识进一步深化,在互助合作解决问题的过程中,理清思路,解决问题,形成观点。

好处:可以充分调动学生学习的积极性,培养学生收集和处理信息的能力、获取新知识的能力、分析和解决问题的能力,以及交流与合作的能力。

知识整合,小结采风

操作:教师要对学生交流研讨的问题做出归纳,把学生的零散观点整理成具有逻辑思维的成果。师生共同将本节课的知识形成知识网络,构建知识树,并交流本节课的收获。

目的:本环节呈现知识树,目的是让学生在真切、充分地感悟的基础上,回味梳理,自己归纳得出本课知识点。通过交流收获,目的是将所学知识落实到具体的行动中去。

好处:这一环节的扎实开展,有利于加强学生的知识构建,有利于加强学生归纳概括知识的能力,提升学生的爱国情感。

夯实基础,提升采风

操作:

引导学生完成学案中的自我测评题目,限定时间,让学生独立思考作答,以训练学生的书面表达能力和独立思考解决问题的能力,实现当堂达标、当堂反馈、当堂矫正,提高课堂效率。

完成任务后,让小组成员互换批改,并相互借鉴,完善答案。

教师巡回检查学生的作答情况,对先答完的学生及时面批,掌握学生易出错的地方,然后进行针对性的讲评点拨。

目的:一是把课本上的知识迁移到生活中加以应用,让学生感受到学习的实效性和有用性;二是限定时间,让学生独立思考作答,训练学生的书面表达能力和独立思考解决问题的能力。

好处:通过练习,检测学生对知识的掌握与迁移能力,进一步巩固了本节课的知识。

展望未来,情感升华

操作:欣赏视频短片或歌曲,展望中国的未来,激起学生的情感升华,首尾呼应。

目的:激起学生的思维高潮,提升学生的爱国情感。

好处:以视频短片或歌曲欣赏结尾,展望中国的未来,寓意深长,将教学小课堂带入社会的大课堂,再次激起学生的思维高潮,提升学生的爱国情感。且首尾呼应,达成了课堂的和谐之美。

◎**模式课例**

走可持续发展之路
——可持续发展,我们面临的重要课题

课程标准:知道我国的人口、资源、环境等状况,了解计划生育、保护环境、合

理利用资源的政策,树立可持续发展的意识。

学情分析:本课主要学习走持续发展之路,让学生了解我国的人口、资源、环境国情以及实施可持续发展战略的必要性。初四学生掌握了一定的分析问题能力和解决实际问题的能力,能增强理解能力和掌握国际时政动向,有助于理解课堂内容。

学习目标:

(1)通过对人口资源环境现状的认识,树立可持续发展意识,培养保护环境、节约资源的习惯,培养爱护自然,保护自然的能力。

(2)通过图片、图表、漫画的观察与思考,感知我国人口、资源、环境的现状及影响。

(3)通过"内蒙古某羊绒衫集团"的案例,总结人口、资源、环境与经济发展之间的关系,树立可持续发展的观念。

教学重点:感知我国人口、资源、环境的现状及影响

教学难点:可持续发展我们正确的选择

教学方法:案件分析法、观察法、自主合作探究法、创设情境等

教学过程:

一、学案导学,筹备采风(详见导学案)

二、创设情境,采风点题

师:今年的 10 月 4 日,即国庆长假期间,当我们还沉浸在假日的欢乐之中,云南彝良地区的人们正经受着一场巨大的灾难。发生了什么事情?

生:山体滑坡灾害。(泥石流)

师:看一组来自我们小记者的报道(图片)。这次山体滑坡造成 18 名学生和 1 名村民遇难,像这样的自然灾害是什么原因导致的呢?

生:破坏环境

师:的确与破坏资源和环境有极大的关系。我们来看一则来自小记者的搜集资料:

据有关资料显示,现在各地出现的滑坡现象与人类工程活动有密不可分的关系。人类大量的切坡、地下采矿、灌溉、水库工程建设等活动都有可能使地质、地形和水文环境在短时间内发生重大变化,从而加速斜坡体不稳定,导致滑坡。

生:读材料。

试想,如果人们为了达到经济利益的最大化,继续对大自然猖狂的破坏,那人类最终将面临一场什么样的灾难? 我们来观看一部影片的片段:

1. 播放《2012》影片的片段,学生带着问题观看。

(1)影片中都描绘了人类的哪些灾难?（洪水、地震、海啸、飓风、岩浆）

师:知道这是哪一部影片吗?对!《2012》。那谁能说一下,影片中都描绘了人类的哪些灾难?

生:洪水、地震、海啸、飓风、岩浆……

师:非常好,这几位同学观察得很细致。人类对自然环境和资源长期地掠夺性的破坏,地球自身的平衡系统已经面临崩溃,人类的家园遭到毁灭。那2012年会是世界末日吗?（不会）这部影片想警示我们什么?

生:保护环境,节约资源

师:这部影片以导演特有的想象力和特有震撼力的画面告诉我们:亲近自然,与自然和谐相处——没有自然,就没有人类!人类要想生存和发展,一个共同的声音在世界响起那就是——走可持续发展道路。

2. **导入课题**:走可持续发展之路——可持续发展,我们面临的重要课题（展示）

3. **出示学习目标**:

(1)通过对人口资源环境现状的认识,树立可持续发展意识,培养保护环境、节约资源的习惯,培养爱护自然、保护自然的能力。

(2)通过图片、图表、漫画的观察与思考,感知我国人口、资源、环境的现状及影响。

(3)通过"内蒙古某羊绒衫集团"的案例,总结人口、资源、环境与经济发展之间的关系,树立可持续发展的观念。

三、合作探究,交流采风

师:现代化建设以什么为中心?（经济建设）,但在发展经济的同时遇到了三大问题,我们来看三组图片,请说出分别是什么问题?

多媒体展示:人口膨胀,资源短缺,环境恶化问题。

师总结过渡:这也是当今世界共同面临的严重问题。（图片展示三大问题）我国是世界上最大的发展中国家,人口、资源、环境问题非常突出,下面我们就具体来了解我国的人口、资源和环境的严峻形势。

目标一:通过材料的观察与思考,感知我国人口的现状及影响

1. **人口现状**:

师:我国 GDP 总量超越日本,成为世界第二大经济实体;但是同时人均 GDP 却不足日本 1/10,排名世界中下水平。这与我国人口现状有极大的关系。那我国人口方面有什么样的特点呢?我们来看一组惊人的数字。请同学们打开导学提

纲,先自主找出答案,再小组交流。看哪个小组速度又快,质量又高。

材料一:新中国成立的时候,我国就有 54545 万人,是当时世界上的人口大国。可是到了 2000 年 11 月我国的人口已经达到 129533 万人。

材料二:同第四次全国人口普查相比,十年零四个月共增加了 13215 万人,我国人口增长率为千分之十三左右,即每年净增人口平均 1500 万左右,相当于每年增加一个澳大利亚的人口数。

材料三:据普查,我国的粗文盲率为 6.71%,美国、日本的粗文盲率不到 0.5%。我国每十万人中具有大学以上教育程度的占 3.6%,而美国 25 岁以上人口接受大学教育的比率接近 50%。

上述材料分别说明我国人口现状的哪些基本特点?

2. 影响

师:这三个方面的特点是我国人口方面的重要国情。我国是世界上人口最多的发展中国家,人口过多会带来什么影响呢? 老师这里有三组图片,请同学们分别指出是人口过多带来的什么样的影响?

生:回答。

师:既然人口过多带来如此的影响,而我国又有新增人口多的特点,对此,你知道我国是怎么做的吗?(计划生育)计划生育的要求是:晚婚,晚育,少生,优生。前三者做到了控制人口数量,后者做到了提高人口素质。这样的措施让我国第十三亿人口的到来,推迟了整整四年。

小回顾(呈现图片)

我国人口形势严峻。

人口现状:

人口基数大,新增人口多,人口素质偏低,人口老龄化速度加快。

影响

给资源和环境带来沉重的负担。

就业压力越来越大。

影响经济增长的速度和规模。

影响综合国力的增强和人民生活水平的提高。

目标二:通过对图表和资料的观察与思考,感知我国资源的现状及影响

1. 资源的现状:

师:我国自古就有地大物博的美誉,那我们的现实状况是这样的吗? 请同学们观察图表,同桌之间进行讨论:你能得出什么结论?(师提示如何看图表,见导学提纲)

生：交流。

2. 短缺的原因

师：归纳。点明是资源方面的重要国情。是什么原因导致资源如此的短缺呢？

生：人口增长。

师：非常好，这是我们刚刚学习过的知识。我国经济发展和人口增长，对资源的需求量将不断加大。还有什么原因可导致资源短缺呢？我们来看一则材料。

材料：我国金属矿山开采回收平均比国际水平低 10 到 20 个百分点，矿山平均资源综合利用率仅为 20%，尾矿利用率仅为 10%，每年矿产资源开发过程中的损失总值约 780 亿元。

这则材料说明什么？

生：交流。

师：经济的发展，必须有资源做支撑，而资源短缺必然制约经济社会的可持续发展。对此，我国提出要建设资源节约型社会。（倡导发展循环经济，例如地沟油，这个被不少中国人唯恐躲之不及的东西，美国，荷兰，英国用来炼生物柴油，燃烧后的二氧化碳的排放量比传统柴油少 60% 到 80%；荷兰对废油进行脱氧处理，提炼成"可再生的飞行燃料"。）人们呼吁"变废为宝"，你有没有节约资源的小方法？

生：交流。

小回顾（图片呈现）

我国资源形势严峻。

重要国情：总量大，种类多，但人均占有量少，资源相对短缺。

短缺原因：人口增长，对资源的需求是不断增加；开发不合理，利用率低，资源浪费严重。

目标三：通过对图片与资料的观察与思考，感知我国环境的现状及影响

环境的分类及基本状况

师：环境问题分为两大类：一类是污染环境包括大气污染、食品污染、水质污染、噪声污染等；另一类是破坏环境：不合理开发利用资源。呈现两组图片：(1)十一黄金周高速堵车后(2)森林被砍伐

这两组图片分别说明是我国环境问题的哪一类？

你还能举出现实生活中有关环境问题的例子吗？

生：交流

我国近几年来也非常重视环境保护，但我国现在的环境状况怎样呢？（呈现

图片)

生:朗读。

2. 环境的影响

师:这样的现状会给我国经济社会带来什么样的影响呢？让我们再次发挥小组的力量,结合导学提纲上的材料,进行讨论,找出答案。

材料一:长江流域河网密布,湖泊众多,而盲目地围湖造田、建房,导致湖泊面积逐年减少,洞庭湖由原来的4200平方千米,减至现今的3000平方千米。鄱阳湖由5000平方千米减至不到4000平方千米。江河湖泊面积的锐减,大大降低了蓄洪能力,是助长洪灾的因素之一。

材料二:地球上有170多万个已被鉴定的物种。由于环境污染与环境破坏,大量物种灭绝。目前已经发展到每天消失一个动物物种、每小时消失一个生物物种的程度,这种情况严重破坏了生态平衡。

材料三:全世界每年有500万人死于癌症。人类癌症80%—90%是由环境因素引起的,其中由化学物质引起的癌症占了90%。

材料四:土地荒漠化已成为全球的一个严重环境问题,被称为"地球的癌症"。我国受荒漠化影响的区域已超过国土面积的1/3,并仍以每年2000多平方千米的速度扩大。荒漠化给我国造成的经济损失每年高达540多亿元。

小组讨论回答:材料分别说明环境问题有什么危害?

生:讨论

师:环境问题的危害如此之大,为此,我国又提出建设环境友好型社会。你会有怎样的行动呢?

生:交流。

小回顾(呈现图片)

我国环境形势严峻。

分类:污染和破坏。

基本状况:总体在恶化,局部在改善,治理的能力远远赶不上破坏的速度,生态赤字逐渐扩大。

危害:加剧自然灾害的发生,破坏生态平衡,危害人们的身体健康,制约经济和社会的可持续发展。

目标四:通过自主学习,总结人口、资源、环境与经济发展之间的关系,树立可持续发展的观念。

1. 人口资源环境与经济发展之间的关系:

师:细心的同学可能会发现这样的问题,不管是人口,还是资源、环境问题,它最终都影响着经济社会的可持续发展。因此,人口资源环境问题从根本上说就是发展问题。但,人口、资源、环境与经济发展之间的关系到底如何呢? 这就是我们目标四所要探究的内容(呈现目标四)。下面我们来看一则材料。

1981 年内蒙古某地发展起了一个羊绒衫集团。生产羊绒制品需要在当地大规模地发展养羊业,但是,超载放牧却导致了草原生态严重失衡,造成该地几年没有降雨,水井干枯。该地原有 200 多户居民,到了 2001 年 6 月仅存 4 户,牧民逐水而居,四散各地。恶劣的自然环境导致经济萎缩,进而使牧民生活走向贫困。

当地牧民说:"羊绒衫厂,你要牺牲多少自然资源换取经济利益;而你又将用多少经济利益才能恢复和保持自然平衡?"

提出以下问题:

(1)羊绒衫集团当初该建吗? 现在能否存在和发展下去? 为什么?

(2)进入了恶性循环的怪圈及从牧民的呼声中,看出人口、资源、环境、经济有怎样的关系?

(3)怎样才能进入良性循环?

师:请一位同学读材料。下面请同学们继续发挥团队的合作精神,小组讨论,找出答案。

生:交流。

师:这个羊绒衫集团还能否存在下去呢? 我们一起来分析一下。

请看大屏幕:

(1)建羊绒衫厂→超载放牧→草原生态失衡→工厂倒闭、牧民生活贫困,

经济发展　不合理开发资源环境问题　危及人类的生存和发展

我们的结论是不能。这两组同学分析得很正确。他们在审材料的时候都能够抓住关键词,提取有效信息。

(2)人口资源环境与经济发展之间的关系图。(图片讲解)

可持续发展的含义:(图片呈现)

引出科学发展观。

师:在第一课我们共同学习了科学发展观的内涵。它的基本要求是什么? (全面,协调,可持续),由此,我们可以得出实施可持续发展是贯彻落实科学发展观的内在要求,我们要坚持走一条生产发展,生活富裕,生态良好的文明发展之路。因此,实施可持续发展是我国正确的战略选择。

师总结:这节课到这里我们四个目标的探究过程已经接近尾声,一起来看知识体系,我们会发现整个体系讲了一个问题:为什么我们要实施可持续发展战略? 谁能总结一下?

生：交流。

师：点出(1)人口、资源、环境形势严峻。(2)三者之间和经济发展有影响。(3)是科学发展观的内在要求。(4)正确选择可持续发展之路。

四个目标的学习已经顺利完成,下面检测一下同学们的掌握情况。

四、知识整合,小结采风

呈现知识树

五、夯实基础,提升采风

1. 走近中考

(1)下列能体现可持续发展战略的是(　)

①既要金山银山,也要绿水青山。②围湖造田。

③先污染后治理。④保护地球,人人有责。

⑤少生孩子,多种树。⑥退耕还林、还草。

⑦构建资源节约型、环境友好型社会。

⑧禁止开采矿产资源。

⑨实现经济的零增长。

据中科院数据,青藏高原腹地的长江、黄河、澜沧江发源地——三江源地区,最近300年来冰川总体萎缩了5.3%,这一速度是上一个300年的十倍。其萎缩的主要原因是全球变暖,另外草场退化、蕴水量低也是一个原因。对此,下列观点错误的是(　)

A 这警示我们必须认识和重视我国面临的环境问题。

B 这再次说明走可持续发展之路的紧迫性和必要性。

C 这说明我国自然资源总量大,种类多,但人均占有量少,资源相对短缺。

D 我们必须坚持以人为本的本面、协调、可持续发展的科学发展观。

2. 国情与方针、政策的关系

国情	方针、政策、路线
资源短缺、环境恶化	?
"大杂居、小聚居"的民族分布特点	?
?	计划生育
?	党的基本路线

在表格的空白处填写内容

你能得出什么结论?

归纳总结:依据国情制定国家的方针、政策;国家的方针政策是依据国情制定的。

六、展望未来,情感升华

师:本节课最后,让我们共同来欣赏一首歌曲《地球,你好吗》。

结束语:同学们,如果我们不再为保护环境,节约资源而努力,那么地球的毁灭,也许就在明天。通过今天的学习,我们一定要把可持续发展的思想落实到实践中去,身体力行,从身边的小事做起。如果我们每个人都能够行动起来,我们就牢牢把握了生存的魔咒。

"一例多境六步"教学法

一、模式概述

"一例多境六步"教学法是利用"一例"创设多个情境故事,设置一系列具有内在联系的问题形成"探究链",引导学生对连贯、完整的情境故事进行阅读、探究、讨论、交流、反思等活动,从而使学生在情境中生成知识、培养能力、升华情感。

二、教学思想

本教学模式遵循"以生为本"的教学理念,围绕学生的生活实际创设情境,先学后教,激发学生的主体参与意识,通过自学、对学及有效的小组合作探究,让学生在情境体验和问题探究中既轻松地掌握基本理论知识,又培养了学生运用所学知识分析问题解决问题的能力,更增强了学生的道德法治观念,从而提高思品课堂教学的针对性和实效性。

三、教学内容和教学目标

1. 教学内容:

①公民某权利的含义;

②法律如何保护公民的某权利;

③我们如何维护自己的某权利。

2. 教学目标:

①树立和培养法制观念,懂得尊重他人权利。

②学习运用法律维护自己、他人、国家和社会的合法权益。

③知道基本的法律知识,了解法律在个人、国家和社会生活中的基本作用和意义。

四、教学模式流程图

"一例多境六步"教学法

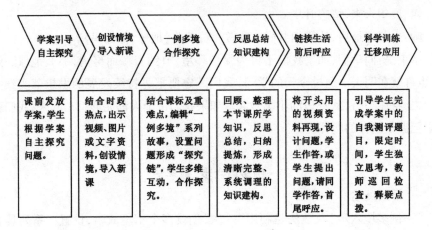

学案引导 自主探究	创设情境 导入新课	一例多境 合作探究	反思总结 知识建构	链接生活 前后呼应	科学训练 迁移应用
课前发放学案,学生根据学案自主探究问题。	结合时政热点,出示视频、图片或文字资料,创设情境,导入新课	结合课标及重难点,编辑"一例多境"系列故事,设置问题形成"探究链",学生多维互动,合作探究。	回顾、整理本节课所学知识,反思总结,归纳提炼,形成清晰完整、系统调理的知识建构。	将开头用的视频资料再现,设计问题,学生作答,或学生提出问题,请同学作答,首尾呼应。	引导学生完成学案中的自我测评题目,限定时间,学生独立思考,教师巡回检查,释疑点拨。

五、操作程序

1. 学案引导,自主探究

操作:课前一至两天提前发放学案,学生根据学案自主探究问题。

目的:提高学生自主学习的针对性,提高学习效率。

好处:学案是培养学生自主学习和构建知识能力的一种重要媒介,有利于激发学生自主学习的内驱力,引导学生获取知识,习得能力,体验到学习的乐趣和成功的快乐。

2. 创设情境,导入新课

操作:教师应用多媒体手段出示视频、图片或文字资料等,通过具体典型的生活情境的创设,导入新课。

目的:生动直观展现,吸引学生的眼球,提高学生的探究欲望。

好处:精妙的情境导入,让学生较快进入学习状态,融入课堂,拉近学科知识与学生现实生活的距离。

3. 一例多境,合作探究

操作:教师结合课标及重难点,编辑连贯、有趣的情境故事,设置一系列具有内在联系的问题形成"探究链",学生通过阅读课本,自主、合作探究,小组讨论交流、教师点拨等形式初步掌握知识,提高能力。

目的:用"一例多境"系列故事引领教学,环环相扣,层层推进,类似于让学生看漫画书,寓教于乐,探究过程中的师生、生生互动,实现精彩的多维互动。

好处:紧紧抓住学生的思路,把抽象的问题融汇在生动具体的故事里,从而起到深入浅出、潜移默化的作用。

4. 反思总结,知识建构

操作:学完本课知识后,学生独立或者教师带领学生回顾、整理,归纳总结,教师可以用知识树的形式板书,也可以多媒体投影。

目的:学生整体回顾本课所学知识,完成知识建构。

好处:把一堂课的知识整合,形成知识体系,体现知识的整体性,有利于学生整体感知本课知识,系统掌握知识。

5. 链接生活,拓展提升(链接生活,前后呼应)

操作:将导入新课用的体现当前时事和学生生活实际的视频资料再次呈现,根据本课所学设计问题,学生作答,或者学生自己提出问题,请学生作答。

目的:运用所学知识解决学生身边的问题,解决生活中的实际问题,提高学生学习的主动性。学生自己提出问题,培养探究热情,提高学生的创新能力。

好处:首尾呼应,既解决了问题,学以致用,又达成了课堂的和谐之美。

6. 科学训练,迁移应用

操作:引导学生完成学案中的自我测评题目,限定时间,让学生独立思考作答。教师巡回检查学生的作答情况,掌握学生易出错的地方,进行针对性的讲评点拨。

目的:学以致用,理论与实际相结合。

好处:实现当堂达标、当堂反馈、当堂矫正,提高课堂效率。

◎模式课例

财产属于谁、留给谁

教学目标

1. 通过分析探讨"钱多多家的烦恼和困惑",认识公民的合法财产权、财产继承权受法律保护,进而增强依法维护他人和自己经济权利的自觉性。

2. 以"钱多多的遥控汽车被损坏"及"侯耀文遗产纠纷案",初步学会运用法律武器维护自己的合法财产所有权和继承权,提高自己判断、分析、解决问题的能力。

3. 通过"钱多多家的喜事和困惑",知道财产所有权的含义、财产继承权的相关法律知识及未成年人的财产继承权不受侵犯。

教学重难点:"公民合法的私有财产受法律保护"既是本课的教学重点,也是本课的教学难点。

教学方法:生活体验法、案例分析法、合作探究法

媒体运用:利用多媒体播放侯耀文遗产继承案视频,利用提前录音的形式讲

述系列情境故事。

【教学过程】

一、学案引导，自主探究

课前发放学案，学生根据学案自主探究问题。

二、创设情境，导入新课

大家还记得 2009 年春晚小品《不差钱》里赵本山有一句经典台词："人这一生最最痛苦的事，你知道是什么吗？是人活着呢，钱没了。"确实，在我们现实生活中，没钱痛苦，但是，为争巨额遗产更痛苦。（请看一段争遗产的视频）

屏幕上的这位先生就是侯耀文，他去世后留下了大量的遗产，那么你知道视频中哪些人在争他的遗产呢？（生答）

师：这些遗产到底该怎么分？这里涉及的财产、遗产问题，这节课老师将和同学们一道走进我们的同龄人钱多多的家庭，通过对钱多多家发生的系列故事来学习第三课第一节《财产属于谁，留给谁》。

【学习目标】

（出示学习目标，）这是本节课的学习目标，请一同学朗读。

师：目标就像路标，给我们指明了学习方向。大家有没有信心完成学习目标啊？相信我们都是最棒的，肯定能够达成目标。

三、一例多境，合作探究

（一）公民合法的私有财产受法律保护

首先，让我们共同分享钱多多家的喜事：（屏显并播放录音）

钱多多家的喜事：

故事1：钱多多的爸爸平常喜欢买福利彩票，他把买彩票当作自己支持公益的一份心意、工作闲暇的一种消遣。苍天不负有心人，他的善心终于得到了回报：这次他买的 10 元钱的彩票中了 30 万大奖。交税后钱多多的爸爸把 24 万元拿回家，花 9 万元买了一辆小轿车，捐给希望工程 4 万元，将剩余 11 万元存入银行。

彩票中奖振奋人心，我们谁都想是不是？我们不能光想中奖这一美事。下面请思考如下两个问题。

问题：1. 请填表格：钱多多的爸爸对中奖所得分别行使了哪些权利？

将税后所得 24 万拿回家	
花 9 万买了一辆小轿车	
11 万元存入银行	
捐给希望工程 4 万元	

2. 他为什么能够这样做?

(要求:结合课本 32 页第一段正文及相关链接在导学案上写出答案)

现在,请大家畅所欲言:

以自己的一件物品或压岁钱为例,说说你对它可以拥有哪些权利?

看来同学对财产所有权的含义都已掌握。我们就要这样活学活用。

我们再来看看谁的火眼金睛?

火眼金睛:下列财产是否受法律保护? 请你简单说说理由。

1. 钱多多的爷爷借给朋友 2000 元的赌资。(　　)

2. 钱多多的妈妈为单位采购办公用品时,接受供货商贿赂的一块价值 3 万元的世界名牌手表。(　　)

3. 钱多多生日时奶奶赠送遥控汽车的生日礼物。(　　)

4. 钱多多的叔叔在部队获得见义勇为奖金 1000 元。(　　)

看来,我们同学都像孙悟空一样,火眼金睛,能够慧眼识真。

因为:我国法律只保护公民合法的私有财产。(屏显)

那么我国法律是怎样保护公民的合法私有财产权呢? 钱多多家的故事还在继续着,天有不测风云,人有旦夕祸福。请听:

钱多多家的烦恼一:

(录音)故事 2:故事天有不测风云,人有旦夕祸福。一年后的一天,钱多多家的小轿车被盗,钱多多一家很烦恼,钱多多的爸爸及时报案……经过公安机关一个多月的侦破终将窃贼缉拿归案。经查,该小轿车已被歹徒以 3 万元的低价卖给李某。事后,该窃贼被依法判处有期徒刑五年,并没收其非法所得。李某所买小轿车被追回,还受到相应处罚。钱多多家的小轿车失而复得。

学法断案:

1. 钱多多家的小轿车失而复得,说明了什么?

2、你知道有哪些法律为我们个人的合法财产保驾护航吗?

该窃贼被依法判处有期徒刑三年,并没收其非法所得。李某所买小轿车也被追回,还受到相应处罚。

3. 这说明我国法律保护公民合法财产的主要手段是什么?

4. 李某花钱买的轿车为什么被追回并受到相应处罚? 这说明了什么?

现在请同学接着看导学提纲,(要求:结合课本 32~33 页先自主探究,然后小组讨论,时间 5 分钟)

同学们的讨论很热烈,我们共同探究:

下面我们感悟一段名言：

名人名言：

"即使是最穷的人,在他的茅舍,也敢于对抗国王的权威。风可以吹进他的房子,雨可能刮进他的房子,他的房子在风雨中飘摇战栗,但是国王和他的千军万马却不可以随便踏进这间房子。"—英国老首相威廉皮特

真是福无双至,祸不单行。车子失而复得,可钱多多又遇到了麻烦。

钱多多的烦恼二：

故事3:小强因为羡慕奶奶给钱多多那辆款式新颖,功能先进的遥控汽车,就向钱多多借来玩几天,并答应好好爱护。小强不断向他人炫耀,还与他人赛车,由于使用不当,遥控汽车被损坏……

换位思考：

1. 假如你是钱多多,你会怎样解决这场纠纷?

2. 假如你是法官,你会做出怎样的判决?

3. 结合材料谈谈我们应如何对待别人的合法私有财产?

同学们说得真好! 看来同学具备了一定的自主学习和解决现实问题的能力。愿我们学法守法,提高公民意识。请看：

学法守法:当合法的私有财产权受到侵害时,我们应怎么办?

当合法的私有财产受到侵害时,我们要学会依法维护自己的合法财产所有权。

1. 协商解决是首选,协商不成提起诉讼。

2. 恢复原状、赔偿损失等——民事法律手段最常见、最普遍。

3. 要尊重别人的财产所有权,维护他人的合法权益。

提高依法维权的意识和能力。

(二)我们的财产继承权受法律保护

小品《不差钱》里小沈阳也有一句经典台词:"人最痛苦的事情你知道是什么吗? 人死了,钱没花了。"不过,对这一问题不必担心。为什么我说对这一问题不必担心呢? 请同学看课本 35 页第一段找出原因。(因为我国宪法规定:公民的财产继承权也受法律保护。保护公民的财产继承权是保护公民私有财产权的延伸和体现。)

月有阴晴圆缺,人有悲欢离合。我们来看钱多多的困惑。

钱多多的困惑一：

故事4:月有阴晴圆缺,人有悲欢离合。钱多多的爷爷在一次体检中发现自己已是肺癌晚期,且病情迅速恶化,不久便去世了,一家人清理了爷爷死后留下的财

产,发现爷爷留下的财产有:银行存款20万元,住房一套,图书、字画及两张证明:一张出借高利贷的利息1万元的手写证明,一张写有把图书、字画留给当兵的儿子的公证过的遗嘱证明。

过把瘾,我来当法官:

1. 上面清理出来的财产都是爷爷的遗产吗? 为什么?

2. 材料中体现了哪些继承方式?

钱多多的困惑二:

故事5:面对爷爷留下的财产,家庭成员间发生了一些争执:

观点一:奶奶和已经出嫁的姑姑都认为自己是继承人,有权继承爷爷的遗产.

观点二:钱多多的爸爸认为姑姑已经出嫁并且还是女儿,不应该有继承权,只有夫妻俩和自己的儿子钱多多才是继承人,有权分钱多多爷爷的财产。

观点三:爷爷的弟弟认为自己也可以继承哥哥的遗产;但钱多多是未成年人不享有财产继承权。

过把瘾,我来当法官:

1. 争论中的这些人物哪些属于爷爷的法定继承人? 其中,哪些是第一顺序继承人? 哪些是第二顺序继承人?

2. 结合教材,分析案例中各人物的观点是否正确并说明理由。

现在请同学看导学提纲,我的要求是:先结合课本35至36页自主探究,然后小组合作,发挥集体的智慧共同探究钱多多的两个困惑。时间5分钟。在导学案上写出答题思路。

四、反思总结,知识建构

师:一路走来,我们分享了钱多多一家的喜事、烦恼和困惑,相信同学对本节课的知识已基本掌握。现在我们一起进行课堂小结。

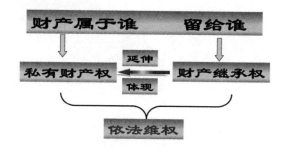

五、链接生活,拓展提升(链接生活,前后呼应)

再谈侯耀文遗产纠纷案,思考:

1. 哪些人应获得侯耀文的遗产? 为什么?

2. 侯耀文女儿的行为给我们什么启示?

3. 通过这件事,侯耀文的哥哥及两个徒弟应该懂得什么?

六、科学训练,迁移应用(见学案)

师(结束语):今天的探究即将结束,我相信通过学习,大家一定会更加依法行使权利,自觉履行义务,在法制的蓝天下健康成长,为建设和谐家庭、和谐社会做出自己的贡献。最后张也、郁钧剑的一首《家和万事兴》送给大家,请欣赏。

第四章

04

绿色生命活动的开展是实施
绿色生命教育的载体

绿色是生命的象征,生命因为有了绿色而变得生机勃勃。我校在构建"绿色生命教育"体系的框架下,开展"激扬生命,健康成长"为主题的各种教育活动,并以活动为载体,以课程作支撑,引导学生在实践中认识生命,体验生命,激发生命。在此基础上,我们有效地整合学校教育教学的各项工作,倡导"全员参与、全程实施、全面提高"的教育模式,让"绿色生命教育"成为学校素质教育深化发展的生长点和新亮点。

一、以实践活动为载体,促进学生自我成长

我校在实施"绿色生命教育"过程中,坚持三个原则,即:"教育内容生活化"。把教育融入学生的日常生活,规范学生在社会、家庭、学校的行为,让学生在生活中提升自己的素养。"教育方式活动化"。学校以各种活动为载体,让学生在活动中体会,在活动中感悟,达到润物细无声的效果。"教育方法兴趣化"。就是把教育内容变成通俗的、有趣的形式,让学生在生动活泼的教育形式中得到发展。在这三个原则指导下,学校通过大量的实践活动,拓宽教育渠道,培养学生的素养和品质。主要活动内容包括:

1. 围绕爱国主义、理想信念、法律法规、公德意识、文明礼仪等内容,根据不同年龄段学生的生理和心理特点,有计划、分阶段地对学生进行教育。通过报告讲座、实地参访、亲身体验等丰富多彩的教育形式,运用影视、模拟等现代化手段,提高教育效果,培养学生积极、健康的人生态度和生命观。

2. 结合养成教育,培养学生的自理能力,督促学生学会关心自我、关心他人、关心自然、关心社会,与他人和睦相处、与社会和谐相处,提高生命质量,理解生命的意义和价值。

3. 开展青春期和心理健康教育活动,帮助学生解决各种困惑,涵养绿色心态,提高应对各种挫折的能力,从而形成正确的世界观、人生观和价值观。

4. 通过法制教育、安全教育,教给学生法律常识和安全知识,提高学生自我防范、自我保护的能力。

5. 积极开展社会体验活动。组织学生走进工厂、农村、军营、社区、机关,了解社会,体验社会,服务社会,在此过程中,提炼和丰富对生命的感悟,加深对社会的了解,激发努力学习、报效社会的热情。

二、以校本课程开发为抓手,为学生终生发展奠基

我们坚持以学生的发展为本,以发展学生个性为目标,以让课程适应和促进学生的发展为原则,根据学校的办学目标,充分利用学校现有的教育资源,认真做好校本课程的开发与研究,带动学校师资队伍建设与课程开发、管理、评价、教学资源开发等方面的和谐发展。

我们校本课程开发的总目标是:以校本课程建设推进学校课程体系建设,以学校课程体系建设拓展学生发展的空间,凸显"绿色生命教育"的办学特色。我们通过校本课程的开发,促进了学生在知识、品质、能力、个性等方面和谐、全面、可持续的发展,使学生的发展有更广阔的空间,从而实现四个具体目标:一是健全学生人格,提高学生的综合素质。二是促使学生热爱学习,兴趣爱好广泛,至少学一门形成自己特长的课程。三是让学生学会观察和思考,学会质疑和探究,形成良好的学习品质。四是动手实践,增强学生的劳动意识,培养动手能力和创新能力。我们的目的是通过课程开发引导学生学会学习、学会反思、学会创新,成为实践的研究者,促进学生健康成长。

在全体教工的共同参与下,我们已经开发了人文素养类、科学素养类、艺术素养类等六大种类50多个小门类的校本课程,其中的"主题班会课程""学科德育渗透课程""社团课程"等很具有代表性,较好地体现了我校的办学特色,在教学实践中也发挥了重要作用。

第一节　德育深耕细作　学子朝气蓬勃

——德育教育掠影

《中共中央、国务院关于深化教育改革,全面推进素质教育的决定》指出:"实施素质教育,必须把德育、智育、体育、美育等有机地统一在教育活动的各个环节中。学校教育不仅抓好智育,更要重视德育,还要加强体育、美育、劳动技术教育和社会实践,使诸方面教育相互渗透、协调发展,促进学生的全面发展和健康成长。"因此,我校把德育工作摆在重要位置,用先进的教育理念引领学校德育工作,坚定不移地以"德育兴校"战略推进素质教育,坚持以人为本,创新德育工作方式,以"绿色生命教育"办学特色为指引,以人文精神培养为重点,加强校园文化建设,开展丰富多彩的德育活动,让学生在人文的教育环境中陶冶高尚的情操,逐步提高人文素养和道德修养,形成科学的世界观、高尚的人生观和正确的价值观,实现绿色生命的快乐成长。我们的主要做法是:

一、创新德育工作方式,促进学生健康发展

"教会学生做人"是德育工作的出发点和归宿。一直以来,我们根据青少年的身心特点,以德育实践为主体,将德育工作寓于丰富多彩的活动之中,让学生在活动和实践中体验感悟,从而提高道德素质和人文素养。在德育的实践与探索中,我校逐步形成了六大系列教育活动:

1. 以主题教育为契机,让德育工作有的放矢

每逢重大节日、纪念日便是我校德育工作的良好契机,我们充分利用传统节日、纪念日等开展有意义的德育活动,通过主题班会讲解、渗透节日、纪念日的来历、习俗,通过具体的活动体验加深理解并落实在实际行动当中。如:在母亲节开展"我为母亲献孝心",倡议学生为母亲送礼物、做家务、捶捶背、洗洗脚等体验活动,了解父母日常的辛苦,理解父母对自己的拳拳爱心,增加与父母的情感交流;教师节组织"红烛赞"学生演讲征文比赛,歌颂教师敬业爱生的教育情怀,开展"值周班主任"活动,让学生轮流做值周班主任,负责一周的班级日常管理,学生既能体验班主任工作的辛苦,更能锻炼和提高管理、协作、组织能力;3.23日气象日,组织气象爱好者到气象局参观体验卫星观测、空气监测、人工降雨等气象知识和技术,了解我国大气污染及防治情况,提高环保意识并落实在实际行动中;另外,像清明节祭扫烈士墓,端午节包粽子、顶蛋比赛,元旦、国庆节组织文艺演出等等,让学生在具体的活动中加深理性认识,让健康、和谐、成长的"绿色生命教育"理念渗

225

透在活动过程中,并落实在行动里。今年的"学雷锋"纪念一日我们开展了"学雷锋、讲文明、守诚信"未成年人思想道德建设系列活动。主要包括:(一)广泛开展"中国梦"主题教育。(二)深入开展"做一个有道德的人"主题活动;(三)组织开展"学雷锋、讲文明、守诚信"主题活动;(四)深化青少年志愿服务活动。普及"学习雷锋、奉献他人、提升自己"的志愿服务理念,组织未成年人参与"关爱他人、关爱社会、关爱自然"志愿服务活动。把生活困难教师、学生、留守儿童作为重点帮扶对象,积极开展送温暖、献爱心志愿服务活动,努力为生活困难师生排忧解难。

同时,我们进一步完善了升旗仪式,让其在德育工作中发挥积极有效的作用。现如今,我们的升旗仪式由各班自主申报,旗手由品学兼优的学生担任,由升旗班级介绍和旗手介绍,并由该班学生代表作国旗下讲话,这样的升旗仪式更贴近学生实际,使学生在受到最直观的教育的同时激发起强烈的集体荣誉感,增强了班级凝聚力。

2. 以安全礼仪教育为抓手,让德育工作常抓不懈

我们的安全礼仪常规教育活动常抓不懈,一直以来都是从认知和行为两个方面对学生进行教育和引导,让学生在活动中增强文明守纪意识,提高安全防护能力。每学期学校都要邀请法院、公安局、交警队的专业人士为全体师生做法制报告,邀请消防官兵为师生做地震火灾逃生方法、救生技巧等专项讲解、并组织师生进行紧急疏散演练,邀请人民防空办公室专家为学生讲解防空知识,组织防空演练,提高学生珍视生命、救助生命的意识和能力。学校开发了《交往礼仪》校本课程,系统讲解与学生日常学习生活密切相关的个人礼仪、公共场所礼仪、日常交往礼仪、国际交往礼仪等知识,学生会设置"文明礼仪小卫士"专项组织,专门负责监督、检查、指导学生从入校到课间到午餐到离校的各种路队的仪容仪表。每学期第一月为"规范行为养成月",新生进校以后,我们聘请武警中队官兵对学生进行短期军训,对学生实行准军事化管理,通过参观军营、观摩队列训练、接受生活指导、参与《中学生日常行为规范》《中学生守则》训练考试等形式,帮助学生确立规范意识,增强纪律观念,磨炼坚韧意志,培养吃苦耐劳的精神;在全校开展了"争创文明校园、文明班级、文明餐桌,争做文明学生和合格小公民"的教育活动,要求学生"把饭吃好、把书读好、把操做好、把歌唱好",从学习和生活的细节做起,养成良好的行为习惯。

3. 以艺体活动为旗帜,让德育工作个性张扬

我们学校坚持每年举办一届校园艺术节、体育节、科技节、读书节,丰富校园生活,培养学生能力,发展学生个性,陶冶学生情操。

以"让艺术点亮梦想"为主题的2014年校园艺术节既是青春的飞扬,更是各

社团成果展示的舞台。我们学校依据学生兴趣爱好和发展需要,成立的34个校级社团和30个年级社团。在艺术节期间,采用不同的形式展示各自的社团成果,音乐类通过文艺会演展示;美术类在报告厅西大厅布展;手工制作类直接在各活动室现场展示和布置作品展览,学生流动参观;文学类通过学生作品集电子稿校园网展示,让学生们在展示中体验活动的乐趣,收获成功的喜悦。

体育节里设置了竞技项目(田赛竞赛)、群体项目(跳绳、踢毽、拔河、接力)亲子活动(亲子接力、钓鱼)等丰富多彩的活动内容,融德育教育于体育活动中,让学生在竞赛中加强团结协作,体验亲情友情。

读书节里"买一套名著,读一本好书,背一篇美文,写一段感悟,"四个一活动让学生沉浸于读书、感悟于读书,享受于读书,成长于读书。

4. 以科技教育活动的载体,让德育工作常抓常新

我们每年组织开展校园科技创新比赛、教具学具创新作品比赛、航模比赛等活动,组织学生参加每年一届的"山东省青少年科技创新大赛",让学生在平时学习生活中注意观察,亲自动手制作调试各种模型,在各种比赛中展示自己的作品,进一步培养了学生的创新意识、科学精神和实践能力,在今年的第29届科技创新大赛中,我校张从政同学的《微能源》获得科幻画类一等奖;孙雨昂的《新太空新基地》获得科幻通类二等奖;王采奕同学的《改进简易防油锅铲》获得科技创新成果类三等奖;我校实践活动小组的《自行车中的学问》获得科技实践活动类一等奖;王芳老师的《激发探究兴趣,提高科学素养》获得科技辅导员论文一等奖;许江善老师的"可移动铅球练习装置"获得科技辅导员创新成果类一等奖。

2013年我校投资十多万元建立"机器人"实验室,组建学生机器人社团,让学生初步了解机器人结构及原理,进行简单的程序设计,参加机器人大赛,让学生在活动中感受科技的魅力,激发创新的热情。

5. 以社会实践教育活动为链接,让德育工作践行伴航

我们结合周边人文、地域性质、特点等,筛选出一批能提高学生道德认识、指导学生道德行为的场所作为德育基地。其中包括青山烈士陵园、伟德山将军碑廊、青山部队等教育基地,华泰集团、城西花卉、青山后丁家村、荣成气象局等实践基地,崖头养老院、荣宁社区等服务基地,我校先后与他们签订合作协议,明确各自职责,定期组织学生到基地学习、实践、服务。这些基地的创建,不仅为德育活动的顺利开展提供了场所,而且还促使学校与社会形成德育合力,为学生创造了良好的德育教育氛围。

在华泰集团,同学们参观了焊装车间、总装车间、汽车检测线和物流车间,亲眼目睹了现代化流水线上工人师傅们熟练的操作、现代化检测线的各种场景模拟

实验,对现代物流的精确、精准高效,同学们感慨良多。在崖头社区敬老院,同学们除了为老人们表演精彩的文艺节目,还主动帮老人们打扫卫生,如擦玻璃、拖地、洗衣服等等,大家还纷纷拉着老人的手跟老人拉起家常来……他们一个个是那么的耐心、细致。在青山部队,同学们观看了战士们的队列表演、军体拳表演、内务整理(叠被子)展示,还参观了战士们整洁的宿舍、生动活泼的漫画集锦、先进的武器装备,聆听了参加维和任务的参谋长的报告,心灵受到了洗涤,团队意识也大大增强。在青山后丁家村,同学们学习农作物的耕作、播种、施肥、浇水与采摘等,听取相关负责人或农业大户经验介绍,通过亲身体验劳动,感叹劳动成果之不易。在市气象局,同学们了解了天气预报的制作过程,观看了卫星云图、雷电图和天气图,知道了防雷常识,学到了很多课堂上学不到的知识。同学们表示要好好学习,将来用科学手段“维护”大自然与人类之间的和谐相处。在荣宁社区青山公园,同学们捡拾垃圾,清洁卫生,喊出“社区是我家,爱护靠大家”的口号,涌现的是社会责任感。在我市中小学生素质教育实践基地,孩子们学到了自救和他救技能、配合技能等很多生存技能;学习了电烙画、中国结、丝网花、多米诺、手工 DIY 等的制作方法;还领略了中国服饰、趣味象棋、摄影、益智天地等领域的独特魅力。

二、构建课堂教学阵地,加强学科德育渗透功能

1. 学科教学——努力挖掘德育资源

学科教学中蕴藏着丰富的德育资源。我们将德育资源的挖掘和体现贯穿于课堂教学的全过程。我们依据教材内容和学科特点,结合我校“绿色生命教育”特色,组织全校教师开发了语文、数学、英语、物理、化学、思想品德、历史、地理、生物、艺体综合等 10 套学科德育渗透教材。在人文学科教学中,把世界观、价值观、道德观、审美观教育放在首要地位,同时有意识地发掘家乡悠久的人文传统和丰厚的文化积淀,激发学生热爱祖国、热爱家乡、热爱学校、热爱生命、绿色环保的美好情感,从而更深刻地了解人生、认识社会、感受现实,增长生存、发展和成功的生命智慧。在自然科学学科教学中,教师在传授科学知识、培养学生能力的同时,根据学生特点,发挥学科优势,让学生在探索中获得真知,在实践中品味成功,在思索中激活思维,注重激发学习兴趣,培养良好习惯,端正学习态度,指导学习方法,为他们终身学习和发展奠定坚实基础,使学生在提高科学素养的同时获得人文素养、道德素养的提升。

2. 课程设置——单一向多元化转变

为了适应素质教育的要求,最大限度地发挥课程的德育功能,我校加强了德育课程建设,使原先单一的德育课堂向多元化发展。一是组织全体班主任老师编写四个年级共八册,每册 5 个单元 20 课时的德育教材,把传统班会课改为活动课,引进辩论会、演讲竞赛、研讨会、知识竞赛、"实话实说"、座谈会等形式,一课一主题,贴近学生的生活实际和心理需求,通过充满知识性、教育性、趣味性的活动,叩击学生心灵,激励其奋发向上。二是开设了人文阅读鉴赏课,引领学生博览中外名著,品评文学佳作,感悟多彩人生,提高人文修养。并通过每节课前的五分钟演讲和每周一次的演讲活动课、每月一次的主题演讲比赛让这些感悟得到分享。三是开发社团活动课程,开发了 34 个校级社团课程,在丰富的社团活动中培养学生的团队精神、合作意识和坚韧的意志。活动课时间,我校的文学、艺术、手工制作、探究实验、足球队、篮球队、排球队等社团活动开展得有声有色。四是开设校外课堂。带领学生走出校园,到武警中队、看守所、烈士陵园、法庭、敬老院等单位参观体验,让学生在特定的环境中接受道德教育。

3. 教学评价——努力体现人文精神

课堂评价具有导向激励制约功能,我们制定了符合素质教育要求的评课标准。将人文教育内容加入评课标准,从教学目标、内容、过程等方面,按照"有机渗透"的原则科学地进行评价。通过课堂教学改革,让"绿色生命教育"理念落实在实际教学中,让课堂成为激扬生命、发展生命、成就生命的主阵地,教学评价中关注教学民主、教学细节,主要看教师在教学过程中对教学方法的选择、教学细节的处理,是否尊重爱护学生,是否符合课改要求。通过课堂评价的导向最大限度地凸显课堂教学的人文教育功能,在科学、民主、和谐的课堂氛围中培养学生的绿色生命情怀。

三、拓宽班级教育渠道,培养学生自我完善能力

1. 民主管理——唤起学生自尊

在德育过程中,我校一贯倡导学生主体作用的发挥和班级管理特色的形成,充分发扬教育民主,创设宽松、和谐、开放的教育环境,使德育过程成为学生在老师指导下主动、积极参与的过程,成为师生间双向交流的过程。鼓励班主任根据班级具体情况,发挥学生的聪明才智进行高效能的班级管理。学生干部一律竞争上岗,班级中人人有事做,事事有人做;常规管理放手由学生组织实施,让学生在自我管理中培养做人的尊严感、道德感、责任感。不少班级探索出了特色鲜明的管理方法,如班中班、班委轮换制、班长组阁制、值周班主任制等。

2. 自定班训组训——激发学生自悟

各班班训的制定注重过程的教育作用,放手让学生讨论酝酿,在此基础上确定富有班级个性的班训,不少班级还发动学生设计了班徽、班旗、编写了班歌,制定了班规班约和班级行动纲领,从而形成了各具特色的班风。这种由学生心底流淌出来的班级精神,通过每节课前的集体诵读班训,每日晚点值日班长点评、每周值周班主任汇总班级考核,最能叩击学生心灵,其效果远远超过了空洞的说教。班级内各小组的小组文化也按此模式产生并得到落实,有力地促进了小组同学互帮互助共同进步。

3. 德育作业——促使学生自省

丰富多彩的德育活动让学生在过程中受到心灵的触动,为了让这种触动产生更久远的影响,每次活动结束我们都会布置不同形式的德育作业,可以是自己的活动感受、总结,也可以是行动计划、方案,还可以是未来目标、设想,从个人琐事到国家大事、从班级建设到学校管理,无不成为学生在德育作业中进行思考的内容。此外,在期末评选"三好学生"与"文明学生"时,我校采取学生自评、同学互评、老师评价三结合的方式,在公正、公开的评价过程中,让学生对自己的思想、行为进行自省与总结,从而受到最真切、最持久的教育。

4. 人生设计——促进学生自立

组织学生进行"自我形象设计、自定奋斗目标、自定人生格言、自选心中榜样"活动。每人一张自我人生设计卡,上面写着自己的人生奋斗目标、人生格言、要克服的缺点等内容。初四学生在老师的指导下进行人生规划设计,设想自己将来从事的职业,要达到的职业目标,并以此来激励自己努力学习。设计卡犹如一面镜子,学生随时可以对照反思,激励自己,做一个自立自强的人。

四、优化学生成长环境,营造和谐德育氛围

1. 校园环境——润物无声

注重凸显校园环境的美育功能。我们努力构建独具特色的艺术化校园环境,充分发挥环境的熏陶作用。走进我们的校园,巍巍钟楼拔地而起,实验楼、图书楼、办公楼、教学楼、体育馆、报告厅,错落有致;植物园、百果园汇集了与我市所处纬度位置及其气候特点相适应的各种植物、花草、瓜果上百种,各种植物下对应的标牌详细介绍其名称、分类、生活习性、经济药用价值等内容,让学生流连其中随时随地学到知识;地理园里将设计布置世界的、中国的各种地图、地质模型,让学生迅速将理论联系到实际;开阔的广场,整齐的行道树,大面积的草坪,生趣盎然,优美和谐。校园环境体现了贴近学生生活,陶冶学生美好情操,提高学生人性修养的审美追求。

注重校园文化氛围的营造。充分利用网络、电视、校报、黑板报、宣传栏、荣誉室、广播台等宣传阵地,对学生进行正面教育;用"绿色生命教育"办学特色作为学校雕塑的主题,将"明德致和力学笃行"的校训融入校园湖桥、主干道和广场的命名;在每一个教室墙壁张贴"学思蕴乐,言行致美"的学风;在教学楼的走廊和主干道设置精美的橱窗,展出丰富多彩、富有教育意义的校园大事、教育名人轶事、励志感恩主题教育等；

　　广泛发动师生参与校园文化建设。校训、校风、学风的制定,校歌的谱写,湖、桥、道路、广场、文化石的命名,均面向全校师生征集、诠释后讨论确定。校园内的草坪上那一个个温馨的标语,也来自学生的智慧。这些看似简单却又独具匠心的布置,是学校丰厚的人文资源,让学生在不经意间受到潜移默化的教育和熏陶。

　　2. 师表引领——耳濡目染

　　重视教师人文精神的塑造,引导教师牢固树立"三个意识",即服务意识、质量意识、法规意识;发扬"四种精神",即进取精神、创新精神、协作精神、奉献精神,鼓励教师争做教书育人的楷模,为学校的发展多做贡献。制定并严格执行《师德考核细则》,规范教师从教行为。以"展师德风采、创优秀群体、树教育新风"为主题,开展师德教育系列活动。全校教师牢固树立"规范 + 特色"的理念,在教学中面向全体,真心关爱每个学生;在生活中乐观向上、积极进取。学生耳濡目染,人文素养便在不知不觉中得到了提升。

　　3. 榜样示范——感召激励

　　榜样示范是我们德育工作中一个重要组成部分。榜样的力量是无穷的,一个典型的学生榜样就是一面崭新的旗帜,能起到巨大的示范作用。我们充分利用典型的榜样示范,充分调动学生的积极性,使我们的德育工作更有说服力,更具导向性,更具有效性,从而引导学生健康成长。每学年我们都组织开展"感动校园优秀学生"评选活动,通过事迹展示、层层选拔、颁奖仪式等过程,让那些热爱学校、热爱学习、团结互助、见义勇为、身残志坚、全面发展的好典型成为学生的楷模,成为引导学生积极向上的正能量。

　　"绿色生命教育"的办学特色是我校德育活动的指引,以人为本的德育思想为我校的德育工作注入了鲜活的血液,人文素养的培育为扎实推进素质教育提供了坚实的支撑。通过一年多的努力,我校校园环境整洁优美,教学活动井然有序,教风学风踏实严谨,师生风貌热情自信,素质教育取得了丰硕的成果。今后,我校将进一步解放思想、开拓思路,积极探索新时期德育工作的新途径、新方法,全面实施素质教育,不断丰富学校内涵,加快形成办学特色,努力把我校办成学生、家长、社会心目中的高质量、高品位、信得过的特色学校。

第二节　多彩社团活动　激扬生命活力
——社团活动掠影

我校的社团课程坚持学生自主选择、自我完善与教师有效指导相结合的原则,是学生自我价值体验的重要平台与载体。学生在丰富多彩的社团活动中,在不同领域体验成功,形成自主自信、积极向上的人格特征,实现生命的可持续发展。

依据学校现有条件,结合学生发展需要和指导教师特长,我校建立了学术类、艺术类、体育类、技能类、其他类共五大类 34 个校级社团和兰亭书法社、读书吧、九州方圆、飞羽毽子社等 30 个年级社团,学生依据自己的兴趣爱好和特长,充分参考家长的意见后,分别填写了校级和年级的社团报名表,校级社团依据各自的选拔标准,初步确定社团成员之后,各年级社团再从余下的学生中招募成员,开展活动,全体学生参与社团率达到 100%。

各社团指导教师组织社团成员讨论制定社团活动计划、开发社团校本课程,并在实际活动中对课程进行修改完善完善。在指导教师的选聘上我们也不拘一格,本校教师依据个人特长在自愿报名的前提下选拔优秀教师上岗,对本校缺少指导教师而学生又有选修愿望的我们主动与社会、家长联系,到校指导。如“金帆”吉他演奏团就聘请了天籁艺校的吕老师到校指导,“E 交际”英语俱乐部聘请外教到校与学生面对面的口语交流,有效提高了学生的兴趣和社团活动的质量。

各社团制定了相应的考核办法,活动考勤、作业加上期末相关考评相结合,作为学生社团活动学分评分依据,一学年圆满完成社团各项任务并考查合格的校级社团给予 2 分的学分,年级社团给 1 分,每名学生初中毕业必须拿到至少 6 学分才算合格。政教处对每次社团活动的学生到位、活动质量、活动室卫生等情况进行检查打分,形成通报。

学校结合校园读书节、科技艺术节、体育节等展示活动,以活动展示、图片展示、公演展示、比赛展示、作品集展示等形式集中展示各社团成果。并依据社团活动情况和社团活动成果评选“精品社团”和优秀指导教师、优秀社团成员予以表彰。社团活动一年多以来,各社团都取得了阶段性的成果,其中艺术类和体育类成果明显:“命运交响”管弦乐团、“天籁”合唱团、红舞鞋社团在市级文艺汇演中获得一等奖,劲舞团在威海市中小学生健美操大赛中获得第二名,写意社、“线之舞”素描组、“楷炫”书法社在荣成市中小学特长比赛中获得总分第一名,“追风”

田径社在全市中小学越野比赛中获得第一名,"梅西"足球俱乐部分别获得中小学足球赛初中组男、女组第一名……

学生社团建设实施方案
(2012.9)

学生社团建设是实施素质教育的重要途径,是培养学生综合素质的重要载体,也是展示校园文化特色的重要窗口。为进一步发挥社团活动在学校教育中的积极作用,切实引导我校广大学生在社团活动中发挥潜能、培养能力、提高素质,推进我校校园文明建设,特制订本实施方案。

一、指导思想

为丰富校园文化生活,构建健康和谐文化氛围,依据《新课程标准》活动课程的有关要求,贯彻我校"学业合格、能力突出、品质优良、精益求精"活动课程的有关要求及办学方针,着眼于促进学生兴趣、需要和特长的个性化发展,促进社会的进步和可持续发展,结合学校的具体特点和传统优势,努力实现"以学生发展为本"的教育理念,学校决定开展学生社团活动。通过学生社团活动,陶冶道德情操,培养艺术情趣,提高科学素养,锻炼强健体魄,充实课余生活,促进学生身心全面发展。

二、总体目标

1. 积极整合校内外课程资源,努力实现学生社团活动校本课程化,使社团活动成为学校课程设置的重要组成部分。2. 繁荣我校的文化生活,提升我校的办学品味,丰富我校的文化内涵,构建健康的校园文化氛围,展示我校的办学特色。3. 坚持学生自主选择、自我完善与教师有效指导相结合的原则,进一步培养学生的实践能力,激发学生的创新精神,了解自我的兴趣爱好、能力特质,形成自我发展的目标、促进自我规划培养主动积极的学习态度和实践活动能力,形成自己的学习策略与方法,养成制定学习活动计划和总结的习惯。4. 培养与他人合作学习的能力,形成团队精神,在学习活动中有自律意识和关心他人的情感与品德。5. 培养学生自主管理的意识和领导能力,建立新型的师生关系。6. 通过社团活动,陶冶道德情操,涵养艺术情趣,提高科学素养,锻炼强健体魄,充实课余生活,促进身心全面发展,提升学生的综合素质,为每一位学生的终身发展奠定基础。

三、组织管理

1. 学校成立以校长为组长,副校长为副组长,教导处、政教处、总务处、团委会及各年级负责人为组员的学校社团工作领导小组,定期研究、部署相关工作,协调各方面关系,确保学生社团工作的顺利实施。

2. 政教处、团委会负责制定学生社团活动的总体方案,并对各社团及其活动进行协调、管理和评价,努力促使各社团活动规范化、课程化、有特色、有创新。

3. 各教研组原则上应指导社团1—2个。各教研组负责根据学科特点、学生实际及本组教师个人爱好、特长等实际,研究、制定切实可行的社团建设目标、指导计划,并择优推荐社团指导教师。

4. 各社团原则上设指导教师1—2名。指导教师具体实施社团活动的组织与指导,在工作中既要注重育人效果,又要注重资料(如社团章程、活动计划、工作总结、学生获奖情况、活动图文记录等)积累,每学期末送活动资料交政教处、团委会存档。

5. 各社团原则上设社长1名,副社长1—2名,负责定期召集本社团成员召开会议,举办活动。各社团社长、副社长由社团成员民主推选,经团委会审批后产生。

四、具体实施步骤

1. 社团申报学校每学年9月接受社团申报。社团申报分为教研组申报和学生申报两种形式。教研组申报,即各教研组根据学科特点、学生实际及本组教师个人爱好、特长等实际筹建社团,由教研组长分项填写《实验中学社团申报表(一)》(见附件1)交至政教处,提请学校有关部门审批。学生申报,即兴趣爱好相同的学生自主创建社团,由社团发起人分项填写《实验中学社团申报表(二)》(见附件2)交至团委会,提请学校有关部门审批。

2. 成员招收在对全校学生进行社团推介的基础上,学生填写《实验中学社团报名表》(见附件3)交至团委会或相关教研组、指导教师处,由社团指导教师及主要学生干部从中有选择地招收社团成员。社团存续期间,每学期初均招收新成员。各社团应及时将成员更替信息向团委会报备。·

3. 社团启动召开社团成立大会,宣布各社团师生名单,向指导教师颁发聘书。学校有关部门协调、安排各社团的活动时间和场地。各教研组、指导教师指导社团制定章程及活动计划等,全面启动社团各项活动。会员人数一般不超过40人。社长由本社团全体成员民主选举产生,每年改选一次;社团成员具有一定的流动性,可根据具体情况每学期做一次相应调整。

4. 社团建设在学校社团工作领导小组的领导下,政教处、团委会加强管理和指导,各教研组、社团指导教师加强组织与指导,力求使社团活动规范化、课程化、有特色,有创新,社团在校风、学风、校园文化建设及素质教育等方面的作用日益显现。与此同时,学校努力推行社团年检制度,年检不合格的社团将根据实际情况限期整改或给予注销。各社团要制定学期活动计划,每次活动要填写活动记录。社团联定期召开负责人例会,以便了解各社团的活动情况并给以协调。指导教师负责做好活动期间的安全教育工作,做好学生的点名工作,保证学生的出勤率。因特殊情况无法参加活动的成员需提前向指导老师递交由班主任签字的请假条。

五、社团活动考评总结

1. 社团活动由校长室牵头,政教处为主要组织者,制定、部署社团活动具体实施方案。各个社团每次活动目标明确,活动过程完整,指导教师分阶段上交相关成果材料。各社团都有义务参与学校组织的各类大型活动。学期末指导教师做好社团活动的书面总结工作,反馈社团活动中的优秀成果,提出社团建设建议。

2. 学期末学校根据社团活动成果、指导教师书面材料等做出相应考核,考评具体内容为活动出勤率、材料交收情况、活动记录情况、特色项目活动、活动成果展示、学期计划总结等项目,同时为鼓励各社团参与全校性活动,还设有大型活动参与分。评出优秀社团及优秀指导教师并给以奖励。

3. 政教处负责做好社团活动宣传工作,利用各种渠道宣传学校社团的各项活动,提升学校知名度。

4. 学校制定"关于学生参加社团活动实行学分制的规定"该规定指出:每位学生在初中毕业前,应拿到至少6个"社团活动学分",并由各社团指导教师对学生在社团活动课程中进行评价打分。

5. 成果展示结合校园读书节、科技文化艺术节、体育节暨田径运动会等展示活动,或确定"社团活动日"或"社团巡礼周",以活动展示、图片展示、公演展示、比赛展示、作品集展示等形式集中展示各社团成果。根据社团活动情况,评选"精品社团"。

六、其他要求

1. 学校各部门应统一思想,提高认识,共同坚持以下基本工作原则,通力支持学生社团各项工作的开展:①坚持实事求是、循序渐进的原则:学校应充分考虑学校的实际情况和学生的实际水平,研究、制定切实可行的社团活动方案,有目的、按步骤地稳妥推进,逐步实现社团活动规范化、课程化、有特色、有创新的目标。②坚持学校推动、处室管理、教研组指导的原则:在学校社团工作领导小组的领导下,政教处、团委会等相关处室及各教研组、指导教师应明确分工,各司其职,各尽其责,努力促使各社团活动顺利开展、取得实效。③坚持发展特长、创建特色的原则:各教研组、指导教师应定期研究社团建设目标、辅导计划,认真围绕目标构建内容,深入开展社团工作,促使学生发展特长,创建富有特色的社团校本课程,全面提升社团活动水平。④坚持创设条件、保障安全的原则:学校应切实保障经费,有关处室具体协调、安排各社团活动的时间和场地,整合资源,提供设施,为社团活动开展创设条件。指导教师应重视对社团成员的安全纪律教育,确保各项活动开展安全有序。⑤坚持优质优酬、奖励先进的原则:学校应通过进一步制定《实验中学学生社团考评细则》等配套制度,对各社团指导教师履行职责及社团活动开展情况及时做出评价,落实待遇,表彰先进,推动社团活动向高层次、高品位方向发展。

2. 筹建社团时可参考常见学生社团名录,常见学生社团名录如下:①学术类:文学社、读书社、记者站、英语角、时政社、朗诵协会等;②艺术类:艺术团、合唱队、街舞社、青春健身舞团、曲艺社、漫画社、书法协会等;③体育类:篮球队、轮滑社、武术社、棋牌社、健美操队、乒乓球俱乐部、花式跳绳俱乐部等;④技能类:动漫社、科技社、摄影协会、模型制作社、电子制作社、电子竞技协会、物理爱好者协会等;⑤其他类:爱心社、科普社、心理协会、集邮协会、志愿者服务队等。

3. 各教研组、指导教师指导社团开展活动应做到“五定”,即定“活动目标、活动时间、活动地点、活动内容、指导教师”,同时注意做好活动内容校本课程化的相关工作。有关处室应加强常规指导和管理,避免社团活动随意化、虚无化。

4. 各年段、班级要积极配合学校做好各社团活动的宣传、发动工作,鼓励、支持学生参加社团活动,同时注意及时与家长沟通,赢得家长的理解和支持,扩大社团活动的影响力。

学生社团考核细则

为了促进学生社团系统自身建设,确保社团的正常活动和健康发展,根据学校有关规定和《实验中学学生社团管理方案》、《实验中学学生社团活动章程》,制定本细则。考核在校团委的指导和监督下,由政教处、学生会具体负责。考核结果将决定其社团的升降级,并按照一定的比值,纳入“实验中学教师综合量化考核”,并计入“实验中学学生综合素质量化考核”总分。

一、考评内容

考评将社团工作分为三大项及附加项。三大项内容分别为:社员人数考核项目、社团组织管理工作部分考核项目、社团活动部分考核项目。

注意事项:

学生会社团部对各社团的考核每学期一次。结合两学期考核情况,进行年度考核。学期考核总分:社团自评分占考核总分的15%,会员反馈分占考核总分的20%,学生会社团部考核分占考核总分的65%。

二、考评程序

1. 上交社团学期工作、活动总结手册(附照片)。

2. 就一学期本社团的社员人数考核项目、社团组织管理工作考核项目、社团活动考核项目及附加项等方面的综合情况如实填写《实验中学学生社团量化考核表》。

3. 学生会在社团的学期末会员大会上进行会员反馈评分。

4. 学生会结合各社团的社员人数考核项目、社团组织管理工作部分考核项目、社团活动部分考核项目及附加项等方面的综合情况及会员反馈分加以考核。

5. 学生会将考核结果上报政教处审核。

三、考评标准

(一)社员人数考核指标(10分)

1. 不遵守实验中学社团管理办法的(0分),按照实验中学社团管理办法进行社员招聘及资格论证(2分)。

2. 每学期末进行社员人数统计,与学期初人数相同或增加的(8分),比原人数少15%以内的(5分),比原人数少30%以上的(4分)。

(二)社团组织管理工作考核项目及考核指标(50分)

3. 及时、齐全上交本社团社员名单及相关活动材料的(6-10分),延迟的(0-6分),不上交的(0分)。

4. 每次社团活动结束后认真打扫活动教室,整理社团活动教室(门窗等设备),整洁卫生的(6-10分),马马虎虎的,(2-6分)基本上无人管理的(0-2分)。

5. 按照学校要求每星期准时开展丰富多彩的活动的(6-10分),偶而不开展活动的(2-6分),经常不开展活动的(0-2分)。

6. 社团指导老师集会或相关负责人按时参加各类会议讨论,并积极发表意见和提出建议,及时准确的传达各种精神的(6-10分),经常不参加或参加少部分的议题讨论的(0-6分)。

7. 社团骨干培养

(1)有健全的社团骨干培养计划和制度,并得到实施(6-10分),无计划、制度或未实施(0-6分)。

(2)认真贯彻落实学生会"评优"工作(6-10分),应付或舞弊(0分)。

(三)社团活动考核项目及考核指标(30分)

8. 特色活动(20分)

(1)不提前报批或不接受考核"特色活动"(0分)。

(2)每学期结合社团特点,积极开展社团品牌活动(5分)

(3)活动主题及形式:

①主题好、形式多样有效(5分)。

②主题一般,形式单一(2分)。

(4)会员参与面:

①90%以上会员参加(5分)。

②75%左右会员参加(2分)。

③75%以下会员参加(1分)。

(5)活动策划、组织方面:

①策划周全,组织有效(5分)。

②策划、组织欠佳(2分)。

(6)活动结果:

①活动成效显著(5分)。

②影响及效果不佳(2分)。

9. 其他活动(10分)

(1)不提前报批或不接受考核"其他活动"(0分)。

(2)每学期至少有一次内部活动(2分),未进行内部交流(0分)。

(3)活动形式多样有效(2分),形式单一(1分)。

(4)会员参与面50%以上(2分),50%以下(1分)。

(5)社团内部成员有较好的交流、反映良好(2分),成员反映不佳(1分)。

(6)活动在学校活动影响大效果好(2分),影响及效果不佳(1分)。

(四)附加项(10分)

1. 完成校团委、学生会临时交办任务(2分/项)。

2. 社团间合作开展活动成效及影响显著(3分/次),影响及效果不佳(1分/次)。

3. 结合本社团特点积极开展社会实践活动,社会形象好(3分),一般(1分)。

4. 承办校级活动(3分/次)。

5. 参加大型活动或比赛,学校的每次加1分,校外的每次加3分。

6. 在刊物、广播台、网站等媒体投稿并被录用,校级每篇(1分),市级每篇(3分),省级每篇(5分),国家级每篇(10分)

7. 社团获得市级荣誉(3分),获得省级荣誉(5分),获得国家级荣誉加(10分)。

8. 借用物品和使用会议室不按照要求归还和清洁的社团(每次扣2分)

9. 有损害社团间团结的社团(扣10分)。

10. 不配合政教处、学生会的工作(每次扣5分)。

注:累计加分超过 10 分按 10 分。累计扣分超过 10 分按 10 分计。

学生社团指导教师管理办法
(讨论稿)

学生社团是学校开展素质教育的有效阵地和重要载体,为了促进我校学生社团规范发展,更好的发挥学生社团繁荣校园文化、促进学生成长成才的作用,充分调动广大教师承担学生社团指导的积极性,切实做好社团指导工作,特制定本管理办法。

一、指导教师的选聘

1. 有强烈责任心、业务基础较好、具有丰富学生工作经验、态度认真、治学严谨的教师,均可作为指导教师的选聘对象。

2. 综合素质较高,具有一定特长,能够指导相应社团具体工作为宜。其中学术类社团的指导教师需对该社团活动所涉及的学术领域有一定研究;文体技能类社团的指导教师需对该社团活动所涉及的文体领域有一定专长。

3. 选聘采用本人自荐与社团组织选聘相结合的办法,由学校每学年聘任一次,任期一年。原则上每个社团配备 1~2 名指导教师。

4. 年龄在 45 岁以下的在校教师应积极承担学生社团的指导工作,同时鼓励其他特长教师根据学校需要报名参加。

二、指导教师的职责

1. 在社团工作中,指导教师应熟悉本专业的教学计划及我校教学管理的有关规章制度,结合学生的基本状况、特点和特长,指导学生科学合理地开展活动。

2. 帮助学生社团科学制定活动计划,掌握科学的活动方法,提高学生主动获取知识、掌握技能的能力。

3. 每周对学生社团予以活动指导不少于 2 次,每次活动结束后在《社团活动记录表》上认真记录活动过程。如有特殊情况不能到位,须至少提前 1 天向政教处请假。

4. 指导制定学期工作计划,做好期末工作总结;做好学期末对学生参与社团情况的情况评定。

5. 加强对社团活动的组织管理,抓好抓实学生的考勤。每次活动前做好点名工作,要维持活动场所的正常秩序,维护环境卫生,排好卫生值周,保持活动场所的卫生整洁。

三、指导教师的管理

1. 指导教师在校委会及政教处领导下开展工作。相同或相近类别社团的指导教师可组成一个导师组,定期召开例会,通报信息,研究问题,交流经验。

2. 政教处负责社团指导教师的工作考核,于学期末上报学校,对出色完成社团指导教师工作,成绩显著者,学校授予"优秀社团指导教师"称号,并予以相应奖励;对不能胜任或不适合做社团指导教师工作的,学校进行停聘调整,并及时补聘新指导教师。

四、指导教师的考核

指导教师由政教处负责考核,考核分常规考核和学期末考核两部分。

常规考核由政教处组织社团联合会成员在社团活动时督查,检查结果每周汇总并公示,主要包括师生到位情况、活动过程管理、活动场地卫生等;

学期末考核 = 常规考核(占 30 分) + 学生评议(占 30 分) + 备课及活动记录(占 20 分) + 学生成果(占 20 分)

学生成果包括两方面:一是所指导社团的学生有参加教育主管部门组织的相关比赛活动的,获得荣成市级二、三等奖的每人次 2 分,获得荣成市级一等和威海市级二、三等奖的每人次 4 分,获得威海市级一等和省级二三等奖的每人次 6 分,获得省级一等奖和国家级二三等奖的每人次 8 分;获得国家级一等奖的每人次奖励 10 分。团体奖按个人奖 3 倍计算。最高分 20 分,其他按比例折算。二是所指导社团的学生没有参加教育主管部门组织的相关比赛活动的,依据社团在学校组织的科技节、艺术节、体育节、读书节等大型活动中的表现或者由社团依据自身特点自行组织展示展览活动由政教处组织相关师生给予评价确定学生成果项得分。

五、指导老师的待遇

1. 社团指导教师每周按时活动两次且效果较好的,在教师考核中工作量按照增加 3 节计算。

2. 社团指导教师在教师考核中享受副班主任待遇。

3. 每学期被评选为优秀社团指导教师的享受校级优秀教师待遇,并给与适当物质奖励。

2012.9

校级社团一览表

编号	社团名称	指导教师	活动地点
1	"润物无声"文学社	徐东兰、吕红阳	二号楼 5 楼西一
2	"花季畅想"演讲团	董倩	二号楼 5 楼西二
3	"E 交际"英语俱乐部	毕瑛、王蓉蓉	二号楼 5 楼西三
4	"爱传承"国学研究社	鞠红敏	二号楼 5 楼西四

续表

编号	社团名称	指导教师	活动地点
5	"天籁"合唱团	王晓燕	体育馆2楼北
6	"命运交响"管弦乐团	孙永健	报告厅2楼
7	劲舞团(健美会所)	徐磊、潘弘	体育馆3楼南舞蹈房
8	红舞鞋(舞动奇迹)	肖爱玲	体育馆3楼北舞蹈房
9	"炫达人"模特队	邹彩丽	体育馆三3楼北
10	"金帆"吉他演奏团	高阳	三号楼4楼西二
11	写意社(国画)	宁华荣、岳爱红	图书楼4楼国画室
12	"线之舞"素描组	王健康、杜莎莎	图书楼4楼素描室
13	"楷炫"书法社	卢长军、刘剑寒	图书楼4楼书法室
14	乒动奇迹	牟宁	体育馆2楼乒乓球室
15	"追风"田径社	孙丽静	室外北田径场
16	"梅西"足球俱乐部	李学禹、王云飞	大操场足球场
17	"脉动"篮球协会	梁华珍	室外篮球场
18	排球社团	许江善	室外排球场
19	"爱光影"电脑动画	熊世民、张燕	图书楼三楼微机室
20	"光动瞬间"摄影团	秦胜	三号楼4楼东二
21	艺苑社	张香玉、王华荣	三号5楼东三
22	"攻玉"篆刻	王荣国	三号5楼东二
23	"三彩"泥塑	杜莎莎	三号楼4楼东四
24	"布"具一格(布艺社)	岳华静	三号楼5楼东四
25	"海韵"贝雕社	岳爱红	三号楼5楼东一
26	"魔幻"化学研究团	王华妮、滕永珍	实验楼1楼化学实验室
27	"生命幻动"标本制作社	吕广平、国进丽	实验楼2楼生物实验室
28	心灵有约	刘兰芳、张小红	办公楼5楼心理测量室
29	博弈棋社	姜培勇	三号楼4楼东一
30	"美之声"校园广播	钱秀丽	二号楼四楼西一
31	益智吧	王炳娜、刘丽娜	一号楼5楼东一
32	"鲁班"木工制作社	孙志才	图书楼四楼西北
33	"巧手"金工制作社	韩生	图书楼四楼西南
34	机器人	商琳娜	2号楼五楼东一

荣成实验中学年级社团一览表

年级	社团名称	指导老师	活动地点
初一年级	E乐英语角1	孔纯常晓燕	1.3班教室
	E乐英语角2	车保荣	1.4班教室
	兰亭书法苑	周艳丽	1.8班教室
	阅读吧	张小红	1.5班教室
	走遍神州兴趣小组1	迟爱芬	1.1班教室
	走遍神州兴趣小组2	岳红新	1.2班教室
	陈景润趣味数学小组1	张荣荣	1.6班教室
	陈景润趣味数学小组2	孙本芳	1.7班教室
	跃动青春跳绳社	各班班主任	室外
	飞羽毽子社	各班班主任	室外
	心灵鸡汤	班主任轮值	1.11班教室
初二年级	快乐ABC1	肖连玲	2.1教室
	快乐ABC2	王彩虹王娜	2.2教室
	书法苑	褚晓琴张洪秋	2.6教室
	阅读吧	宋秀英王志勇	2.5教室
	九州方圆	曲爱群刘桂琴	2.3教室
	七巧板	梁思荣李永强	2.9教室
	健身俱乐部	各班班主任	室外
	历史广角	单晓波王平娥	2.7教室
	生物天地	张英静姜华姿	2.8教室
初三年级	三叶草生物协会	隋晓红宋迎芳	3.1班教室
	EnglishPark	张慧慧	3.2班教室
	史学园地	王红霞毕艳丽	3.3班教室
	兰亭书法社	张丽芳	3.4班教室
	数学与生活	张淑玲	3.5班教室
	创意手工	林晓宇	3.6班教室
	趣味物理	田颖翠	3.7班教室
	阅读吧	梁清华	3.8班教室
	快乐健身俱乐部	各班班主任	室外

第三节　涵养绿色心态　心育润物无声

——心育活动纪实

"涵养绿色心态,拥有健康人生"是我们学校的一贯追求,心理健康教育是我们学校的特色。十年前,她悄然走进校园,走进课堂,走进了师生的心里。我们通过团体辅导,个别咨询,打开了很多孩子的心结,让每一个幼苗都阳光、幸福、快乐地在实验中学的沃土中成长、发芽、开花。

牵手心理健康教育打造师生幸福成长的诺亚方舟
——心理健康教育工作纪实

心理健康教育工作一直是我校的办学特色,自 2004 年举办荣成市初中现场会至今,如何保持我校心理健康教育工作的领先优势,成为领导们经常讨论的话题。学校以建设特色学校为契机,有目的、有计划、有步骤地通过多种形式与途径,积极开展丰富多彩的活动,培养师生良好的心理品质,取得了一定成效。师生身心全面发展,素质全面提高,学校心理健康教育工作一直位于全市考评前列,学校成为荣成市初中学校心理健康教育工作的窗口,并被评为荣成市首批心理健康教育示范校,并被评为山东省心理健康教育先进学校。

一、倾力打造心育教师团队,提高心育工作的保障性

一所阳光的学校得益于师生阳光的心态。要让广大教师真正担当起青少年的心理"保健医生"的角色,首先要打造一支积极乐观的阳光教师团队,本着这一原则,我校采取了系列措施保证这支团队的专业成长并不断壮大:

1. 任务驱动培训热情

工作的开展需要借助一批具备一定专业素养的老师们的支持,为了打造这样一个群体,我们除了通过课题实验带了部分老师外,充分利用外出学习这样的机会,为参训老师加压。学校规定,凡外出学习的老师要有四个任务:运用不同手段(音像、录音、笔记)记好学习内容,提交学习心得;为本校老师进行二级培训;将学习所得用于实践,一学期内提交成果;影响带动身边一个同事。这样的制度保证了培训的远期效益。正是这样一种培养机制,让老师们格外珍惜参训机会,学得扎实,干得带劲,一批热衷心理健康教育工作老师逐步成长起来。张少霞、孙立静、周继伟、张玉霞等老师成为小有名气的心育老师,多次应邀到外校送课,成为学校宝贵的教育资源。心育教师团队的不断壮大让学校更加认可了"走出去"的

功效:近几年,学校先后派骨干班主任赴济南参加"班主任方法创新与班级管理经验交流"培训,去威海参加"全国中小学心理健康教育与班主任工作方法创新"培训,往龙口参加全省"中小学心理健康教育现场观摩"及送课助教活动,省内外有心理健康专项会议的,学校都不会错过学习的机会。为鼓励老师们参加更高层次的专业培训,学校承诺:凡是参加心理咨询师培训并顺利通过考试的,学校报销所有费用并发放奖金。优惠的政策给了老师压力,更给了学习的动力。2011 年 11 月 19 日,学校派专车送老师赴烟台、威海参加考试,最后参加学习的 9 位老师全部通过,其中有两位老师通过了国家二级心理咨询师的考试,其他均通过了三级考试。这些拥有专业资质的老师们成为学校心理健康教育工作的中坚力量,并引领原有的团队将向着更加专业、更加庞大的方向发展。

2. 校本培训助推成长

为充分发挥心育骨干教师的引领作用,我们坚持两条腿走路,利用校本培训抓好班主任队伍和学科教师的分层次培训。对班主任的心理健康教育培训着重从班级心理辅导活动课的实施、个案的交流与辅导、如何组织一次成功的家长会这三个方面展开。其中班级心理辅导课的实施我们分了三步走,一是组织会上课的骨干老师给全体班主任上示范课,培养打造几个过硬的能手分散到各级部;二是由几个能手担任心育备课组长,每次根据调查所需提前从各年级的资源包中选定相应内容,将教案提供给各位班主任,然后于当日调课先上示范课,其他老师于活动课实施,之后各班主任就执教过程写出反思反馈给组长,组长汇总再传给大家,有时传于校园网,效果不错;三是由分管领导、年级主任、心育组长组成评审团每学期对班主任执教心理辅导活动课的情况进行验收,年级其他班主任旁听,作为执教校本课程的成绩计入教师考评。

对学科老师的培训我们采取先渗透后推行的方法来开展工作。我校利用威海市心理健康教育网站中的有效资源,播放视频为广大教师进行心理辅导,并带领广大教师学做减压操,举行"教师如何缓解心理压力"的专题讲座,从方法技巧上给予指导;其次要求每位老师在制定教学目标和落实教学目标的过程中渗透心理健康教育,培养学生的阳光心态。

3. 网上家园增进交流

这几年,我们发动所有青年教师都建起了自己的博客,每位教师的博客链接到学科带头人的博客上,学科带头人再链接到学校总的博客上,这样一个平台的搭建,便于不同学科组之间、同学科组不同成员之间互相浏览学习。在这里,老师们享受着教育叙事的魅力,既锻炼了大家的总结提升能力和写作能力,又通过博客促进了教师之间的心灵沟通、交流和分享,融洽了教师关系,使整个学校的教师团队更团结、更阳光。每学年,我们推荐给荣成教育资源网心理健康板块的教育教学小故事大多诞生于此,当不少学校为此项工作烦恼的时候,我们都能顺利完成,上传稿件质量好,点击率高。

4. 跨校教研共促进步

我们经常组织班级心理辅导活动课的联片教研活动和送课下乡活动,邀请教研员亲临指导。2009 年我校杜莎莎老师为兄弟学校上了一节"人生加减法"树标课,课后在研讨会上,我校教师的设计深深触发了与会教师,大家打开思路,广泛交流,取得了很好的效果。

2010 年根据市教研培训中心送课助教的有关精神,张玉霞老师前往 21 中执教了《理想与现实》观摩课,深受老师欢迎,对如何更好地执教班级心理辅导活动课及用好课程资源大有帮助。

2011 年,面临实验中学即将与 26 中合并的现状,为更好地促进 26 中学心理健康教育水平的提升,学校先后组织了两次心理健康教育跨校教研活动:一是孙立静老师去 26 中送经验;二是 26 中心理健康骨干老师来实验中学观摩心育课,极大地促进了两校心育工作的融合。

正是这如上途径让一些专兼职的心理健康教师成长为行家里手,在学校的此项工作中发挥着不可估量的作用,为学校更好地推行心理健康教育工作提供了师资保障。

二、努力开辟学生心育工作途径,提高心育工作的针对性

自 2002 年以来,我校一直将心理健康教育纳入学校整体工作计划中;学校安排一名领导具体分管,采用班主任和学科骨干教师共同参与的方法推行,有计划、有落实、有考核;原先的老校办公室相对紧张,但我们还是建立了专门的咨询室和团体辅导室,迁到新校后,学校在办公楼的五层设立了专门的咨询室、放松室和心理辅导中心,有专人负责。每学期分管领导及心育组长针对学生实际,努力开辟途径,按照预防矫治并举的原则有针对性的开展工作。

1. 正常开设班级心理辅导活动课

我们主要通过班级心理辅导活动课这个心育工作的重要载体来实现预防的目的。为确保实施的顺利,学校在政策方面给予很大的倾斜和支持:将"心育"作为校本课程开设,心育作为一个单设的学科,同其他学科一样评选学科带头人;一样参加学校的优质课比赛;获得的各种荣誉和其他学科一样生效;并额外计算工作量,在量化考核和职称评定中予以体现。这样的政策大大激发了参与教师的积极性。

起初,我们在实践中逐渐形成"自我意识辅导"、"学习心理辅导"、"人际关系

辅导"、"环境适应辅导"四大领域的活动课设计,有的在实践的过程中几易其稿,不断完善,在此基础上,我们自构体系,开发了心理健康教育校本课程－《心海导航》,为班级心理辅导活动课的有序开展提供了理论保证。《心海导航》还被评为"荣成市优秀校本课程"。由我校老师为主牵头编写的《学生心理辅导活动课指南(初中版)》已经出版,并被山东省教育学会评为优秀成果一等奖,去年我们又自主开发了许多新的活动设计,其中编写的校本课程《守护心灵的密码》被评为山东省优秀课程资源一等奖。我们将这些校本教材和教研员关老师提供的各年级资源包结合使用,有效地解决了课程资源的问题,为教师备课提供了方便。

在此基础上,我们采用年级主任负责制,心育小组检查制,确保间周一次的开课制度的落实。在学校开展学习心理实验之后,老师们更加热衷通过班级心理辅导活动课对学生进行学习策略的引领,像《把信送给加西亚》、《学习的引航灯》、《专注是金》、《正确面对学习压力》、《空降学习赶同学》都是班主任们热爱的设计,其中有的课例被评为威海市优秀课程资源,有的作为联片教研的示范课受到片内学校骨干班主任的欢迎。

2. 定期举行专题辅导

预防工作的另一条有效途径就是进行专题辅导。我们通过专题讲座的形式,大面积的与学生进行交流。针对不同年级,我们有计划的安排了"做讲文明有理想的中学生"、"诚信做人"、"弘扬民族精神从我做起"、"人生需要经营"等讲座。对初二和初三全体女生进行"初中女生如何自尊、自重、自爱、自强"的青春期教育,引导女生顺利度过青春期。又对将参加中考的初四学生和将参加会考的初二、初三学生进行学习方法、学习策略以及考前心理辅导;每年下半年,我们对会考和中考年级学生进行,引导学生用智慧为学习减负;去年我们还先后组织四个年级学生收看了邹越的演讲《让世界充满爱》,本学期开学典礼之际,我们还邀请了8次穿越罗布泊的威海报社资深记者唐守业为学生做了"挑战自我,创造成功"的报告会,激发学生的意志力,在学生中引起了强烈反响。

3. 创新个别辅导途径

学校除通过"悄悄话咨询室"帮助学生解除心灵困扰外,还通过"心语信箱"、"知心姐姐电子邮箱"、QQ、校园网专题回复区等途径疏导学生中的心理问题,帮助学生健康快乐地成长。我们已经通过这种方式让很多羞于走进咨询室的学生解除了心中的苦恼。

4. 组建使用心灵护卫队

"心灵护卫队"由分管心理健康教育工作的领导、心理老师以及64名(每班男女各一名)心理健康联络员组成。主要任务是在学校统一领导下,制定心理健康教育计划,组织各班级实施各种心育活动。

学校充分发挥护卫队成员的作用,组织他们深入到学生中间,了解学生的心理状况,及时发现学生的心理问题,会同心育教师进行心理辅导。心灵护卫队的成立,有助于将心理监护的触角伸向每一位学生,扩大心理健康的监控面,及时把握学生的心理波动。

我校要求心灵护卫队成员,人人建立心育手记,学习心理健康知识,并通过黑板报的心育一角、校园之声广播,宣传、讲述心理健康知识,心灵护卫队的成员还在老师的指导下编印了《心灵之约》宣传小报,成为学生维护心理健康的营养品。从学生上交的心育手记中,我们惊喜地发现,有不少学生得到了护卫队成员的心理援助,及时排解了烦恼,班级心育工作开展得扎实规范,富有成效。

三、赢得家庭教育合力,提高心育工作的实效性

学生的心理健康维护工作除了学校的努力之外,家庭的作用更是不可低估,苦于许多家长这方面的知识缺乏或者不知道如何在实际生活中具体操作的现状,我们充分利用家长会的机会,大范围全方位的渗透。具体方法包括:分管主任根据年级学生的年龄特点集中宣讲,并力争形成一个序列,我们还在威海新闻网海岬社区建了一个博客——牵手同行,发布一些关于家庭教育的相关信息,推荐给家长,力求资源共享,同时推荐石家庄电视台燕赵讲坛的视频和威海教育学会网站的"家庭教育"专栏以及威海市网上家长学校的内容给大家学习;其次,每次家长会,每一位班主任都要围绕一个心理健康的主题,跟家长交流具体的问题及应对措施,比如:孙立静老师的"心灵之约",孙丽君老师的"教育孩子重在鼓励",孔建老师的"注重培养好习惯以及转变教育观念""从关注孩子的心理健康入手",王凌燕老师"做教育孩子的智者"等等都在家长中收到了很好的反响;再次,我们充分利用家长中的有效资源,请他们交流经验,让其他家长共同分享优秀家长的先进做法,让大家在思想的交流碰撞中寻找最适合自己孩子的教育方法。

另外,学校利用校报、校刊设立家教频道,用一些浅显的育儿故事传播科学的家教理念,这些举措受到了家长的普遍欢迎。

四、利用课题和实验引领,提高心育工作科学性

我校的心育工作起于一个课题的研究,近两年,我们又围绕着《中学生心理健康的"教育""问题预防""疾病治疗"的研究》《中学生学习心理危机的早期预防与干预》两项课题开展了大量卓有成效的研究工作,为提升学校的心理健康教育工作水平提供了保证。研究的过程就是课题组成员发现问题、解决问题的过程,也是研究成果辐射的过程,两项课题分别于 2010 年、2011 年顺利结题,其中后一课题被评为荣成市优秀科研成果。

与此同时,2009 年,我们申请成为山东省学习心理辅导实验学校,开始了学习心理辅导的实验探索。学校先后派出孙立静、张少霞、周继伟、毕瑛四位教师分两次到济南参加"山东省中小学学习心理辅导师资培训班",带回大量宝贵资料。在几位骨干教师的带领下,学校成立了学习心理实验班。我们借助荣成教育资源网的培训平台对实验班的所有任课教师进行了通识培训。这个班的老师们依据中小学生心理特点和规律,发掘学生群体自身的优势,形成一种爱学习、会学习、自主学习、相互促进、自我教育的团体辅导教育活动。经过近两年的实验,班级开展了团队合作、小组自治、师生换位等活动,提高学生的学习兴趣,解决学生学习过程中产生的心理障碍。班主任孙立静老师特别善于通过学习心理的理念组织一些学生感兴趣的活动,深受学生欢迎,班级在各项考评中位居年级前茅,特别是学生在能力方面提升很快:在 2010 年荣成市实中片各科优质课比赛以及学校组织的几次树标课观摩活动中,这个班学生上乘的口头表达能力、张扬的个性特点都给听课领导和老师留下了深刻的印象,特别是在秦晓怡老师执教优质课《木兰诗》时,一个学生用"RUP"为木兰唱的赞歌让所有老师为之惊叹、鼓掌。侯燕妮老师用实验班的学生录制的《伤仲永》一课被省教科所评为齐鲁名师课程资源一等奖。去年,实验班扩展为两个,发展势头良好,为全校的心理健康教育提供了示范作用。从去年暑期至今,担任实验班班主任的孙立静老师先后被府新小学、第二实验小学、26 中、36 中等学校邀请前去介绍她带实验班的经验,特别是在教研中心组织的心理骨干教师会议上,她的交流——《在心育的天空下》赢得了与会者的好评,引起了强烈反响。去年,她还作为学习心理实验的优秀代表在省教科所召开的专题会议上作了交流,受到领导特别是课题负责人李绪坤老师的高度评价。去年,作为另一个实验班班主任的苏丽芬老师结合学习心理辅导做了大量工作,苏老师将学习心理渗透在日常的教育教学工作中,收效显著,赢得了赞誉。她充分发挥小组在班级管理中的重要作用,建立具有凝聚力的合作型学习团队。她将班上的学生分成 4 份,第一份的角色是组长,第二份是副组长,第三份是作业组长,第四份是改错组长。然后学生自愿结合成一个小组,由组长决定自己组坐在班级的什么位置,让每一个学生感受到他的努力与否与团队的荣辱拴在一起。小组的得分每天评比,连续两天都是后三名的小组每个人都要分析原因并提交小组的整改措施和个人的整改计划。周五进行总的计算,得分最高的组可以不写记忆性的作业,背下即可。并且小组成员可以调换,如果 2 个小组的成员都同意的话,可以互调成员。如果因为纪律、作业等某些原因被小组成员分离的话,这个学生就要和苏老师一个组,作业、改错、课堂等等都由老师督促检查,并且在下一次的小组轮换中,该生也无权参与。这样的小组一个月轮换一次,每个周胜利的小组苏老师都发个标志,月末有 4 个标志的,给予一定的物质奖励。这样让每个学生都要对自己的小组负责任,对自己负责任,苏老师用智慧轻松的驾驭了班级管理,班级班风正、学风浓,无论学习还是其他活动,该班都遥遥领先。实验班良好的发展势头、一流的班风和学风,最后以优异的成绩赢得了全校上下的肯定;本学期,实验班扩展到四个,担任班主任的老师全部具有咨询师资质,分班时,不少家长要求把学生调到实验班,其中有一个家长就这样跟学校领导提出:我的孩子一考试就害怕,睡不好,听说实验班的老师会给孩子调节……类似的要求还有很多,虽然择班的要求我们不能答复,但家长的话语是对学习心理实验班的最好肯定。

在教研中心指导下,在学校领导和全体心育组老师的努力下,近几年,我校的心理健康教育工作有了突破性的进展,学生的心理问题少了,学习的氛围浓了,教师的心态也有了明显的转变,教师中先后有 40 多人次在《中小学心理健康教育》、《威海教育》、《荣成教研》等杂志上发表心理健康教育论文,另有一批教师将自己的教育心得撰写成文发表于其他刊物或校刊《绿洲》上;孙立静、郭洪水老师执教的心育课《找朋友》、《正确面对学习压力》在全国获奖,侯燕妮老师在省心理健康教育会上执教了公开课《如何培养自信心》,在威海教研中心组织的首次心理健康骨干教师培训会上执教了公开课《穿越情感的风暴》;周继伟教师讲授的"学而时习之"获得威海市优质课三等奖;2012 年 9 月我校成功承办山东省"区域推进心理健康教育工作经验推介会暨学习心理专题研讨会"……截至现在,我校有 17 节国家、省、市级各类心育优质课获奖;有多篇关于我校开展心理健康教育工作的经验介绍或报道在《基础教育参考》、《威海教育》、《威海晚报》等处发表;学生也在中考、会考、航模比赛、文艺汇演、作文竞赛等方面佳讯频传,学校的教学工作更是取得了令人瞩目的好成绩。

路漫漫其修远兮,我们愿意继续牵手心理健康教育,让教师享受教育的幸福,让学生享受幸福的教育!

实验中学片举行心理健康联谊活动
(一)简讯

10 月 19 日上午,实验中学片 7 所联谊校在 21 中举行了心理健康联谊活动,教研培训中心关蔚老师、各学校分管领导及骨干教师 100 多人参加了活动,还有得知消息的 36 中、37 中等学校也派老师前来观摩。

此次活动是根据本学期市教研培训中心送课助教的有关精神举办的,活动以举行班级心理辅导活动课"同课异构"赛课研讨及优秀活动实录展评活动为主题,旨在通过"同课异构"及优秀活动实录展评这两种形式,提高教师设计和执教班级心理辅导活动课的能力,以实践出真知,以反思促成长。实验中学张玉霞老师、21中张英华老师、31中彭春燕老师在中心提供的初二课程资源《理想与现实》进行了个性化备课,从不同角度进行重新设计,展示了各有特点的三节课程。各单位提交的课堂实录也非常翔实、认真、具有可操作性。三节课后,关蔚老师在肯定之余,引导与会者从课程的实效、从环节的设计、从问题的设置、从小组的划分等角度对班级心理辅导活动课的科学执教有了更深层次的理解。

此次活动的开展收到如期效果,从各学校与会教师提供的反思可以看出活动深受老师欢迎,对如何更好地执教班级心理辅导活动课及用好课程资源大有帮助。

(二)方案

实验中学片班级心理辅导活动课研讨活动实施方案

根据本学期市培训中心心理健康教育工作送课助教的有关精神,以实验中学为中心学校的联谊校将举行班级心理辅导活动课"同课异构"赛课研讨及优秀活动实录展评活动。为确保活动的有效开展,特制定本活动方案。

一、指导思想

为进一步推进学校班级心理辅导活动课的开展,探索符合中学特点的班级心理辅导活动课的模式与方法,切实加强班级心理辅导活动课的课堂教学研究,提高学校班级心理辅导活动课的实效性和针对性,促进联谊校之间的均衡发展,试图借"同课异构"及优秀活动实录展评这两种形式,提高教师设计和执教班级心理辅导活动课的能力,以实践出真知,以反思促成长。

二、活动目的

提高班级心理辅导活动课课堂教学的针对性与实效性,促进联谊校心理骨干教师的成长。

三、活动形式

1. 同课异构。即:在资源包选定的具体内容的基础上,形成个性化教案,对比展示。

2. 活动实录展评。即各单位提交一篇本学年已经上过的最佳活动实录,用A4 纸打印一式 7 份,届时供大家学习。

四、活动时间

10 月 19 日上午,要求各单位 7:45 报到,按教育局上午作息时间前三节上课,第四节评课。

五、参与人员

市培训中心分管心理健康教育工作的关蔚老师

各学校分管领导、骨干教师、执课教师

六、活动地点及主持人

活动地点:21 中多媒体教室

主持人:侯燕妮

副主持人:毕新生

七、活动程序及要求

1. 提前一周下发活动方案;

2. 10 月 14 日前,由实验中学、31 中、21 中各推出 1 名教师上课,名单传实中5176;3 所学校要根据本学期市培训中心统一提供的最佳课程资源初二年级的《理想与现实》进行教学构思,要求在此基础上有创新,有实效性。

3. 10 月 19 日上午,相关学校按要求推出"同课异构"课堂教学;届时由关蔚老师为主点评,各学校分管领导与骨干教师全程参与"同课异构"教学研讨活动,并积极参与点评。优秀课堂实录要求一式七份,供大家学习。

5. 10 月 21 日放学前,各学校上交一份完整的资源包(要求有"同课异构"的改后教案及执课人的教后反思、课件,各学校一份最优秀的听后感或从参观课堂实录的观后感。),通过 BQQ 上传至实验中学的 5176。

八、活动安排

赛课顺序	学校	执课人	课题	年级
现场抽签	实验中学	张玉霞	中心资源包《理想与现实》	
现场抽签	21 中	张英华	中心资源包《理想与现实》	初二
现场抽签	31 中	彭春燕	中心资源包《理想与现实》	

（三）执教教师课堂实录及反思
理想点亮现实，现实铸就理想
——"理想与现实"班级心理辅导活动课实录

活动分析：

青春期是人生中最美好也是最重要的阶段。心理学研究表明，青少年时期是确立志向的最佳时期，由于初中生正值青春年华，他们虽然都有着朦胧的人生理想，但人生观、世界观还不够成熟，尚不能正确处理理想与现实的关系。本活动旨在引导学生树立正确的人生理想，明白必须通过并不断努力，发扬优点，克服缺点，落实在行动上，才能实现理想。

活动目标：

使学生明确树立理想的重要性，正确处理理想与现实的关系，通过现实的努力，实现对理想的追求。

活动形式：讨论交流、故事、游戏。

活动对象：初二学生

活动准备：布置学生搜集有关理想的名言警句

制作多媒体课件

活动过程：

课前沟通、准备：

师：同学们，换了一个新老师，大家紧张吗？（学生回答不紧张。）

师：那么，我给大家一个微笑，大家能给我一个微笑吗？（学生笑。）

师：微笑是人类最美的表情。同学们的微笑给了我最美的感动，也因为你们的微笑，让我一下子就喜欢上了你们，谢谢同学们。其实没有必要紧张，这节课的时间，只不过是我想和大家一起，奔赴一段心灵的旅程。现在，就让你的心灵插上双翅，跟随我的心，让我们一起在云上翱翔！我们的活动开始之前，我向大家提出希望，就是希望同学们积极回答问题，看看哪些同学的发言能赢得别人的喝彩，希望大家努力。我想请班级一男一女两个人，和我一起主持这次班会。（一男生一女生上讲台前。）请允许我隆重介绍，我，央视著名主持周涛，男，央视著名主持朱军，女，央视著名主持董卿。请同学们以热烈的掌声欢迎我们！"理想与现实"活动现在开始！

一、有梦才会有远方

师：给大家讲三个故事，请同学们谈谈听了这三个故事后的感悟。（屏幕先出示两个人物少年立志的简短介绍。）

师：先请同学猜猜他们是谁。有请董卿为我们介绍第一个。

女生主持人读故事。

生：毛泽东。

师：有请朱军为我们介绍第二个。

男生主持人读第二个。

生：周恩来。

师：我来介绍第三个。（看屏幕介绍。）

师：请同学们交流从中获得的感悟。

两名主持人依次指名学生交流。

生：告诉我们要有理想。

生：告诉我们只有有理想，才能成功。

生：告诉我们树立远大的理想，对我们是有好处的，这样我们就有了努力的目标。

交流之后，教师发言：同学们的感悟，无不道出了理想的重要性。"英雄所见略同"，古往今来，许多著名人物早就洞悉了理想的重要。同学们知道哪些有关理想的名人名言？（学生交流之后，屏幕出示教师收集的名人名言，男女学生主持人分别读。）

师：不仅名人看重理想，现在企业也照样看重理想。以赫赫有名的微软公司为例：（屏幕出示，教师介绍。）

教师总结：人的生命是有限的，要想让有限的生命闪光，就必须有明确的奋斗目标——理想。理想是人力量的源泉，是人的精神支柱。有的人轰轰烈烈，有的人庸庸碌碌，探其本源，理想是个很重要的因素。一句话，理想可以点亮我们现实的人生！我想送给同学们两首诗的片段，请男女同学分别齐读，并且 PK 一下，看看谁读得更好。（屏幕出示，男女分别齐读。）

二、播撒理想，放飞理想

师：同学们，知道了理想如此重要，此时此刻，我最想问同学们一个问题：你们的理想是什么？

两名学生主持人轮流请学生交流。

生：我的理想是当一名设计师。

师：你可以设计出美丽的房子、衣服等等，把美带给世界。

生：我的理想是当一名理发师。

师：你可可以为大家带来美。

生：我的理想是当一名医生。

师：医生可以救死扶伤，还给大家健康。

生:我的理想是当一名护士。

师:为什么?

生:因为护士可以帮助医生照顾病人。

师:你不仅仅希望自己能救死扶伤,还能帮助别人,伟大。

师总结:听着大家的理想,我仿佛看到了二十年后的你们都在自己心爱的岗位上大展身手。同学们,心理学的研究表明,青少年时期是确立远大理想的最佳时期。同学们有了自己的理想,相信以后的人生会因为理想而光芒万丈。现在我们来做个小游戏,请同学们找出一张纸,在纸上写下自己的理想。请同学们折成纸飞机,全体起立,放飞纸飞机,放飞理想。起立之后,教师发言:我看到同学们的脸上都写满了快乐。是呀,小时候大家一定都玩过纸飞机。可是,那时的纸飞机,承载的是同学们的童真和快乐。而现在你手中的纸飞机,承载的却是我们的理想,我们对未来的美好期望。请同学们怀着一颗虔诚的心,默默地祝福自己和每一名同学都能理想成真。现在,请同学们拿起承载你理想的纸飞机,做一个最美丽的放飞动作,然后把纸飞机放在我的盒子里。我会替同学们好好保存,并且我会一直关注你们。二十年后,同学们可以来取走自己的纸飞机,看看哪些同学的理想真的能实现。

三、汗水浇灌理想之花

师:同学们,理想成真只是刚才我们虔诚的祝福,理想要真的实现还有一段漫长的路要走。请同学们先欣赏两幅有趣的漫画。(屏幕出示。)第一幅漫画中的主角,有崇高的理想,可最后的人生之路与理想却大相径庭。第二幅漫画中的主角,他的理想还只是床上的梦。这正应了一位哲人说过的话:梦里走了许多路,醒来还是在床上。结合这两幅漫画,请你谈谈要实现理想,我们现在应该怎样做?

生:实现理想要努力学习。

生:实现理想要有行动。

师总结:同学们说得真好,大家都明白了一个事实,我们不能有了理想而放置一边不管不顾,应该动起来,用汗水浇灌理想之花。所以我们要立足现实,付诸行动,用现实来铸就理想。否则,理想只是不切实际的南柯一梦、海市蜃楼。我想起了美国的迪士尼公司,请同学们看大屏幕。请董卿介绍。最后,请同学们齐读韦尔森·雪佛的一句话,来自我勉励。(屏幕出示。)

四、理想之花风雨中摇曳

同学们,现在大家在努力学习,这已经是为了实现理想而付诸行动。同学们想一想,我们除了努力学习,还需要具备哪些优秀的性格和品质?这些优秀的品质,你身上又具备了哪些?请同学们以小组为单位讨论交流,组长安排同学记录好,稍后我们班内交流。

小组讨论,组长主持,有交流,有记录。

班内交流。两名男女生主持人指明小组交流。

生:我们组认为实现理想要自信、乐观、顽强。我们组同学的优点是:学习努力,遇到难题不放弃,不耻下问,互相帮助。

生:我们组认为实现理想要团结一致,不能自私自利。我们组同学的优点是:不怕困难,诚实,团结。

生:我们认为实现理想要有世上无难事,只怕有心人的精神。我们组同学的优点是:遇到问题想办法解决,总要问个为什么,爱动脑思考。

师:你们组善于引用名人名言来说明优秀的品质非常好,我们要有不怕困难、顽强拼搏的精神。

生:我们组认为实现理想要一步一个脚印。我们组同学的优点是肯吃苦,肯钻研。

师:现在大家知道了我们要实现理想,要具备这些优秀的性格品质。并且大家也找到了自身的优点,这些优点有助于你实现理想。可是俗话说,金无足赤,人无完人,同学们再想想,你还有哪些缺点,阻滞了你实现理想的脚步?请同学们再找出一张纸,把自己的苦恼和缺点写到纸上。写好之后,把纸反扣起来,这是我们的小秘密,谢绝参观。

生动笔写。

师总结:同学们写得也不少,同学们对自己的缺点挖掘得非常深刻。看来,理想之路很少坦途,因为自身或者外界的原因,大多充满坎坷和曲折,有时会遭遇失败。即使是一些著名人物,也不能例外。请同学们看大屏幕。(屏幕出示林肯多次失败的经历介绍。)再请同学们先看看面对如此多的失败,林肯是什么态度吧。(屏幕出示。)他的态度对同学们肯定有所启发。大家集体说,我们应该怎样面对困难和挫折。

生齐答:乐观、自信、坚持。

师最后总结:同学们已经知道了,面对困难,我们要做的,依然是坚持,是努力,是自信,是乐观,是克服困难,是勇往直前!这些,是我们性格品质上的不断完善,是另一种方式的努力。

师:一位大学教授为我们绘制了这样一幅人生发展轨迹图。(屏幕出示。)在图表的最下方是一条笔直的线段,这条线段代表着理想化的人生轨迹。理想的人生是从起点到终点的一条直线,没有弯曲的痕迹。在图表的上方,有许多条杂乱无章的曲线。这些弯曲代表着人生的曲折和坎坷。弯曲越多,意味着曲折和坎坷越多。而努力，会使杂乱无章的曲线逐渐过渡到直线。由此可见，人生不可能是理想化的没有弯曲的直线。在曲折和坎坷中培养积极向上的、健康乐观的情感，坚强地面对生活，才能在风雨中见到彩虹。曲线的人生也是一种美丽！

同学们有没有信心走好这样的曲线人生？

生齐答：有信心。

师：如果有自信，请拿起刚才写上我们缺点的纸，把它撕得粉碎吧，撕的时候要果断和干脆。这象征着我们有信心克服缺点，抛开阻碍我们进步的一切。只要努力，我们任何困难都吓不倒我们，拦不住我们，我们会朝着我们的理想大步迈进！

五、为花的美丽扬帆远航

师：我们的活动已经接近尾声，三位主持人每人来一段一分钟即兴演讲，送一段话给同学们。

男生主持人：我们要有理想，并且不断努力去实现理想。在实现理想的过程中要不怕困难，勇敢地面对困难挫折。

女生主持人：同学们有了理想之后，一定要努力去实现理想。有优点要发扬，有缺点要克服，不断找出自己和实现理想之间存在的差距，不断完善自己，我们的理想一定能变成现实。

师：理想，是一朵娇嫩的鲜花，需要我们用渴望的目光去滋润，更需要我们用执着的心灵去呵护。我们正处在青春时期，青春赋予我们的是生命的巅峰，我们无须成熟，但我们必须拼搏。让我们洒一路汗水，饮一路风尘。愿每一位同学都怀抱着自己的理想，在人生的旅途上不断乘风破浪，勇往直前，让理想点亮现实，让现实铸就理想！

此时此刻，同学们一定豪情满怀，我想送给同学们一首歌：三百六十五里路。伴着歌声，同学们把你的豪情壮语尽情地书写到黑板上吧！

生：我一定会向着理想大步前进。

生：我有理想，我会努力去实现自己的理想。

生：我太不爱学习了，我要努力学习，才可能在以后当上医生。

生：我相信自己一定能理想成真。

生：愿每一个同学都能实现自己的理想。

生：努力创造辉煌！

师读几个同学的豪言壮语，祝福同学，感谢同学，活动课结束。

执教反思：有句最朴素的话说隔行如隔山，我对此深有领会。多年任教毕业班的语文课，很少把目光投注在心理健康这一学科中，对这一学科自然知之甚少。

感谢侯主任对我的引领和培养,暑期安排我外出学习,我有幸聆听了心理健康这一领域众多专家的报告,他们的智慧使我视野开阔。因为我是班主任,对这一学科的关注、理解、感悟,直接影响了我班主任的工作艺术。

我又有幸亲自执教了《理想与现实》的班级心理辅导活动课,因为是这一学科的初涉者,其中的艰辛可想而知。集体给了我最温暖的关怀,侯主任带领心育组的骨干教师帮我出谋划策,听我讲课,为我指正不足,鼓励我,宽慰我,让我能甩开一切包袱,全身心地准备、改进、提升。尽管到了 19 号上午最后的展示仍有许多不尽如人意之处,但我仍然是欣喜的,因为我已经向这个学科迈出了一步,我为能亲自执教一节心理健康辅导课而欢欣鼓舞。

也感谢关蔚老师对我的点评。关老师站在关爱新人的角度上,在时间不足的情况下,仍然抽出时间点评我的活动设计,言简而意丰,肯定之处让我这个新人尽享了成功的喜悦,疑义之处更让我明白了自己以后的努力方向。

反思自己的设计,最令我汗颜之处,是我心中确实没有装学生,没有想到学生的实际,没有关注他们上课之前的心理。没有做任何调查,只是凭想当然地认为学生的整齐划一,那就是学生都有对未来的美好期望,经过老师点醒,学生一定都有远大的理想。没有想过学生的个性差异,更没有想过有的学生可能根本就没有想过自己的未来,更别说有理想了。面对这样的学生,再跟他们谈如何实现理想,就是奢谈了。我也没想过,应该怎样指导学生朝着自己的理想,如何去具体地努力,所以名为心理辅导,有的环节设计,还只是纸上谈兵,缺乏可操作性,对学生帮助不大,可想而知辅导效果一定达不到设计期望。

关老师说,学生需要什么,我们就给他什么,这句话对我触动很大。新课程就提出了以生为本的理念,要求教师必须做到转变观念,激发学生的学习兴趣,探索合适的教学方法,从而优化教学过程,真正能够达到新课程改革的目的。作为心理辅导课来说,要激起学生的兴趣,就要了解学生情感和心理所需,关注学生个体心理差异,真正帮助学生解决心理上存在的问题,感召、激励学生,让学生主动参与、体验、共鸣。这才能真正优化教学过程,体现心理健康辅导的人文关怀,这样的课堂也才是科学的、实效的课堂。

对我而言,心理健康辅导之路漫漫而修远,我要做的,也必是上下的求索了。我也愿用我的汗水,铺就我的现实之路,浇灌我理想的花朵。

(四)听课反思

在实中片的心理健康活动课的联片教研活动中,三位不同风格的教师为我们呈现了三堂非常精致的心理辅导活动课,让我在回味中收益颇丰。这次的联片教研是一次同课异构的方式,三位教师执教的主题都是"理想与现实",她们分别立足不同的心理辅导角度向我们展示了自己对这节课的思考设计。

二十一中的张英华老师在这节课上设计的活动引导比较符合学生的认识特点,一开始的小游戏"猜猜他是谁"更是引发了学生主动参与的热情,学生的课堂表现比较活跃;而三十一中的彭春燕老师所选用的素材"山田本一的故事",为学生提供了非常具体切实的实现理想的方法,对学生有针对性很强的指导作用。

给我印象最深的是实验中学的张玉霞老师所设计的这节课,在形式,她别出心裁地采用了由学生当小主持人的方式,既激发了学生参与课堂的主动性,又解决了与同学们初次见面的"陌生感"问题;在层次上,张老师的设计清晰连贯,让学生在一系列由浅入深的活动中,自然而然地一步步体会到理想的重要、树立自己的理想,直至如何实现理想;在本节课的素材上,从故事的选择,到名人名言的选择,从游戏的选择,到歌曲的选择,都能感觉到她对本节课主题的准确把握,更能从这些细节中看出张老师是一个用心做事的老师。

当然没有任何一节课是完美无缺的,这三节课中也都有不同程度的缺憾。有的课堂环节模糊不清,递进性不强;有的课堂明显带有文化课的痕迹;有的课堂没有很好的了解学生的心理需求,没有引发学生的共鸣等等。尽管有这样那样的不足,但正是因为有了这些不完美,才让我们不断追求更好的课堂,才让我们在前进的道路上走得更远。

我爱我 我爱大家 我爱美丽心世界
——实验中学举行 5.25 心理健康周活动

为进一步凸显"培植书香底蕴涵养绿色心态"的办学特色,培养学生阳光向上的心理品质,实验中学结合 5·25(我爱我)心理健康周,开展了丰富多彩的系列活动。

首先,他们通过 5 月 21 日国旗下讲话正式启动心理健康周,向全体师生介绍心理健康周的主题——"我爱我 我爱大家 我爱美丽心世界",向全体师生通报活动周期间学校拟定进行的几项活动,并倡议全体师生:积极行动起来,爱自己,爱他人,呵护心灵,共同成长。

其次,他们借助黑板报一角为 5.25 活动营造氛围,所有班级在黑板报中开辟 5.25 专栏,向学生宣传心理健康小知识;还组织全校同学开展围绕健康周主题的手抄报比赛,学校从各班精选优秀手抄报制作成看板供大家参观学习,让心理健康的有效资源得到最好的共享。学校的心灵护卫队还特别为同学们编印

了一份心理健康小报,内容涉及关于人际交往、轻松备考等方面的小常识,对于即

将参加中考和会考的同学来说是一份很好的精神食粮。与此同时,各班心育委员借助 5.25 健康周在班级开展求助与自助活动,精彩的团体放松小游戏以及启人深思的心灵寄语给同学们以最佳的心灵引导。

结合诚信建设年,心理骨干老师将心理健康周与其整合,为同学们做了"5.25 诚信做人"专题讲座。讲座中,老师给同学们讲述了"诚实节"的来历,又通过古今中外有关诚信的正反事例及自身的经历为同学们讲述了"诚实守信是一个人最好的名片"的道理,浅显的事例、生动的故事让同

学们明白了:灯无芯不明,人无信不立。讲座在同学们"我愿做一名诚实守信的学

生;坚持诚信立身,诚信立学,从自己做起,从现在做起,砥砺诚信品格,塑造诚信人生"的铮铮誓言中结束。讲座后,同学们通过手抄报和撰写活动心得的形式表达了自己听讲座的收获。此次活动将学校 5.25 心理健康周的活动推向了高潮,也让同学们深刻认识到:只有诚实美丽的心灵,才能

感受生命的无言之美。

系列活动的开展不仅对促进学生形成积极乐观的心理品质大有帮助,也让参与学校教学开放周活动的家长朋友看到了学校开展心理健康教育工作的一个缩影。

漫漫求索路 十年心育情

尊敬的领导,老师大家好!

我是实验中学的孙立静,我交流的题目是"漫漫求索路 十年心育情"。

追随心理健康教育的脚步已经整整十个春秋,从一个在学科中渗透心育而受益匪浅的语文教师,到一个在班级管理中运用心育而小有成效的班主任。十年来,心理健康教育就像一位老朋友,和我一起行走在追梦的路上。

一、播下心育火种 点亮教学生涯

参加工作之初,我就奢望成为一名好老师,但初出茅庐的我却不知如何走进学生的内心,02 年我有幸与心理健康教育结缘,她就像一粒火种,点亮了我的教学生涯。

兼职心育之初,学校安排我主讲班级心理辅导活动课,在没有教材、没有课例的情况下,我托朋友在北京买了郑日昌主编的教材,结合着学生的实际情况自己

设计了十几节心理辅导活动课。2003年新课改,我将心理与语文学科整合,根据任课班级出现的问题,见缝插针的安排心理活动课,再结合着作文教学进行"课后反思记录"。这样,把心理健康教育带进学科教学中,我开辟了一种独特的"心育语文"——活动体验代替了批评说教,反思记录代替了枯燥的作文写作,学生们既受到了心灵的触动,润物于无声处;又有了写作的灵感,引源头活水来。新课改汇报时,我的做法得到了当时威海教研室主任邢岩梅女士的认可。

随着工作的需要,我从单纯地讲课开始兼顾咨询、专题辅导。我恪守着"同理心、无条件积极关注"等心理辅导原则面对学生,渐渐地,我成了最受欢迎的"知心姐姐"。

我中午经常在悄悄话小屋中与孩子们沟通,也曾在晚上去学生家中做家访,深夜在网上与学生交流更是家常便饭。因为善于"积极关注",我还解救了一个离家出走的女孩。2006年的一个夜晚,初三女生"天山雪"上网留下了最新的签名"死亡,就不再有烦恼"。我看到后马上与她联系,得知:她和家长吵架发誓要永远消失。我一边安抚她,一边联系她的家人,并把自己年幼的孩子托付给邻居,和爱人打车在她家附近挨个网吧寻找,直至天明找到了她……

现在我已经记不得"天山雪"的真实姓名了,但是我记得家长感激的泪和她由衷的笑……面对一个个以诚相待的学生,看着他们轻松离去的背影,我心里有一种自豪感和成就感。学生曾悄悄告诉我:在学校贴吧里我是最受欢迎的老师!我的"反思记录"让他们告别了对作文的恐惧!

别样语文课让我收获了优异的教学成绩,学生的爱戴和信任更让我感受到了为人师者的幸福与骄傲!

二、点起心育之灯　指明管理方向

2009年3月份,我参与了山东省心理健康教育——学习心理辅导实验。我用独特的沟通方式走进学生的内心;用多种多样的活动激发他们的学习动机。几年来,学习心理辅导就像一盏明灯为我的班级管理指明了前进的方向。

让学生在"师情记录"中收获乐观与自信。

李绪坤老师在学习心理辅导培训时讲过:班主任可以用个别辅导走进学生的心灵。我的个别辅导与众不同,那就是"纸上谈情"。

每次接手新的班级,面对陌生的孩子,我没有急于了解他们的家庭情况,而是建立了一份教师与学生之间的"情感账户":"光辉的足迹"——成长记录手册。

我每晚都把自己观察到的他们优秀表现记录下来。差不多一周之后,大体对学生有所了解的我,开始给每个人写信。

几十个性格迥异的孩子,不同的要求共同的心愿让我把所有的呵责、关爱都化作笔端流淌的文字,循循善诱,努力让他们读懂那藏在字里行间的殷切期待。

接到信的时候,教室静悄悄的,第一次他们的心灵被我的细心记录甜美祝福撞击了。第一次,孩子们发现:原来在老师的眼中有这么完美的我!

七八千的文字,就像一颗颗种子,在学生的心田开辟出了一片片绿洲,长出了向善、向上的枝条。

趁热打铁,我马上在班会上宣布:同学们可以准备"师情记录本",用以记录我在班级管理中的得失,大家对我的建议等。开始只有几个人把本子交给了我,在我认真批复后,大家才相信,老师是真的愿意倾听他们心灵的声音。慢慢地,我的讲桌里多了一些孩子们的期待,而我每天中午伏案疾书已经成为我班一道亮丽的风景线。

2009 年,我用博客打造了一个更大的交流平台。我把班级里面发生的事情记录在上面,这些博文有我的惊喜期盼,也有劝勉告诫。孩子们会在空暇时去阅读,并把自己的感受留在上面。

一份份形式不同的师情记录,几十万字的留言回复,让我失去了很多的休息时间,但我也收获了欣喜:十几岁的花季少年,少了一分烦恼,多了几分欢乐;少了一分抱怨,多了几分理解……这透彻心扉的沟通就像冬日的暖阳,照亮他们的心房,让他们用乐观与自信,撑起了自己的一片天空。

让学生在"别样班会"中收获知足与感恩。

老师们都知道,孩子对学习都很难拥有热爱的感情,教育最难的就是激发他们的学习动机。参加学习心理辅导培训时我知道了:可以借鉴团体心理辅导原则与技术,用新颖的团体活动,大面积提高学生心理素质与学习质量。

初中生活在孩子的眼中,是一首单调的歌。为了让他们的记忆中多一抹亮色,我大胆地在班级里搞了几次轰轰烈烈的大型班会,让学生们回忆起初中生活时,就一定会想起那一天的情景……

圣诞前夕,我召开了班会《铃儿永远响叮当》。通过"击鼓传花话当初"、"共种一棵感恩树"等环节增进同学之间的友谊,活跃班级的气氛,让班集体的凝聚力得到提升。

另外一次大型的班会是《我们的生日》。地理会考前,我发现班里面有 5 名学困生与我生日接近。为了让他们感受到来自老师的关注与支持,也为了督促他们努力学习,我告诉他们:只要尽最大努力备战会考,我就会在考试结束后为他们买 6 层蛋糕,在教室内和大家一起过生日。

当蛋糕店店员拿着 6 个蛋糕走进学校的时候,教室里面沸腾了,孩子们回忆了自己的生日活动,想起了为他们付出的爸爸妈妈。大家含着泪一起唱生日歌,所有的人都许愿:让我们一起走过初中的每一天。

几年来,过圣诞节、过生日成了我们实验班的惯例。对活动的渴望让孩子们自觉地做好了在学习方面对我的承诺,活动过后,他们被群体的热情感染着,信心十足的应对学习压力。"别样班会"就像一个播种机,在孩子们幼小的心灵中种下了善学乐学、知足感恩的种子。

三、扎根心育沃土　收获春色满园

十年来的求索让我赢得了主讲国家级、省、市各级公开课、示范课的机会。我参与了近十个心理健康教育的课题研究,我的多篇文章在各级刊物上发表。2011年11月,我作为"学习心理辅导"实验教师的代表在省里做了经验交流。通过自己的努力,去年我考取了心理咨询师的资格。

工作上的成绩让人惊喜,收获无数颗学生和家长的心更让我无比欣慰。

走在校园里,我总会听一些亲切的问候,看见一些熟悉的笑容。有一个孩子,在默默跟了我好几天之后,说:"老师,我想让你去我的园子里偷菜"……

孩子们把他们心目中最不舍的东西给了你,作为教师,还有什么能比得到这份信任更加快乐的呢!

家长们经常对我说:"俺的孩子就愿意听你的话!""把孩子送给你,太放心了!"

同事们总是开玩笑地说:"你种豆得豆,种瓜得瓜,有啥秘籍吗?"

我笑着,不愿意作答,因为十年的求索路,让我明白:我并没有做什么伟大的事,我只是用心育之火,点亮了学生的心灯。让那些平凡的孩子,自信的绽放在他们人生最灿烂的花季,而我,姹紫嫣红中的一抹绿叶,和我的孩子们一起:涵养了绿色心态,畅想着幸福人生!

铃儿永远响叮当

从筹划到上完今天这节课,我付出了太多的心血。同学们虽然很盼望,但是,让他们做礼物,颇费了一些心思,每一个小制作我都要看,不合格的直接打回去,有一些孩子,实在不会做,要放弃了,我又找班级干部来跟他们说:可以让家长帮着,就这样,一直到讲课前两天,所有人的东西才准备好。

而我,给他们做了两个小东西,很精致。

最费心思的,是我要给他们一个惊喜:这个惊喜,不能是普普通通的,要显示我语文老师的与众不同之处,于是我想到了要写一首诗。62个人都放进去。

灵光一现之时,心头美了很久,但是,随即又冷了下来,多难啊!

于是那一个月,我在备课之余,天天想怎么写诗,有时为了可以押韵,真恨不得把学生的名字给改了。好在,经过努力,有了收获,终于,把一首长诗写完了,内容从自己小时候的梦想写起,转到如今的期望。

万事俱备,就等上课。

2008 年 12 月 23 日,下午,我把一节体育课了占领了,中午花钱买了很多小东西,包括气球什么的,和同学一起布置了教室。圣诞老人,驯鹿,铃铛,挂满了教室。所有人都喜气洋洋,准备着迎接激动人心的这一刻。

上课了,我用标准的英语问好,他们吃惊然后大笑。

按照程序,我们进行了一项一项活动,我感觉:同学们就是很亢奋,坐在那里,他们也是激动的心、颤抖的手。

击鼓传花这个古老的游戏,今天竟然让这群孩子激动疯了,他们笑着,传着,不管谁接到了,大家都是大声地笑,当他说完了,又是热烈的掌声。

互赠礼物环节,让每个人都充满期待,大家,接过那些并不漂亮的礼物,没有抱怨,只有高兴。

最后,我把诗放给他们听的时候,他们却安静了,掌声背后是久久的沉思。

在我们进行过程中,经历了下课,走廊里聚满了人,别的班同学,把他们的头都快伸进我们的窗里了,四处张望着,挤着看着,笑着嫉妒着……

而我们的孩子,此时更加激动,自豪。他们冲着窗外做着各种各样的表情,来显示自己拥有这么一节课的荣耀。

最后,大家出声的读了"期末复习敢死队宣言",他们几乎是吼出来的:我是最棒的! 我们初二三班是最棒的!!

这节课过去之后,我布置了作业:今天上课的感受。

也许在别人眼中,上这样的一节课有什么用,费时费力还不一定有什么效果。但是我却不这样认为,学生有时需要跟他沟通,有时需要我们由高高在上俯下身来,听听她们的心声,我感觉,我这一节课的效果,绝不仅仅是那 62 份 1000 多字的感受,我一定还会收获更多。

上完课几天后,任课老师都反映,我们班纪律比以前更好了,在学习上也有了很大转变,学生们就像憋着一股劲一样,在默默地学习。

期末考试,我们有了大丰收,前百名进去了 15 人,而其中 11 人都进了前 50 名。总成绩也很不错。

付出总会有回报,真心总能换来理解和支持。用爱心和灵性铺路,我相信自己的班主任之路一定会越走越宽。

学生的感受:

李雪:最后,我们一起大声地喊出我们是最棒的,初二三班是最棒的。郭敬明说过,我们都是小小的星辰。所以我们总会发光,我们不甘做别人的光芒,只做自己的太阳。我不敢说我是个多么优秀的好学生,我只是很清楚我该做什么,我该为自己做什么,然后很聪明地为自己活,为自己努力,为自己拼命。也许会有想放弃的时候,会有想睡觉的时候,晚上躺在床上准备睡觉的时候会对自己说:闭上眼,再睁开时就是天亮。喜欢郭敬明的文字,喜欢《小时代》,喜欢那句话:一切都过去之后,我们还是那些活在灿烂阳光里的年轻人,在这个盛世的时代,被宠幸的一群人。圣诞节快乐对自己说,对身边的人说,在这里,真的很谢谢亲爱的老师,在圣诞节即将来临的时候,为我们过了一个属于我们的圣诞节。我们躺在小小的被窝里,我们微茫得几乎什么都不是。其实我们还有我们,还有梦想,还有未来,还有希望,我们的一切都是我们的,为明天的我们继续加油吧。

谭佳琳 像我们语文老师这样有文采,这样有成就的人都有大起大落的人生。而我却奢望一帆风顺的人生,在击鼓传花中,同学们又说出了自己内心真切的对老师和这个班级的看法。虽然我没有机会说出我内心的感受,但我还是想说,我爱我的班主任,我爱这个团结的班集体。今天我收获了很多,一份人生感悟,一份快乐感悟,一份感动的感悟,这些感悟我会好好收藏,因为这将是我人生中最宝贵的财富。

胡越 其中让我大家感触最深的就是老师对同学们讲她和我们一样的故事。原来老师和我们现在一样的时候是那么的顽皮,性格是那么的倔强,老师是那么的喜爱文学,喜爱写作,但是就是这个爱好让她与上中央电视台工作擦肩而过。成为一名普通的教师。这次联欢会仅仅是为了快乐,也有教育意义,老师身体上有点小小的毛病,不能大发脾气,从老师的口气中可以听出,老师不希望再去管我们,因为我们长大了能自理了,能控制自己了。并在这次期末考试中考出优异的成绩,交上满意的答卷。因为我们已经长大了,已经在敢死队宣言上勇敢的签上了自己的名字。我是最棒的,我们是最棒的,初二三班是最棒的。

徐佳楠:叮叮当,铃儿响叮当……今天下午,这首欢快的圣诞节歌曲填满了我们整间初二三班的教室。圣诞节,至此以来始终是西方的盛大节日,也许在西方的圣诞老人,驯鹿,雪橇,在中国是不存在的,也许我们没有西方的传统,礼仪,但是我们让整间教室充满欢乐;也许,我们没有西方的圣诞袜子和火热的壁炉,但是我们可以在一个小小的教室里过盛大的节日。欢乐的气氛洋溢着我们的教室,同学们不由得受节日的气氛跳跃起来,好像自己中了头号大奖一样,热闹的气氛同时也感染了邻班的同学,一个个趴在我们窗沿上,感受节日的喜庆气氛。在这个圣诞联欢会中,使我感触最大的就是老师的一句话:如是你现在不努力,那么将来一定会后悔。世上没有卖后悔药的,因此我不想做第 N 个购买后悔药的人,因为知识改变命运,只有获得知识的滋润,才能出人头地;只有汲取知识的养分,才能改变你自己这一生的命运。我愿做一个两耳不闻窗外事,一心只读圣贤书的小贤士,攻下知识的城堡,勇于参加知识的战争,我相信我的知识容量是能比得上圣诞老人的礼物的;我相信我一定是最棒的。圣诞节快乐。

汤颖杰:经过苦思,竟得到一个最普通不过的答案:各方面都有所提高,我喜欢这个班级。这个答案让我失望,于是我开始了冥想,我回想这半年生活中的每个细节,想到的最多莫过于孙老师,孙老师总让人感觉那么充满活力,好总像是个二十岁的青年,而眼底所显现的一丝淡淡的若有若无的疲劳和含量极高的成熟出卖了她的年龄,她总原谅我们包容我们的错误,她讲得课永远那么生动,吸引人……我还想到了我所做的每一件过分的事,而同学们都原谅……我还想到了好多好多……我甚至想到了我第一次踏进这个教室时的样子……而最终,我还是总结了一句话:我爱这个家,我爱这家里的62位家人。我爱我班,爱像家一样的班。

宋思贤　我们相信我们是最棒的,初二三班是最棒的。今天是半年中度过的最 HAPPY 的一天,虽然离期末考试越来越近了,可是老师还是为我们举办了一个圣诞 PARTY 感动中……上半年的光辉历程,有如白鸟般瞬间划过天际,留下的是美丽的念想,而在这最后的几天里,大家能坐在一起快乐地度过两节课的美丽时光,实属难得。

敲鼓传花:每个同学说的,也是大家的心里话,话里除了某些个夸大其词外,也算是全体62个同学的真正心声,今年的班主任虽不能夸下海口说是最好的,但也是极精彩的人,是和大家说的一样帮了不少忙的人,是彼此信赖的人,其中的真情流露,自当细细品味,而拥有63个极有个性的人物的班级,当之无愧得是校星。老师的心里话,以这个作为开场,足以见得老师的英明,互相套话的功夫颇深,心里话自录小朋友讲,小信赖的人讲,很感动的,老师和大家伙一起说,经过这次后,大家的感情想必已升了不少级了。互赠礼物,大家好期待的一环,亦是极精彩的一环,精心的准备,3个周的等待,满心的期盼,今日成真,感谢老师,让我们有了这样的一种机会,有了这样的一种感动,这班上的每一个人,每一份礼品,我们都深记于心,每一份礼物,亦是一片真情,一份天使玻璃心,又怎能不珍藏? 不心怀感激? 一人份总评,老师把每个人的特点都写下来了,很辛苦的,不仅是写得辛苦,还看出老师的用心、关心,绝顶聪慧的宋思贤,我一定不会忘记的,那只属于我一人1份得精彩早已牢记于心。

宣誓:既然是诺言,就一定不会忘记,不敢忘,不能忘。要知道,我们可都是不说谎话的好孩子,只要比以往努力一点点,认真一点点,勤奋一点点,辛苦一点点,以咱这智商不成问题。今天的难忘,化作明日的梦想,承载着我们驶向远方。

孔凡荣：老师，这个 PARTY 的创办者，对我们说出了活动举办的意义，总结了这个在初中的第二年的第一个学期的上半年总体的表现。听了老师的话不尽感慨万千，怎么这俩人的脾气都偏得出奇，回想自己的上半年的生活，虽然小意外，小挫折都没有间断，但好像都笑着挺了过来，仔细地回想，PRINCESS，TEMPERAMENT 也好像很少犯了，自信也飞回来了。

曹艺平：我这半年来生活得很快乐，也改变了很多，从以前经常容易生气的我变成现在不容易生气的我，语文，政治，英语等学科成绩也提高了不少，这当中既有老师的教导有方，还少不了同学的帮助，当然也有我自己的努力。这堂课中还有一大亮点，那就是互赠礼物的环节，在得到李琛的礼物后，我特别地开心，我想其他同学得到别人送的礼物也应该同我一样十分开心吧。这节课给我最深刻的感触就是：增加了同学们间的友谊，也缩小了师生间的距离，使我们初二三班的同学能够拧成一条绳子，凝聚着我们的力量，去冲击期末考试。

孙林：我分到了这样的一个班级，实在是三生有幸，也许命运注定让我到这儿来，我也不可违背，真的，这大概就是一种缘分，是上帝让我有机会在这里度过一年，圣诞节要到了，虽然圣诞节在东方不太有人知晓，但我们这次真的过了一次有意义的圣诞节。台上，老师认真仔细地讲述自己，希望我们好好学习，不要偷懒，台下，同学也认真听，揣摩自己以后该走什么样的道路，她的话语，不是非常枯燥无味，她说她的高中是勤奋的，而喜欢写小说却成了老师一生的遗憾。本可以为梦想而去拼，但却栽到了诱惑上。我的目标是计算机方面的，起初以为自学就可以弄懂，也正是因为一场熊猫烧香病毒的风暴，让我认为，计算机，自学也是可以的，但老师因为上课的不听讲，埋没了她的梦，这才使我恍然大悟：活着，就要学，学习是没有捷径的，学习是永远不能停止的。听了老师的一番诉说，我懂了，这世上没有后悔药，所以我只能珍惜现在，我也想好好学了，不想再给爸妈增加新的负担，因为养育我已很不容易了。我想，在我长大了以后，会不会为我现在的行为后悔？如果我认真地在学习，也许那时，我会充满自信，心理也很舒坦，但我最怕的是抵制不住诱惑，那时，梦想早已成为一块心病，为时已晚，人生是长亦长，说短亦短，我现在还未成年，我从现在已开始设想未来了，我知道，耶稣与撒旦仅在一念之间，圣人与魔鬼仅有一步之遥。假如，我做好了现在，才可能有光明的未来，从老师的言语中，透露出了对我们成才的希望，她一定不希望她所教导的学生们重蹈覆辙，这两节课我很快乐，但快乐中，溢着老师盼望我们成才的愿望，请信任我们老师播下的种子，您压下的赌注，是不会错的。

我们的生日
——心理实验班活动

我的生日在 6 月,每到这个时候,我都要和家人在一起度过。今年 3 月的一天,在一次填表的时候,我发现,班级里面有 8 个同学跟我的生日都在同一个月,并且,我们同属双子座。而这些孩子当中,有 5 个都是学困生。这时一个念头从我的脑海中萌发出来:我要跟这些孩子一起过生日! 在教室里。

于是我就找他们谈了话,告诉他们我的打算,6 月在地理会考结束之后我们要一起过生日,我要给他们定制一个 6 层的蛋糕,我们就在教室里一起开个生日 party。但是,要参加这次聚会,得有一个前提条件:地理会考必须及格。否则就不能吃蛋糕。

听到这个消息,他们很是惊奇:一是我竟然知道他们的生日,二是在教室里过生日。吃 6 层的蛋糕,这是有史以来的第一次! 于是他们都异口同声地答应了。

等待的过程辛苦而又甜蜜,我看见了这些孩子当中的落后学生在努力,他们的目标是及格。别小看这 42 分,对于这几个 100 分制仅仅能拿到四五十分的孩子来讲,这的确有一些难度。

我知道学习差一点的孩子一是没有自信,他们被别人骂惯了,自己也觉得自己不能达到老师给定的目标。二是他们做事不能坚持到底。懒惰是他们最大的敌人!

于是我针对这两种状况,单独给他们制订了复习计划。把一个大目标分解成一些小目标,这样,完成相对容易了很多。并且在他们完成之后就立刻表扬。期中考试姜霁桓——这个倒数第二的孩子,在年级组有了很大进步,我特意到麦肯姆买了汉堡送给他。

这样:制定目标——及时表扬——再制定下一个小目标……这几个孩子在过生日的诱惑下,和我紧锣密鼓的看护中,走进了考场。

第二天,我就实现了我的诺言。当蛋糕店店员拿着大大小小 6 个蛋糕走进我们班的时候,不仅仅是教室里面沸腾了,教室外面也疯狂了,全年级的学生都挤在我们班的门口。他们不相信:一个老师真的可以兑现自己的承诺。同时也羡慕:三班的同学怎么这么有福气啊!

我们的活动在"生日快乐歌"中拉开了序幕。大家回忆了自己这么多年来所过的让自己最难忘的生日,也一起跟过生日的我们许下了心愿:他们几乎都是希望我们的班能够不分,大家一起走到初三,走到初中毕业。

吃蛋糕是最让人开心的时刻,几个寿星有些不好意思,但是其他同学却大大方方地把蛋糕切下来,送给了大家。所有人都在笑,所有人都心满意足。

最后，我送给了他们一份温暖礼物：一份我自己画的漫画《三班的故事》，用漫画演绎了同学间的故事。

吃过、笑过之后，我言归正传，地理会考之后的半个月，就是期末最后的冲刺阶段。大家一定要为了目标——实验班，努力！

两节课很快就过去了，当小虎队的《再见》音乐响起，大家还觉得意犹未尽。他们写在脸上的是依依不舍，相信他们烙在心里的是永远铭记。

一个生日活动，我付出了汗水和金钱，但是我收获了快乐和孩子们的心。也许用世俗的眼光来衡量：我很傻，但是，在我的世界观当中，我很值！

特别的你，给特别的爱

也许是因为内心对此事的处理仍处于纠结之中，也许是因为还有太多的琐事占用了自己太多的精力，面对这件事对我的触动，竟一时不知如何开头了。

新学期开学已经两个月了，作为班主任的我成长了很多。但说实话，有一大半的时间我觉得是累的，累得不能投入地做自己想做的工作，自然就难能有一种幸福感而言了。对于学生的管理，我一贯的做法是"学生小组自治加竞赛"，而我深入细致观察、巧妙地将问题解决在萌芽之中、给学生的足够的尊重，窃以为这几样辅佐学生健康发展有力武器也练得差不多炉火纯青了。而今天我感到了意外。是因为我的学生——XXX。

他是上一届学生休学而插到我们班的。能这么快认识他是因为他的"突出表现"：他说话油嘴滑舌，跟他说话总让人有一种墨索里尼总有道理的气愤；他花钱大手大脚、开学不到一周卡里的100元饭钱已然告罄。后来，很快就听到关于他个"掌故"：去年初三时他上了不到一个月就自动退学，接着办理了休学，整天上网和天南海北的网友神游，当然他的成绩就更不用说了。新学期开学他插到了我的班。我想以他年长一岁的事实鼓励他补回失去的时光，做全班同学的老大哥，让大家信任他，喜欢他。这是压力，也是动力，他也满口答应，而且班里抬水这样的工作他也确实抢着做，同学们也确实接受他，有了这样好的开头，对于他其他的缺点我们可以耐心一点等他慢慢地改正，毕竟，等待也是一种爱。

如果事情一直如我们所愿发展，我会骄傲地以为自己又成功地解救了一个处于迷惘中的孩子。作为班主任的成就感会油然而生，但正如好事多磨一样，开学一个月后，他没能坚持沿着他的进步的路子走下去，从最初的找人顶替作业开始，到干脆不写作业，再到周末把网友领到家里喝酒，再到今天的突然逃学、离家出走。一次比一次让人气愤，让人寒心，他的生活似乎又回到了去年的轨道上。而我面对见不着面的他更是束手无策。他成了我的心病，我不知道该如何帮助他。

也许在以后的日子里,他还会时不时地给我添麻烦。

其实他是个"特殊",完全由于家庭原因造成。父母中年得子自然是爱之如宝,对于孩子的要求更是有求必应,甚至有一种补偿性地满足。可想而知,这样的溺爱又遭遇社会的现实,佐之以孩子对诱惑的难以抵抗,而今又到孩子长到现在青春叛逆之时,对孩子教育的不利因素汇于一处,孩子转变的可能性难上加难,而年过六十的老父亲满心地苦水无处诉说。应该说对于孩子的教育,他放弃了,只要孩子顺顺利利地长大,他不再奢求其他。岂不知可怜的老父亲呀,当你希望化为失望时,又犯了退却中的"逃跑主义"错误了,你忘记了"此消彼长"的道理了,你不要求其他,岂不是让精力充沛的孩子更是随心所欲,甚至是肆无忌惮、为所欲为。或许他会在长大一岁之时自己有所改变,亦或许他真的会被父母的苦心感动?不管怎样,我们希望看到努力的变化!

作为一个班主任,也必须坚信,每个学生都有闪光点,尤其对于一些特殊的学生,我们不能放弃了对他们的教育工作,这就是管理的死角、烂角,必将殃及整体工作。做班主任也总会遇到一些性格鲜明的学生,在现在的教育环境下,注定了班主任的工作方法不能适应每一位同学,我们必须关注到那些特别的学生,对于特别的学生我们要给予特别的管理方法,给予特别的爱,这样我们的工作才不会被动,才不会因忽略那些特别的学生,而影响整个班级的进步。

所以,对于 XXX,我们不放弃,我们仍会努力。我们期待着孩子真心的回归,我们把对于孩子的爱华作一种等待。

老班的苦与乐

2012 年 8 月 30 号,我接手了新校的新的初二十五班,瞅着 48 个名字,憧憬着未来,真的是一切都未不可知。

等念着他们的名字,和他们相处一个星期之后,心里稍微安慰些,终于这届我班学生中没有让我头疼的"明星"。可就在两星期后,"小绵羊们"的本性暴露,他们不惹大事,可是作业稀里哗啦,而且别集体行动,否则那说话声,简直是"震耳欲聋"。针对小病,稍加"班规班法",表象看,班级表面又"风平浪静"。

因为班级一切顺畅,学校各科讲"资源课"的老师(包括初四的老师),都首选十五班,弄得我是左也不是右也不是,该照顾谁呢?尤其是期中考试就在眼前了,他们还是不依不饶,"要抢"且只能动我的课上,我这人又一向"人缘极佳"且"极不好意思张开拒绝之口",好嘛,临考前,我都没能好好地正常地上完一节完整课,好在 51 个(又分来三位)学生争气,最终成绩还是很长脸的。

我一直想着班级就这样顺顺当当的、平平常常的过一年,可谁成想,"苦"和

"恼"相伴,一次又一次扑面而来。11月底我们去基地,就好回校了,我班的一男生在宿舍被别班的一男生给"挠"了,见家长处理,见家长帮着分担,又成了我每天必做的大事。就这样一直"熬到"我班的小子脸长好回来上课,我的心才稍稍"安静"一会!

小子刚回来,一姑娘又在周一的早晨以打电话让家长拿作业为由,悄悄地自动消失一天,我和主任干事加两位家长,用了一整天直找到晚上6点,找遍校园的每一个角落,几乎翻遍校园。等到家长回家,发现她已到家。担心不说,那份焦急,那份无奈,种种感情加上冰天雪地在外寻觅的心的寒与冷,让回到家的我,蜷缩在被窝里,还瑟瑟发抖!接下来,和家长不时地接触交流,梳理着这小姑娘的心态,解除这小姑娘的心结,又是忙忙碌碌的几天。虽然她此时已坐在教室里上课,可我的心仍在悬着。

唉,看着外面寒冬天下着的大雨,我的心情就和这天气一样,糟糕透了。回想这几周的不凡经历,我想正在做班主任的,和已做过班主任的都会体会到并理解我的心情,而还未做班主任的人,就得用心体会了。这就是做了将近20年班主任的我这几周的苦与恼。

写给初三四班的孩子们

教室外,太阳一不小心被高大的法桐树架在树杈上动弹不得,把锈红的脸腮丢给我们。操场上,奋战体育考试的学子们,通红的脸颊如同锈红的太阳。走廊里,不期而遇满是汗水的熟悉的面孔,恍惚间仿佛又回到初三四班的教室,黑板上精灵似的字母不容置疑地摆着变化无端又让人惊奇的阵容。于是又咀嚼那曾经弥漫着的美好与温馨。

于是又想起那个故事告诉:把别人的不好写在沙子上,让沙漠里的风吹走,让大海里的浪带走;把别人的好镌刻在磐石上,这样能一生一世铭记。

于是又在脑海里要把孩子们的好从头梳理:

感谢毕涛,这个腼腆的男孩,每一次同学们忘记做值日时,他都主动在老师的提醒下低头承担,让人感觉好像是他的疏忽,可是细心的人会发现:他用自己瘦弱的双肩扛起这本不该属于他的责任正显示他对大家的诚意。

感谢春宇,这个朴实纯洁的女孩,每天用她最动人的声音,为我们布置家庭作业,铿锵有力、有条不紊,清清楚楚、明明白白,让偷懒的同学也难找到传达上的歧义。

感谢家欢,这个说话就脸红的女孩,用她独具慧眼的镜头,让我们班在每一次摄影比赛中都因为她的热情而不会退场,让我们在所有活动中都享受到参与的快乐与甜蜜。

感谢张琦、佳晖、金芳、张宇、钰舒、刘力、金赫、昌跃,这些爱校的同学们,牺牲他们的休息时间把我们这个大家装饰得极为别致而让人心生无限向往。室内室外无不如此,用她们的才华甚至将枯燥的英语字母描摹得如图画般的美丽。

感谢昌跃,这块一直被我们才华横溢的班长的光芒掩盖了的金子,这个我一直都想让他独挡一面的高大男孩,这个表面松散,内心细致的男生,可惜时间太短,可喜初三只是一瞬,你有更多的时间来展示你的才华与实力。

感谢闫磊,这个看起来壮实可爱的男生,一年来,以平均每天少于大家两节课的频率,以惊人的毅力,坚定地跟上全班前进的步伐。只愿烦恼时每天阳台上"数星星"的时间别太长,青春的烦恼一个人的肩膀也很难扛起。

感谢张扬,这个体弱瘦小却隐藏着无限能量的女生,我们班的卫生最后夺冠,她功不可没,而且她带领着学校的卫生团队,肩负着全校的环境重任,工作中好评无数,全是压力转化成动力。

感谢张姗、金芳,这两位舞台上的快乐仙子,以她们的勤奋、汗水,战胜病痛的毅力,为学校文艺工作取得成绩添砖加瓦,唯愿,以后的日子仍能欣赏到你们舞台上青春的活力。

感谢永佳,独特的男高音,为我们的体育锻炼注入无数兴奋的元素,嘹亮的口号成为队伍前行的强力剂。

感谢我们的英语课代表,协助老师把我们分班时全年级最后一名的英语成绩,在奋战了一年之后推到年级的前列,创造了一个又一个扬眉吐气的"奇迹"。

感谢我们的数学课代表,让我们这个男子汉占绝对优势的班级,自始至终保持着数学上的领先,为我们跨入优秀班级行列无声发力。

感谢我们的历史、生物课代表,你们无偿的付出让我们在升高的起跑线上抢占了最佳的位置,为我们又一次腾飞增添底气。

感谢我们的物理、化学、政治课代表,在学校课程安排向历史、生物倾斜之时,你们成为联结老师与同学的坚实纽带,是大家学习的延续,是你们的坚持为我们的最终胜利打下坚实的根基。

感谢我们的语文课代表,在我粗心大意,工作疏忽之时,不动声色地帮我弥补疏漏,是你们的及时提醒让我们的学习、工作更令人满意。

感谢祥铭和各小组组长及所有同学们,是大家的热心参与,正直向上,让"小组评价"这一督促我们前行的推手一直都坚定有力。

还要感谢那些心中装着更高更远的目标的同学,他们放弃周末,潜心补习,此时的坚忍,是为心中宽广的舞台,为自己的进步,更为明天的腾飞成功蓄力。

感谢那些接受批评,知错就改的同学们,是他们的是非分明,通情达理,让咱们这个大家一直正气浓厚,令人心生羡意。

感谢所有的同学们,在与老师奋斗了一年之后,没有人掉队,没有人逃跑。静心回首之时,充满善意地表达着对老师教育恩情的感激。

感谢我们所有的老师,一年里,不计较我们的过失,不放弃对我们的教诲,在我们前行的道路上坚定地与我们战斗在一起。

感谢我们的家长,在工作劳累之余,在提供衣食住行的优越之后,仍督促我们勤奋,没有家长们日复一日地付出,怎会有我们日积月累之后的无限魅力。

更应该感谢为我们辛勤付出了一年的班长,虽是被任命的,但她的能力大家有目共睹:每天迎着朝阳,送走斜阳,在国旗的一升一降之间,平凡中彰显崇高;赛场上洒下汗水,一推一挡之时展示魅力,——班长,她当之无愧;主席,她胜任有余——她以她充沛的精力,拼命地干劲生动地给我们诠释了"靠山山倒,靠人人跑,靠自己最好"的人生信条,这就是我们的班长刘力。

感谢……要感谢的还有很多很多……

感激之余,我代表与大家奋战了一年的所有老师告诉大家:初三只是我们成长的链条上闪光的一环,亲情、友情、爱情这些美好的东西是我们撷取的最大最亮的珍珠,我们理应好好收藏,却不应拿来炫耀,更不应沉湎其中难以自拔。如果你愿意,老师就如同牛顿脚下的巨人,愿做你登高的人梯。站在老师的臂膀上,您能登得更高,望得更远。

最后,送给大家:生活中不可先入为主地断定一件事,要用你的眼睛多看,用头脑多想,而不要不经大脑地脱口而出,甚至出口伤人。这样就不会闹出借千斤顶那样的有求于人却又无理地强加于人的笑话,更会凭空生出诸多误会;还有,暂时的成功切不可太得意,偶尔的挫折也万不可轻言放弃。长高长大,都是成长的硬件标志,真正地长大,还要头脑的充实、能力的提高,这些"软件"的开发必不可少。成长中环境条件的限制,我们可以原谅"硬件"不硬,但绝不容许"软件"太软。

祝愿同学们,开发成长的"软件",趁年少当时,站在初三、四班这棵高大的梧桐树上,展翅腾飞!用成绩来赢得鲜花和笑脸!

沉默与爆发

今天,下午第一节是体育课,由于特殊原因,初二年级5个班一起上。我在楼上坐镇了大半节课都平安无事,谁知道,就在回办公室屁股还没坐热的时候,主任的电话就来了。

我急匆匆来到主任室,看到的是:小林——我的副班长,桀骜不驯的扬着头,面对主任的教育,不但不知悔改,反而像受到了天大的委屈一样有点歇斯底里。

我一时不知道该说什么,因为在我的班,很少发生这样的事件。

于是我静静地看着,听着。

在他们的交谈中,我明白了:小林做操不认真,很随意,于是体育老师就来到他面前,站在他的身边,说:"你们这几个男同学做得像什么,大脑支配不了胳膊腿!"别人都没作声,小林却张嘴跟老师顶撞起来。老师很生气,他也毫不示弱,竟然转身离开了操场。

我知道,此时,我似乎应该来维护老师的面子,因为老师本来就没有错,可是,面对一个因愤怒不顾一切地孩子,我的不当插言,定会引起不可收拾的局面。于是我静静地还在那里沉默。

体育老师来了,愤怒的她,像机关枪一样说着自己的委屈。小林就是不低头,反而变本加厉。他似乎有一种死也不认错的感觉,真有一种要跟老师拼个你死我活的架势。

主任在说,干事在劝,他都没有一句:对不起。他情绪激动地几乎要失控。

体育老师甩门而去,我说:"小林,这件事你打算怎么处理。"他把头低下了,不说话。"走,去道歉!"我的语气出奇的沉稳。就像这是别人班级的事情一样。他跟我出来了,但是还在哭,还在激动。我让他平静了一会,领着他去了体育组。

里面人很多,我和这个比我高一头的男孩子认错似的站着,我柔声地说:"孙老师,他来认错了!""老师,对不起!"他淡淡的说。极其不情愿。

体育老师沉默了一会,说了话。然后又发泄了自己的不满。我就这样和学生一起静静地听,什么也不能说。一直到她说:"走吧。"

小林先出去的,我又讨好似的对体育老师说:"千万别生气!我回去收拾他。"

出了门,我心里复杂得很,因为这件事我该怎么处理,我并没有想得好。在刚才那20几分钟里面,我很少说话,但是,当我们单独,面对面的时候,我不能再沉默了。

他在洗手间里洗脸,他可能以为,我会让他就这样回教室。他的脸上有些许轻松。

我没让他走,而是把他带到了一个相对安静的角落,在他没有任何防备的情况下,我突然用手一下子抓住他的衣服领子,用不太大但是很有力的声音对他一字一句地说:"我从来没有这样对人低三下四过!你要是我的儿子,我今天不打你几个嘴巴我就不是人!"我的眼睛里全是火,我像一头突然爆发的怪兽一样,用全身的力量紧紧地抓着他的衣服。

我不能打他,就把愤怒发泄到衣服里。让他通过衣服感受到了我的爆发。我开始说话了,而且,一张嘴就不容他申辩,根本不给他插嘴解释的机会。

刚刚还理直气壮天不怕地不怕的孩子,被我的连珠炮给弄懵了,我的暴风骤雨,让他似乎明白了,我做这一切,是为他好,而且我为了他,也受了天大的委屈。

当我渐渐平静之后,我说:"你不愿意真诚的跟老师道歉,好,伟大的你,我们班容不下,你另寻高就吧!"

然后,我转身就走了。脚步很重,但不快。

我在等他跟上来,通过这大半年对他的了解,我知道他害怕什么。

我的做法,对他很有作用。他追赶上来,带着哭腔的边走边喊:"老师啊,我错了! 你别生气了! 老师…"

我窃喜,停下了脚步,当他来到身边的时候我拉住了他的胳膊。一起走到教学楼前。这一次,我们俩都心平气和下来,安静的说话。我听他痛快的哭诉了这次冲突的前因后果。然后我语重心长地表示了理解,也告诉他,我当年也会这样做的。但是,老师的话虽然不中听,但根本不过分,作为学生,他的这种反应过激了。身为班长,他的言行影响很多同学呢,所以,是他错了。并且,这件事不能这样完了,要对同学有一个交代。他主动告诉我,跟全体同学道歉,并作保证。

回到教室,上课的老师正好没有什么事情,于是我就把这节课剩余的几分钟要了下来,让小林当众道歉了。

我知道:让一个半大小子当中服软,是一件很不容易的事情,所以,当他眼圈红红的,说不下去的时候,我没有再追究。所幸的是:班上所有的同学都表示了理解。

处理完这件事情之后我想:我不是个有经验的教育家,在面对这种突发事件时,我确实不知道怎么做,我不知所措的沉默,在其他老师眼中可以看作是正在积蓄力量。而在我的学生眼里,这沉默是给他的一种保护,让他觉得:我的班主任老师没有说我,她是和我站在一边的。

在独生子即将主宰中国的今天,他们的暴躁、易怒、不管不顾让我们教育者很无奈,我们不敢像过去我们的父辈那样,非打即骂,因为,冲动的他们可能会因为一个误解而寻短见。所以,有时,我们的沉默与退让会让一颗激动的心有平静的时间,会让理智重新回到他的头脑中。这样,当他宣泄完了,我们再爆发或者劝说,就会收到理想的效果。

(后记)几天之后,小林送给我一封信,他说:谢谢我对一个骄纵孩子的宽容。我的沉默对他来说就是狂风暴雨中的一把小伞,让他感受到了班主任的爱护。后来我的愤怒、我的激动、我眼角因他不懂事而滑落的泪花,让他真正明白了我的良苦用心。他愿意为了我做一个真正的好孩子。

◎附:班级心理辅导活动课

《莫让怒火烧毁你》

小林的事件似乎风平浪静了,但我的心里却远远没有平静。这件事就这样轻描淡写的过去的话,今天有一个小林,明天还会有谁再让我费心呢? 怎样能让这种事情不在我的班上发生呢?

开一节班会吧! 用我的心理健康教育理念来面对这群叛逆的孩子。于是我在很快的时间内备出了一节《莫让怒火烧毁你》的班级心理辅导活动课。

开篇我用从网上找来的《菠萝的故事》导入,传教士所遭遇的一切让孩子们忍无可忍,他们纷纷说了自己想到的处理方法,我就因势利导,跟着他们的思路猜想了这些方法会引来怎样更大的麻烦。

然后我出示了传教士回美国培训后的做法:你给了,你才会得到; 如果为自己留着,你将会失去。把你的献给神,神会供给你足够需用的。

在这种理念支撑下,传教士改变了自己的心境,于是那些身边人也慢慢变了。

我问他们,从中悟到了哪些道理?

他们说了:改变自己的心态最重要。

我知道,此时,他们还在似懂非懂间,于是又讲了一个寓言:河豚的故事,和海格力斯与仇恨袋。并讲解了愤怒产生的原因,以及危害,在这里我很大胆的胡诌了一点,那就是我信誓旦旦地告诉他们:所有不好的情绪在身体里面造成的危害是会叠加的,就是——一个总在生气的人他体内会有致癌物质的堆积,而且,不消退。看着他们瞪大了眼睛,我心里虽然有点发虚,可是想:兵不厌诈啊! 我是为了他们好啊,再者说,没准这也有科学依据呢。

接下来,我告诉他们制怒的方法。这些都过去之后,我进入了本课的主题。

"人这一辈子,谁都不能保证自己永远不生气。尤其是自控能力很差的你们,大部分时间都在学校里度过,跟老师和同学之间一定有过矛盾冲突,和同学间的误会好说,和老师间要是有冲突了应该怎么办呢? 当老师说我们的时候,我们觉得受了委屈该怎么办?"

这时我没有让他们讨论,而是讲了另外一个故事:秦始皇尊师。

之所以选择这个,是因为让孩子们知道,尊师重教是我国自古的优良传统。就连秦始皇——焚书坑儒似乎对知识分子斩尽杀绝的暴君都知道尊重自己的老师,我们,就更应该对老师敬重有加才对。

这时我适时的把小林的事件拿了出来,当了一个例子,分析了不道歉的后果,而且引导他们对老师的毫不计较和宽宏大量表示钦佩。全体同学都明白了不要随意对人发怒,尤其不能对老师要脾气!

最后,我把一首小诗献给了他们:

清晨第一缕阳光虽然很刺眼但却很温暖

脚下的石头绊到了你你把它踢了很远脚很疼不如轻轻把它拿到路边

一个囚犯在一个小小的囚室烦躁不安对一只苍蝇发泄追打碰了一鼻子灰这才觉得囚室其实很宽

冰河里的鱼耐不住寒冷和寂寞违背大自然跳上了河岸却永远闭上了眼

身体的顽疾你不去想它有时会自然好转

忽略一些东西才是最自然人——才能一生平安

当孩子们再一次用热烈的掌声对我表示感谢时,我知道:我的努力没有白费,我的这种温和的处理方式再一次得到了大家的拥护。

一次心理课,不能彻底改变所有人,可是我总认为:让几个人若有所悟,或者让听过课的孩子能在冲动里有反思的瞬间,说不定就会改写他们的人生。

让爱成为他飞翔的翅膀

中午,我刚刚来到教室,班长就急匆匆地告诉我,小翔把小科的脸打出血了,我的头一下子就大了,真想痛快的把他们揪过来,大骂一顿。可是,作为老师我没有淋漓尽致发泄自己情绪的权力,于是我调查清楚了事情的原委之后,让班长把他们俩叫了进来,

他们两个还像是两只斗鸡一样,眼神中充满了对对方的敌视。我没有询问谁是谁非,而是用纸巾擦去了小科脸上的血迹,问他还疼不疼。他俩对我的表现显然很吃惊,小科眼中的斗争之火熄灭了,低下了头。小翔却再一次抬起头,用他那一贯的不服气眼神向我表示他的委屈。

睡觉铃响了,我说:"你回去吧,小科跟我去药店,买个创可贴吧!"

小科马上说不用,就用面巾纸捂着伤口回去睡觉了。小翔也回去了,但是他坐在座位上,头抬得很高,眼直直的向上望着,把对我的不满发泄到那不能给他任何惩罚的天花板里。

第二天,小翔开始不写作业了,我没找他。

第三天,古诗小测验,他交上了一份只有名字的空白试卷。

这时我觉得该跟他说说了,于是,在他的试卷上,我写道:云翔——在云端翱翔,多么富有诗意的名字,从它能看出爸爸妈妈对你给予了多高的期望啊!在我眼中,你有主见,倔强,眼角眉梢总有一股不服输的坚毅。开学这段时间,你的表现让我满意,我很高兴看到你长大了!

那天你出手是为了维护你的尊严,我明白。我对他的呵护让你有委屈的感觉,我理解。但是,受伤的是他,就算他做错了,也受到了你的惩罚,这还不够吗? 他回家后也没告诉他的爸爸妈妈,这是不是也代表着他从行动上向你和解了呢?

小翔,我相信你是一个心胸宽广的孩子,并且,你也很有潜力,如果你能正确对待自己,真正的努力,名次上前进 20 名不是梦想。记住:你是一只鹰,展开双翼,一定会一飞冲天!

课代表分发卷子时我在那里观察他的反应,当别的同学都在纷纷看分数时,用冷漠包装自己的小翔看着那张纸,大颗大颗的泪珠从他的眼中滚落。这一刻,我知道,我的冷处理,我的暖心话终于敲开了他的心门。

当晚,我就接到了他妈妈的电话,他妈妈哭着对我说:从来没看见小翔这么高兴! 上学 7 年来他第一次不用人看着自己写作业了。

敲开一扇门并不难,走进一颗心却需要非凡的勇气和耐心,小翔在变,但是他还是冷冷的不和我沟通。

我也不去打扰他,而是在静静地等待一个机会。

今年很多学生为了显示自己的独特,把校服袖子上的黄布条拆了下来,小翔也是其中之一,在学校的要求下大部分人又都把那黄布条缝上了,可是小翔一个周之后也没缝,我问他怎么回事,他淡淡地说:"布条弄丢了。"

一天中午,学生们都睡了,我对他说:"衣服脱下来,我去给你缝。"

原本我以为这事很简单,可走了一中午,竟然没有一个缝纫摊接这个活,因为他们手里都没有运动服料的橙色布条。

就这样回去?

我想到了有一个缝保暖秋衣的大姨可能会有这个颜色的布,于是我顶着烈日到了那个店,几经周折,终于把他的校服缝好了。

当我把校服送到他手上的时候,他腼腆地笑了。

他用笑脸表示了对我的接纳,我决定趁热打铁,主动的接近他,比如:把钥匙给他让他去办公室拿东西,上课时让他帮忙挂窗帘,拉大屏幕等等。他虽然不跟我说什么,但是,干活的时候,小小的他脸上始终洋溢着自豪的笑容。

我不知道小翔是否会从今以后变成一个爱学习的孝顺的好孩子,但我知道,他现在有要好好学习回报我的想法,这种善念就像一个小小的线头,抓住它,也许有一天我们就会用它编织成一件灿烂的彩衣。

爱,不仅仅是字典上的一个字。它,是学生心灵休憩的避风港;它,会给学生留下一生的醇香。一日一日,我一定会将这由细腻、理智、持久的爱编织成一双翅膀,让我的孩子们带着他在广阔的天地间自由地翱翔。

第五章

05

多元评价体系的构建是实施
绿色生命教育的保障

正确、科学、全面评价教师的工作和学生的成长是教育评价体系的重要组成部分。《中国教育改革和发展纲要》指出："振兴民族的希望在教育,振兴教育的希望在教师。"如何对教师进行科学的评价,这是关系到教师素质发展的决定因素;如何对学生施行全面的评价,这是关系到素质教育实施的关键因素。我校多年紧密结合学校教育教学的实际,对教师工作、学生全面发展进行了一系列评价的研究,取得了可喜的成绩,尤其是两校合并前后三年内,我们在全面征求教师、学生的意见及建议的基础上,充分听取专家的建议,提出了"为生命添彩"的办学理念,2012 年,我校确立了"绿色生命教育"的特色发展项目。在学生评价上我们以中外著名教育家的教育思想、我国现行的教育方针为理论依据,并参照教学大纲、新课程标准,制订了一套切实可行的评价方案。评价中,既考虑了校内评价与校外评价的结合,又考虑了他人评价与自我评价的结合,注意调动班干部、教师、家长的积极作用;同时学校积极开展丰富多彩的活动,充分发挥学生特长,鼓励学生参加各种社团活动,并根据学生参与实践、活动的认真程度及成果展示等方面进行等级评价,结合期中、期末我们在各个方面加强对优秀学生的表彰,年末进行感动校园学生的评选与表彰活动,认真践行着"尊重生命、发展生命、成就生命"的理念,我们欣喜得看到学生的文明素养、行为习惯、卫生习惯、学习意识、学习能力、特长发展等均有很大地提高,学业成绩与各项比赛成绩均位居市直中学前茅。面向教师的评价我们侧重于师德修养、教师专业发展,注意过程性评价与终结性评价相结合,以教师的生命成长与专业发展为核心,通过校内丰富多彩的文体活动让全体教职工有一个健康的身体,快乐的心情;通过校内及校际间的教研、参加全国各级各类的赛课活动,为教师专业发展提供更广阔的平台,让他们在参与中得到发展。我们还通过年度感动校园教师、课改先锋、优秀教师、优秀教育工作者、优秀班主任等评优选项,使每个教师能够明确:参与是基础、团队是保障、荣誉靠奋争,从而激发教师和求共进,搏竞一流的实中精神。

第一节　学生评价

新课程改革倡导"立足过程、促进发展"的课程评价,强调建立促进学生全面发展、教师不断提高和课程不断发展的评价体系,在综合评价的基础上,更关注个体的进步和多方面的发展潜能,随着评价功能、标准、内容、主体等的变革,评价要向多元化发展,要重视评价的激励与改进功能。多年来,我校根据国家、省市教育部门的要求,在实施"绿色生命教育"的过程中,充分考虑了学生多元化发展的特点,本着"多一把尺子,就能够多出一批好学生"的评价理念进行操作。在促进学生发展、关注学生发展过程、评价内容综合化、评价方式多样化和评价主体多元化等方面做了大量的工作,并取得了一定的成效。

一　学生综合素质评定实施方案

为了深入贯彻国家教育部《基础教育课程改革纲要(试行)》、《关于积极推进中小学评价与考试制度改革的通知》以及省市级重要文件的精神,发挥评定促进学生发展、教师提高和改进教学实践的功能,深入实施素质教育,促进基础教育课程改革发展,全面提高教育教学质量,特制定《实验中学学生综合素质评定实施方案》。

一、指导思想

以科学发展观为指导,以新课程标准为主要根据,以道德品质与公民素养、交流与合作、学习习惯与学习能力、运动与健康、审美与表现、创新意识与实践能力为基本内容,以学生的实际表现为依据,以教师、学生和教育管理者为评定主体,以制度建设为保障,采取多元化的评定方法,关注个体差异,突出发展过程,将评定贯穿于日常的教育教学活动中,充分发挥评定的教育功能,力求客观反映学生的综合素质状况,促进学生全面健康发展。

二、评定原则

1. 全面性原则

既注重学生科学文化素质的评定,更要注重学生基础性发展目标的评定,纠正单纯以文化课考试成绩评定学生的做法。

2. 发展性原则

运用发展的观点,关注学生的成长过程,把终结性评定与过程性评定有机结合,更加注重过程性评定,为学生全面发展提供帮助。

3. 导向性原则

引导教师改革教育教学方式,引导学生健康、主动、全面发展。

4. 多元化原则

采取学生自评与他评相结合的方式,强化学生在评定中的应有地位,使得对学生的评定成为学生、教师和教育管理者共同参与的交互性活动。同时把等级定量评定和评语定性评定有机结合,充分体现不同评定方法的优越性和互补性。

5. 客观性原则

评定要做到客观、公正,实事求是。对评定结果能做出明确解释,提供有说服力的翔实材料佐证。

三、评定内容

据《教育部关于积极推进中小学评价与考试制度改革的通知》中提出的基础性发展目标,结合我校实际,确定我校学生综合素质评定包括以下六个维度:

1. 道德品质与公民素养:热爱祖国、思想道德、法纪意识、环境保护。

2. 交流与合作:团队精神、沟通分享。

3. 学习习惯与学习能力:学习态度、学习习惯、学习能力、学习效果。

4. 运动与健康:生活方式、身心健康、运动素养。

5. 审美与表现:审美情趣、审美表现。

6. 创新意识与实践能力:创新意识、实践能力。

四、评定指标

学生综合素质评价细则(试行)

一级指标	二级指标	三级指标	评价细则	备注
一、道德品质与公民素养	(一)爱国情感	1. 热爱祖国,热爱人民,热爱中国共产党,自觉维护民族团结和国家统一	(1)热爱祖国,会唱国歌,理解国歌的内容和国旗、国徽的涵义,积极参加学校组织的相关教育活动;热爱家乡,初步了解家乡的风土人情。 (2)热爱社会主义,初步了解中国共产党领导中国人民进行革命、建设、改革的光荣历史与丰功伟绩,初步树立科学的世界观、人生观和价值观。 (3)对祖国和人民有责任感,勇于与损害国家和人民利益、危害国家安全、分裂祖国和破坏民族团结的言行做斗争。 (4)热爱祖国的语言文字,在公共场合说普通话,写规范字。(达到 3 项为合格,少于 3 项为不合格)	
	(二)法纪观念	2. 遵守法律法规	(1)积极参加班级、学校等组织的法制教育活动,做到学法、知法、守法,懂得用法律保护自己的合法权益,自觉履行法律规定的义务。 (2)自觉遵守交通法规,不闯红灯,不违章骑车;反对迷信,拒绝毒品,抵制邪教,不做法律禁止的事。 (3)在保证自身安全的条件下,发现违法犯罪行为能见义勇为。 (4)不看淫秽信息影像,文明上网,慎重交友;不涉足网吧、游戏机房等未成年人不宜活动的场所。 (被司法机关确认有违法犯罪行为的为不合格)	该维度达到 5 项及以上且含第1.2.3 项关键指标,该维度定为合格。
		3. 遵守校规校纪	(1)认真学习《中小学生守则》、《中学生日常行为规范》,遵守校规校纪。 (2)遵守学校作息制度。 (3)待人友善,不打架,不骂人,不欺侮同学。 (4)能抵制不良诱惑,不赌博,不将黑发染成其他颜色。(受到学校记过及以上处分且在综评时段未被撤销的为不合格)	

续表

一级指标	二级指标	三级指标	评价细则	备注
一、道德品质与公民素养	（三）行为习惯	4. 珍爱生命，注意安全	（1）有良好的生活习惯，不吸烟、不喝酒。 （2）有安全意识，初步了解防火灾、防溺水、防触电、防盗、防中毒等常识，无安全责任事故。 （任意1项达不到即为不合格）	
		5. 热爱劳动，勤俭朴素	（1）节约用水，节约用电，节约纸张，不浪费粮食。 （2）生活朴素，不攀比。 （3）完成力所能及的家务劳动，自己能做的事情自己做。（任意1项达不到即为不合格）	
		6. 诚实守信，讲文明懂礼貌	（1）诚实守信，正直公道，言行一致，不恶意说谎，不弄虚作假，作业不抄袭，考试不作弊。 （2）为人善良，孝敬父母，尊敬师长，懂得感恩，能主动关心和帮助他人。 （3）穿戴整洁、举止文明，能自觉约束自己的言行，不无故打扰他人。 （任意1项达不到即为不合格）	
	（四）爱护环境	7. 热爱大自然，爱护生活环境	（1）了解人口、资源、环境问题，并有一定的见解。 （2）积极参加班级、学校等组织的环境教育活动和环保实践活动，树立节能环保的意识，掌握保护环境的基本方法。 （3）爱护动物和自然环境。 （4）讲究卫生，不乱扔废弃物，做到垃圾分类处理。（达3项及以上合格，少于3项不合格）	

一级指标	二级指标	三级指标	评价细则	备注
二、交流与合作	（五）团队精神	8.热爱集体,有责任感	(1)积极参加集体活动,珍惜集体荣誉。 (2)能正确处理个人与集体的关系,勇于担责,知错就改,能主动承担因自身错误而造成的后果。 (3)团结同学,乐于合作。 (达三项为合格,有任意1项达不到为不合格)	该维度第8项为关键指标,该指标为合格,该维度才能为合格。
	（六）沟通分享	9.善于交流,学会分享	(1)在集体活动中主动参与交流,发表自己的见解。 (2)耐心倾听,尊重他人发言。 (3)欣赏他人,乐于分享,为人宽容。 (达三项为合格,有任意1项达不到为不合格)	
三、学习习惯与学习能力	（七）学习习惯	10.勤思好学,讲究方法。	(1)学习态度端正,有明确的学习目标,有可行的学习计划。 (2)讲究学习方法,学习勤奋,善于思考,有主动请教的习惯。 (3)有良好的阅读习惯,每学期阅读量不少于40万字。(达3项为A;达2项为B;达1项为C;无1项达到为D)	
	（八）学习过程	11.学会学习,善于反思。	(1)课前预习,能发现不懂的问题。 (2)上课注意力集中,课堂检测反馈效果良好。 (3)课后及时复习,认真完成作业。 (4)能及时总结一段时间的学习情况,并采取合理的改进措施。 (达4项为A;达3项为B;达1项为C;无1项达到为D)	该维度第12项为关键指标,该指标为A,该维度才能为A。
	（九）学习效果	12.文化成绩与各科发展。	(1)5A4B为A等; (2)5B4C为B等; (3)6C2D及以上为C等; (4)5D及以上为D等。 (学科包括:语文、数学、英语、物理、化学、思想品德、历史、地理、生物,其中语文、数学、英语、物理、化学五个学科,全科得A率不超过35%。)	

续表

一级指标	二级指标	三级指标	评价细则	备注
四、运动与健康	（十）锻炼习惯与运动素养	13.《体育与健康》课程的学习与运动习惯	（1）认真上好体育与健康课，且考查成绩达合格以上。 （2）有自觉锻炼身体的习惯，每天参加体育锻炼不少于1小时。 （3）掌握两项体育运动技能，掌握情况得到老师和同学的认可。 （4）在年级、校级及以上体育比赛中获奖。 （达3项为A;达2项为B;达1项为C;无1项达到为D）	该维度第14项为关键指标，该指标为A，该维度才能为A。
	（十一）身心健康	14.《国家学生体质健康标准》达标情况	（1）参加《国家学生体质健康标准》测试达到良好级为A。 （2）参加《国家学生体质健康标准》测试达到合格为B。 （3）因身体原因未能达到《国家学生体质健康标准》测试合格，但学习态度认真为C。 （4）无特殊原因未参加测试者或测试不合格者为D。	
		15. 青春期生理与心理	（1）能掌握青春期生理基本知识。 （2）能正确认识和对待与异性之间的关系，能妥善应对青春期的心理困惑。 （3）自信、自尊、自强、自律，阳光向上，能正确对待个人学习、生活中遇到的挫折。 （达3项为A;达2项为B;达1项为C;无1项达到为D）	
五、审美与表现	（十二）审美情趣	16. 欣赏美	（1）热爱艺术，有健康的审美情趣。 （2）认真上好艺术课，并达到规定课时。 （3）对艺术作品有一定的认知和欣赏能力。 （达3项为A;达2项为B;达1项为C;无1项达到为D）	该维度第17项为关键指标，该指标为A，该维度才能为A。
	（十三）审美表现	17. 表现美	（1）积极参加班级、年级、学校艺术社团活动，且每学期不少于4次。 （2）音乐、美术考查成绩均达到良好或一项优秀另一项在合格以上。 （3）至少掌握一项艺术技能并积极参加年级、学校及以上艺术比赛或展示活动。 （达3项为A;达2项为B;达1项为C;无1项达到为D）	

续表

一级指标	二级指标	三级指标	评价细则	备注
六、创新意识与实践能力	(十四)探究与创新	18. 探究精神,创新能力	(1)有好奇心求知欲,积极参加研究性学习活动,形成研究性成果(每学期不少于一项)。 (2)积极参加年级、学校及以上单位组织的科技类活动或相关社团活动(如科技节、科普比赛和科技社团等,每学期不少于2次)。 (3)有创新点子被采用或有小发明、小创造等获得年级、学校及以上表彰。 (4)能主动将自己的新发现与同学分享,并形成创新设计案例、创新小论文等文字材料。 (达3项为A;达2项为B;达1项为C;无1项达到为D)	该维度第18.19项为关键指标,该2项指标为A,该维度才能为A。
	(十五)服务与实践	19. 实验操作等活动	(1)高年级应开设的理化生实验课程操作考核优秀。(2)在英语听力、口语测试中达到优秀。(达4项为A;达3项为B;达2项为C;少于2项为D)	
		20. 社团活动、综合实践	(1)每学期至少参加一个社团活动。(2)在社团活动中被指导教师评为优秀学员。(3)在综合实践课的表现优秀。(4)在学校及以上单位组织的相关活动中表现积极,并受到表彰或被评为优秀。(达4项为A;达2—3项为B;达1项为C;无1项达到为D)	

说明:1. 三级指标中 12. 文化成绩与各科发展评定依据。以学期期末考试成绩为主。得分为满分的85%及以上为A等,75%—84%为B等,60%—74%为C等,60%以下为D等。

2. 学生在文学、科学、体育、艺术等领域有突出爱好、表现优异、具有成果,具备突出的素质和发展潜能(必须为市级及以上教育行政部门组织或参与组织的有关活动中获得奖励),则相应的一级评价指标可以认定为A等级。

3. 社团活动与综合实践课依据学校社团指导教师及综合实践课教师的等级评价为准(见附件)。

附:荣成市实验中学学生社团活动期末评价表

社团名称:＿＿＿＿＿＿　　　　评价时间:＿＿＿＿＿＿

序号	班级	学生姓名	评价内容									总评		
			出勤情况			材料准备			课堂表现					
			A	B	C	A	B	C	A	B	C	A	B	C

指导教师签名:＿＿＿＿＿＿＿＿

二　小组合作学习评价细则(2013 试行)

一、评价目的

新课程倡导的评价理念是帮助学生"认识自我,建立自信"。对学生小组合作学习评价的出发点在于构建组间竞争机制,促进组内积极合作,以外在的影响激活学生合作的内驱力,以此实现合作学习效果的最优化。

二、评价对象

对小组合作学习的评价是直接指向合作学习小组的,而不是学生个人。小组的成绩又是以个人的努力为基础的,这样就构成了个人与小组的必然联系。

三、评价主体

小组合作学习的评价,以小组自评、他评及教师评相结合的方式进行。让学生参与评价,了解评价标准,能够有效地激发学生自我约束、自我完善的意识。

四、评价原则

①目的性原则。合作教学的评价指导和调整着整个合作过程,决定了合作学习的发展方向。

②实施的可行性原则。要把评价与合作有机地结合起来,在合作过程中进行评价,要善于对学生合作中的微小变化做出鼓励性评价,用发展的眼光和热烈的真情实感去评价学生,有效地激励、促进学生的全面发展。

③不求人人成功,但求人人进步的原则。

五、评价角度:

不仅要评价教学效果,更注重对小组的合作、学习的过程评价;不仅要评价学生对知识的掌握,更注重对合作学习过程中表现出的人文精神进行评价;不仅要评价小组行为,更注重对学生个体行为进行评价,做到关注全体同学。评价时具体关注学生完成预习情况、课堂参与情况(自主学习、合作交流、质疑探究、汇报展示的表现)、检测结果、进步表现等。

六、具体操作措施:

1. 日评:学生每天的各项分数由各班级自行记录在小组评价表中,对抗组及时核对保证无误,各班可通报表扬每天评选出的三个优胜小组,并在墙报或黑板报处刊登。

2. 周评:各班级每周评选出三个"班级优胜小组"和一名"特色小组"(成绩虽不十分突出,但让大家印象深刻。如互助风气浓、进步幅度大、课堂发言积极有序等)并从两项中选送一名推至级部,成为"级部明星小组",学校将张榜公示,并通过电子屏、校园网等媒介通报表扬。各班级每周五放学前必须把本班的两类优胜组组名和组长名报年级主任处,过期不报送,视为自动放弃。

3. 月评:一月内两次被评为"年级明星小组"的将有机会获得"校级金牌小组"的殊荣,学校将利用国旗下讲话通报表扬并颁发喜报,由家长签名后存入个人成长档案。另外,校方会给予其他奖励,如春游、发放书籍或其他学习用品、观看电影等等,受奖励小组成员可从上述奖励中任选其一,组长可选其二。

4. 小组学习过程评价成绩将作为期中、期末各项评选的主要依据,凡小组在一学期内一次未被评为班级优胜小组,组内成员均不得评为全面发展优秀生,组长不得评为优秀班干部。

5. 强化督导考核。各年级主任干事将在平日的巡视中,重点关注各班级小组合作的秩序、效果,如发现观察结果与评选结果不符,一经查实即取消晋级资格。学习过程评价将纳入《学生基础发展评价方案》中的学习能力发展与交流与合作两个方面,每月根据平日的考核成绩,按照四个等次记录在发展评价表中,存入个人档案。

附:
小组考核方案

一、学习方面(各任课老师使用,计分方法以5分为单位。)

1. 作业:

(1)特别优秀(A+):+10

(2)优秀(A):+5

(3)一般(B):0

(4)质量差(C):-5

(5)未完成者(D):-10(包括背诵作业)

抄作业或者把作业借给别人抄者:-10分,并写出书面反思500字。

备注:作业未带者,按没有完成计,并责成课代表第二天收齐。

2. 小测(主要针对基础知识的测试):

依据学科特点和学生水平,任课教师把学生的考试结果在试卷上标记为A+、A、B、C、D五个等次。

(1)A+:+10

(2)A:+5

(3)B:0

(4)C:-5

(5)D:-10

3. 课堂回答:

(1)具有挑战性问题对老师课堂提出的思考性问题,回答正确每人次+5分,回答错误不扣分。

(2)而对必须掌握的规定性的题目回答错误:1—4号:-10分,5.6号:-5分。

(3)课堂主动质疑和补充的,每次+10分。

(4)课堂违反纪律,每人次:-10分。

4. 日日清工作:

对于当天课堂提问没有完成、习题改错或者老师布置的其他事宜没有完成的同学,课后由课代表、组长督促其当天完成,对应计分组长检查。

(1)推迟一天未完成者:-10分,

（2）推迟两天未完成者：再－15分。

以此类推，直到将具体任务移交给班主任处理，家长督促，解决为止。

5. 综合性的阶段考试：

以各组成员在年级上的进退名次相加确定各小组的名次。

6. 课代表：

所负责的科目中，如在每一次年级组织的考试中班级成绩取得：

年级前三名的：＋10分，

在年级前6名：＋5分，

在7至10名：－5分，

11至15名则：－10分，

并责成与老师联系，为下一阶段该学科提高成绩做好工作。课代表本人该科没有达到个人标准的则加倍扣分。

二、其他方面（纪律、卫生、学校活动、班级活动等）

惩：

1. 有违纪现象每人次：－5分

2. 严重者：－10分

3. 学校通报者：－15分

奖：

1. 为班级做贡献者：＋5分

2. 学校通报奖励者或有突出贡献者：＋10分

备注：1. 所有的班级管理以小组为单位，课代表只负责收发作业，上传下达，联络老师。

2. 计分方法：二组为一组计分，三组为二组计分，以此类推。必须培训组长，让组长能够熟练的计分，组长有固定的记录本。

三　学生汉字书写等级评价实施方案

为更好地弘扬民族文化，彰显汉字书写示范校的风采，培养学生良好的书写习惯，提高学生的汉字书写水平并使之能受益终生，实现"翰墨飘香、立字树人"的教育目标，我校将加大对汉字书写的引领和管控，现将汉字书写等级评价实施方案公布如下：

一、基本要求：

书写姿势端正（三个一：眼离桌面一尺、胸离桌口一拳、握笔处离笔尖一寸）、执笔正确（班主任根据视频教会学生）：5分钟内在方格中书写钢笔字30个以上，另外要求字的笔画交、叉、离、合正确,字形无误。

二、等级设定

我们将硬笔书法分为五级,从高到低依次是:

艺术级:书写的字体具有书法审美效果;

靓丽级:书写的字体清晰、端庄、漂亮;

璞玉级:书写的字体端正,但笔画需要打磨;

卖萌级:稚气十足,像一年级学生写的模样;

鸡爪级:书写笔画不规范,字体歪斜。

三、评价方法:

(一)对学生个人的评价

1. 由班级书写优秀的同学在语文老师指导下组成评价小组,确定由鸡爪级晋升为卖萌级的学生名单。申报同学提交 16 开田字格书法作品一张,书写内容为语文课本上的文章。(不写标点符号)

2. 由年级书写优秀的同学在语文组老师指导下组成评价小组,确定由卖萌级晋升为璞玉级的学生名单。申报同学需在墙报栏贴出自己的作品。班级墙报出示过关名单。

3. 由班级语文老师和班主任根据璞玉级学生提交的钢笔字确定晋升为靓丽级的人员名单,并于班级墙报栏进行公示。

4. 由年级语文老师确定根据靓丽级学生提交的钢笔字确定升级为艺术级的人员名单,硬笔书法作品在大厅展示,并于年级黑板进行公示。

(二)对班级的评价

将汉字书写作为一项重要工作纳入班级总体考评,其一考核汉字书写时间的规范,由年级组成人员检查,最终折成总分的50%;另外将采用教研中心下来抽测的方法,以年级为单位不定期举行书法赛;抽测班级某一组或某一排的学生,在规定时间书写同一内容(5 分钟 30 字),根据书写情况统一批阅打分,折成总分的50%;两者相加作为班级书写总成绩。

希望所有老师从关心学生成长的角度出发,做好汉字书写的引领、督促、指导工作,让学生写一手好字,让写好字成为我校学生的一种特质。

四 期(中)末评优汇总单

评选原则:从开学以来,一次也未进入班级考核前 3 名的小组取消组内成员参加评选以下荣誉的资格。各班级必须严格按此原则执行,提高小组合作的公信度。

全面发展优秀学生 10 – 12 人：＿＿＿＿＿＿＿＿＿＿

＿＿＿＿＿＿＿＿＿＿＿＿＿＿＿＿＿＿＿＿＿＿＿＿＿＿

学习标兵 3 人：＿＿＿＿＿＿＿＿＿＿＿＿＿＿＿＿＿

进步幅度大 3 人：＿＿＿＿＿＿＿＿＿＿＿＿＿＿＿

优秀班干部 2 人：＿＿＿＿＿＿＿＿＿＿＿＿＿＿＿

优秀课代表 2 人：＿＿＿＿＿＿＿＿＿＿＿＿＿＿＿

优秀特长生 2 人：＿＿＿＿＿＿＿＿＿＿＿＿＿＿＿

文明守纪之星 2 人：＿＿＿＿＿＿＿＿＿＿＿＿＿

演讲小达人 3 人：＿＿＿＿＿＿＿＿＿＿＿＿＿＿＿

卫生小天使 3 人：＿＿＿＿＿＿＿＿＿＿＿＿＿＿＿

优秀小组长 3 人：＿＿＿＿＿＿＿＿＿＿＿＿＿＿＿

本次期末考试进步最大的小组 1 个：组长：＿＿＿＿＿＿＿＿＿

组员：＿＿＿＿＿＿＿＿＿＿＿＿＿＿＿＿＿＿＿＿＿＿

以上奖项中最后两项奖励本子，由年级统一组织填写发放。其余发奖状，由班主任填写，格式为：

xxx 同学

在 2013 – 2014 学年度第一学期期末被评为 xxxxx，特发此证，以资鼓励。

荣成市实验中学

期末荣誉学生评选标准

为表彰在日常学习、特长发展方面有突出表现的学生，学校拟在每学期期末进行期末荣誉学生的评选，评选主要依据如下：

1. 参加市局及市级以上活动取得优异成绩的学生的奖励：升旗仪式上表扬参赛成绩突出的学生，与学校主要领导合影留念，相关信息发在学校网站上，直接列入期末荣誉学生，并在宣传栏公示。

2. 被评选为威海市级三好学生、优秀学生干部的同学在升旗时颁发荣誉证书，与学校主要领导合影留念，相关信息发在学校网站上，直接列入期末荣誉学生，并在宣传栏公示。

3. 每周五中午各班评选出班级周明星学生 1 人，附主要事迹介绍（100 字左右），报年级主任，年级综合考量确定一名年级周明星学生，周一升旗时予以表彰，并与学校主要领导合影留念，相关信息发在学校网站上，学期内有 8 次被评为年级周明星学生直接列入期末荣誉学生，并在宣传栏公示。其他班级每周推荐的周明星学生由年级在大厅小黑板上予以表彰，并通过家校通（或以奖状形式）告知家长。

第二节　教师评价

　　教师是教育的实施者,承担着促进学生发展的任务。以往的教师评价主要是关注教师已有的工作业绩是否达标,体现出重检查、甄别、选拔、评优的功能,而在如何促进教师发展方面的作用却收效甚微。而在"绿色生命教育"体系中,对教师的评价不只是进行甄别、选拔,评价,更重要的是为了促进被评价者的发展。通过评价建立激励机制,激发教职工工作的积极性,提高教育教学质量。致力于营造一种教师评价的宽松和谐气氛,让教师有足够的发展空间,激励教师学习、研究、创新,促其成就感、认同感,体会到成长的愉快和满足。因此教师评价的目标应指向教师的改进与提高,指向促进教师的专业成长,最终提升教师的职业幸福感。

　　多年来我们在教职工评价上围绕评价内容的全面性、评价方法的多样化、评价主体的多元化、注重评价的教育性和发展性等方面进行研究与探索,形成了我校教师评价的具体标准及实施方案。

一　"绿色生命教育"体系下教师评价机制的构建

　　教师评价事关学校的价值取向,事关教师队伍的发展,并将最终影响到学校的发展方向,因此,教师评价是学校管理中的关键环节之一,评价标准是否科学,落实过程是否严格,都将决定一所学校的发展高度。

　　我校构建评价体系的目的有三个:

　　一是提高工作效能,即通过评价,调动教师的积极性,使学校教育、教学、管理等各方面水平得到提高。

　　二是促进教师专业发展,即在评价的同时,发现教师素质、态度、方法等各方面存在的问题,帮助教师不断提高业务素质和专业水平。

　　三是为教师评聘、提升、评优选模等提供依据。

　　(一)把评价标准的制定过程变成凝聚共识的过程

　　在制定评价标准的过程中必须深入发扬民主,认真倾听教师的意见,反映教师的诉求,把评价标准的制定过程变成发扬民主、凝聚共识的过程,通过标准的制定,让老师明确工作方向,明确具体要求,从而依照标准严格要求自己,这比标准本身更为重要。

　　1. 成立具有广泛代表性的《评价细则》起草小组

　　学校成立了由教研组长、班主任、专任教师、管理人员组成的起草小组。小组的责任:一是学习上级关于教师考核的指示精神,把握工作要领。二是在认真听取同组教师意见的基础上,结合自己的工作实践,提出制定细则的具体意见。三是起草评价细则。由于起草小组的人员具有广泛的代表性,因此,在制定有关细则时,就可以充分吸取教师的意见,反映大家的意志。

2. 广泛征求教师意见

草稿完成后,分发给全体教师,让老师逐条进行学习领会,提出修改意见。意见收集上来后,小组进行研究讨论,看哪些意见是正确的,哪些条款需要修改,修改后再发给大家。经过几轮修改后,才定稿。在这个过程中,教师的意见得到充分的尊重,可以看成是学习标准和统一思想的过程。

3. 与时俱进,不断完善

随着形势的发展,原有的评价细则肯定有不分时宜的地方,这就需要对评价方案不断进行修改。各分管领导平日注意收集教师的意见,随时反映。每年的教职工代表大会,都把修改评价方案作为大会的主要内容,提前发放征求意见稿,看哪些地方需要修改。改好后,经由教代会通过,再正式实施。

(二)以综合评价为主要方向,科学确立评价内容

以人为本的教师评价体系强调对教师进行综合评价。综合评价就是用动态的、发展的眼光,对教师工作的各个环节进行系统的、全程的评价。教师从事的教育活动包含一个长期复杂的过程,涉及教育、教学、管理、家庭、社会等各个方面,要想对教师有一个全面的、科学的评价,评价内容就应该包含教师工作的各个方面,如果仅仅依靠单项评价和一段时间的评价,不可能真实反映教师工作的整个过程,也就无法全面反映评价对象的工作表现,无法把握教师的发展方向和发展的即时需求,必然会导致评价结论与实际表现出现偏差。因此,在确立评价内容时,既要科学,又要全面,并留有余地,尽可能使其涵盖教师工作的各个方面。

(三)着眼教师发展,构建科学的评价方法

1. 定量评价与定性评价相结合

定量考核是指对教师的行为进行数量化的处理,以数据的形式对教师工作状况做出评价结论。虽然这种考核方式受到不少的质疑,但是在现行的机制下,它在学校评判等第、明确职责、奖优罚劣等方面起到了重要的作用。它的特点:一是操作性强。学校只要按照评价方案,及时收集数据加以统计,教师的表现就可以很直观地反映出来。第二,比较客观。教师量化考核中的很多数据源自考试成绩、比赛名次等客观事实,即使是一些需要主观评判的项目,其数据也大多来自全体或者部分教师的评价,也可以比较客观地反映教师的工作表现。第三,评价结果教师易于接受。有了以上两点做基础,评价的科学性得到一定的保证,一些主

观性较强、不易量化的部分也通过一定方式和渠道比较直观地得到评价,虽然难以反映出其全部内涵和实质,但总是通过一些相关联的内容得到了体现,从实际情况看,量化考核的结果大部分教师还是能够接受的。因此,对量化考核方案进一步完善,仍是学校管理的一项重要工作。

但是随着教师评价内容的综合化,以量化的方式评价教师工作状况则表现出简单化和表面化的特点,教师工作的生动性、丰富性以及鲜明个性特征被僵硬的数据所代替,把复杂的教育过程简化为一组组简单的指标,往往失去了教育中最有意义、最鲜活的内容。因此,质性评价就成为新的评价方向。

所谓质性评价,就是通过自然的调查,全面充分地揭示和描述评价对象的各种特质,以彰显其中的意义,促进理解。它反对把复杂的教育现象简化为数字,认为这种做法提供的只能是歪曲的教育信息,且有可能丢失重要信息。

新课程要求教师评价以质性评价为主。因为任何事物都存在质和量的规定,如果离开了对事物质的把握而单纯追求可操作的量,那显然是违背科学精神的。同时,由于教师劳动是一项复杂的劳动,具有任务的多样性、教学过程的复杂性和教师言行的示范性等特点,而简单的数据无法表达这些活动和过程。要实行质性评价,需要评价者通过现场观察、亲自参与,或者是与被评价人员以及周围的学生、教师进行深入交谈等方式,对评价对象进行分析评定,以说明评价对象的性质和程度。因此,新课程评价的方法应在质性评价和量化评价相结合的基础上,注重质性评价。

2. 终结性评价与形成性评价相结合

即从过分关注结果逐步转向关注过程。关注结果的终结性评价,是面向"过去"的评价;关注过程的形成性评价,是面向"未来"的评价。传统的评价往往只关注教师工作的最终结果,而忽视了教师工作的过程,其结果是忽视了教师工作过程中付出的劳动和情感,难以客观反映教师劳动的价值,一定程度上挫伤了教师的积极性。而且,一旦只把最终目标作为唯一追求,将导致教师不重视过程管理,却不择手段的追求结果,产生很多有违教育规律、甚至有违职业道德的问题。因此近年来,我校逐渐将评价重心转向关注教师成长的过程和努力的过程,关注教师在各个时期的进步状况。只有关注过程,评价才可能深入教师发展的进程,及时了解教师在发展中遇到的问题、所做的努力以及获得的进步,这样才有可能对教师的持续发展和提高进行有效的指导,评价促进发展的功能才能真正发挥作用。同时,只有关注过程,才能有效地帮助教师形成积极的工作态度,才能注重教师情感体验、价值观的形成。

3. 自我评价与他人评价相结合

《基础教育课程改革纲要(试行)》指出:"建立促进教师不断提高的评价体系。强调教师对自己教学行为的分析与反思,建立以教师自评为主,校长、教师、学生、家长共同参与的评价制度,使教师从多种渠道获得信息,不断提高教学水平。"要实现这一目标,就要使被评价者从被动接受评价逐步转向主动参与评价,改革以管理者为单一评价主体的做法,这是大势所趋。很多先进国家的教育评价已经逐步成为由教师、学生、家长、管理者共同参与的交互过程,这是教育过程逐步民主化、人性化的体现。在评价主体扩展的同时,重视评价者与被评价者之间的互动,在平等、民主的互动中关注被评价者发展的需要,共同承担促进其发展的职责。在以往被动地接受评价中,评价者与被评价者扮演的基本上是管理者与被管理者的角色,被评价者对于评价结果大多处于不得不接受的被动状态,对于评价本身更是拒绝大于欢迎,或者处于被动状态。与此相比,被评价者成为评价主体中的一员,并加强评价者和被评价者之间的互动,既提高了被评价者的主体地位,将评价变成主动参与、自我反思、自我发展的过程;同时在相互沟通协商中,增进了双方的了解和理解,易于形成积极、友好、平等和民主的评价关系,这将有助于评价者在评价进程中有效地对被评价者的发展过程进行监控和指导,帮助被评价者接纳和认同评价结果,促进其不断获得发展。

二 教师职业道德评价

教师道德评价是指人们在社会生活中,根据一定社会或阶级的教师道德原则和规范,通过社会舆论、传统习惯、内心信念等方式,对教师道德行为所做的善恶性质及程度的判断。教师道德作为一种客观存在而被人们感觉到的精神力量,不仅是维护一定的教师道德原则和规范的保障,而且是教师道德基本原则和规范转化为教师道德行为和教师规范价值的审定。教师道德评价是一种无形的精神力量,它不仅对促进教师自身的道德修养起重大作用,而且对形成学校和社会良好道德风尚,促进精神文明建设具有重大意义。

正确的道德评价,可以增强教师工作和学习的积极性,把握教师道德修养的指向,促使教师沿着正确的修养道路前进。还可以巩固教师善的行为,逐渐形成善的行为习惯。相反,错误的道德评价,会产生消极的作用,它会抑制教师工作积极性的发挥,改变教师修养的指向性,从而导致不符合教师道德原则和规范行为的发生,因此,对教师的评价,关系到教师在教育教学中的成效,影响到教育事业的发展。

其次,在现实生活中,由于种种原因,职业道德教育不够深入,有些教育部门、学校及教师没有掌握正确的教师道德评价标准,而是用一些不正确,甚至错误的评价标准,来衡量教师工作的质量,给广大教师造成巨大的精神压力,对教师道德的贯彻和落实造成了消极影响。因此,有必要消除这些不正确的评价标准。

三　教师职业道德考核测评标准

为了加强我校教师队伍建设,提高广大教职工的道德素质,更好地适应新的教育形势,根据上级的指示精神,参照有关教育管理部门的规定,特制订荣成市实验中学教师职业道德考核测评标准如下

一、考核内容和测评标准

(一)依法执教(10分)

1. 热爱社会主义祖国,拥护党的领导。不得有违背党和国家方针、政策的言行,自觉维护祖国统一、社会安定和民族团结。

2. 全面贯彻党的教育方针,忠诚于人民的教育事业,在教育教学中自觉同党和国家的方针政策保持一致。

3. 自觉学习和宣传马列主义、毛泽东思想、邓小平理论和"三个代表"重要思想,深入落实科学发展观;自觉学习、遵守和维护教育法律法规,具有依法执教的自觉意识。

(二)爱岗敬业(15分)

1. 热爱教育事业,乐于奉献,热爱本职工作,对教师职业有浓厚感情。

2. 教书育人,尽职尽责,主动承担工作职责和应尽义务,能按时保质完成工作任务,不对本职工作敷衍塞责。

3. 认真备课和上课,认真批改作业,认真辅导学生,认真组织考试考核。

4. 注意培养学生良好的思想品德和行为规范,把传授知识同陶冶情操、习惯养成与民族精神培育等有机结合起来,注重培养学生的创新精神和实践能力,促进学生全面、健康的发展。

(三)热爱学生(15分)

1. 关心爱护全体学生,平等、公正对待每一个学生,努力建立"尊重、关爱、民主"的新型师生关系,保护学生合法权益。

2. 建立和完善学生综合素质评价制度,加强对学生课堂提问、作业展示、实践活动、标志性成果等过程性资料的积累。严格按照课程标准要求对学生进行学业评价,实行日常学习评价与期末考试评价相结合的评价办法,日常考试实行无分数评价。不得公布学生的考试成绩,不得按学业成绩排列学生名次。

3. 对学生严格要求,耐心教导,不讽刺、挖苦、歧视学生,注重学生的个性发

展,正视学生差异,因材施教,诲人不倦。

4. 不侮辱、体罚或变相体罚学生。

5. 尊重学生身心发展特点和教育规律,开展丰富多彩的思想道德实践活动,采取有效途径加强学生的心理健康教育。

(四)严谨治学(10分)

1. 具有优良学风和终身学习的自觉性,不断更新教育观念,不断丰富科学文化知识和教育理论知识。积极参与教学科研,努力提高自身科研水平,在工作中勇于探索创新。

2. 刻苦钻研业务,大力推进课堂教学方法改革,广泛应用现代化的教学手段,加强电化教育在各学科教学中的应用,提高课堂效率。重视实验课教学,培养学生的实际操作能力。

3. 切实减轻课业负担,严格遵守作息时间,不拖延课堂,精选布置课内外作业,严格控制作业量,提倡布置探究性、实践性的家庭作业。未经批准,不搞各种学科知识竞赛。

(五)团结协作(8分)

1. 谦虚谨慎,顾全大局。

2. 尊重同事,互帮互学,善于合作,建立和谐的人际关系,维护其他教师在学生中的威信。

3. 关心集体,积极投身集体活动,维护学校荣誉,有强烈的集体荣誉感。

(六)尊重家长(10分)

1. 坚持家访,定期向家长通报学校教育要求和学生在校情况,认真听取意见和建议,取得支持和配合。

2. 积极向家长宣传科学的教育理念和方法。

3. 尊重学生家长的人格,平等对待每一位家长,不训斥、指责学生家长,不向家长布置作业。

(七)廉洁从教(12分)

1. 不以职谋私,不利用假期组织学生到校上课或集体补课,禁止任何形式的有偿家教,不利用学生家长的关系为自己谋取私利。

2. 不乱收费,不向学生和家长推销商品和课外书刊、教辅资料等。

3. 不准校外乱办班、擅自停课、随意放假及集班内学生另办班。

(八)为人师表(20分)

1. 品行端正,诚实正直,言行一致,表里如一,严于律己,以身作则。

2. 奉公守法,模范遵守社会公德和法规法纪,没有违纪违法行为。

3. 文明执教,语言规范健康,举止端庄,衣着整洁得体,不在课堂上吸烟和使用通讯工具,严禁酒后进课堂。

4. 坚持健康文明的生活方式,积极参加社会公益活动和文体娱乐活动,不得参与色情、赌博、封建迷信、邪教等有损教师形象的活动。

二、考核方法步骤

(一)成立学校考核小组。考核小组成员由学校领导和教职工代表组成。教职工代表要通过民主选举产生,比例不能少于考核小组成员的60%。考核小组成员要挑选作风正派、办事公正、政策业务水平和群众威信较高的人员参加。

考核实行百分制。学生评议(含学生家长)占20%,教职工评议占50%,考核小组评议占30%。师德考核每学年一次,于学年末进行考核。

(二)组织评议。学校要通过一定的形式向社会和家长通报师德考核内容和标准,增强工作的透明度和监督检查的力度。评议由学校考核小组统一组织,分学生评议、教职工评议、考核小组评议三部分。

学生评议:以班级为单位进行,班主任在本班评议;任课教师由考核小组在其所教班级中随机抽取一个班进行评议,对于所教班级较多的任课教师,不能连续两年由同一个班级对其进行评议。学生评议要允许家长参与。

教职工评议:采取全体教职工集体评议的方式进行。

考核小组评议:考核小组结合教师平时的师德表现,在打分量化的基础上,进行综合分析,对每个教职工做出客观评价。

(三)公布考核结果。考核小组将考核结果通过适当形式向全体教职工公布。

三、考核等级

考核结果分为优秀、合格、不合格三个等级。其中优秀为90—100分,合格为70—89分,70分以下为不合格。

凡有下列情况之一者,考核等级定为不合格:

(一)触犯法律受到刑事处罚的,受到党纪、政纪处分的。

(二)没按要求向学生公开承诺的。

(三)传播有害学生身心健康的思想,参与色情、赌博、封建迷信和邪教活动的。

(四)品行不良,讽刺、挖苦、侮辱学生,影响恶劣的。

(五)体罚或变相体罚学生的。

(六)向学生和家长索要钱物、接受学生和家长宴请、利用职务之便谋取私利的。

(七)组织和参与有偿家教、违规补课,屡教不改的。

四、考核结果的使用

（一）考核成绩记入教师年度岗位目标责任制考核。

（二）对师德考核优秀者，在专业技术职务评聘和评优选模时优先考虑。师德考核不合格者，3年内不得晋升高一级教师职务，取消荣誉称号，教师职务降职聘用；情节严重的，报请上级主管部门，予以解聘。

四　教师各系列奖项评选标准

一、年度感动校园奖

（一）教师：

1. 立足岗位，兢兢业业，任劳任怨，默默奉献，在平凡的岗位上做出不平凡的业绩。

2. 用爱心对待每位学生，在生活、学习、家庭等各方面关注学生成长，关心学生内心情感体验，时刻让学生感受被关怀的温暖。

3. 以校为家，服从安排，无私付出。有强烈的大局意识，一心为集体、他人，克服个人困难，在学校活动中积极参与，发挥关键作用，作出重大贡献。

4. 在工作、生活中做出其他让人感动的事迹。

（二）学生：

1. 尊敬师长，孝敬父母，在孝敬长辈方面有突出感人事迹；具有良好的思想道德素质和行为品质，在日常生活、学习中能成为学生励志学习的榜样。

2. 面临各种困难，始终刻苦学习、自强不息，勇敢面对来自生活和其他各方面的压力和挑战。

3. 品学兼优，全面发展，勤奋好学，刻苦钻研，有较强的实践能力，在同学中能够起到很好的模范带头作用。

4. 作为学生干部，关心集体，热心为同学服务，工作出色，深受师生好评。

5. 敢于创新，勇于实践，在各项文体活动中取得特别优异的成绩，为学校赢得荣誉。

6. 关心他人，关爱集体，热心社会实践和集体公益活动，在各项活动中有突出表现，受到师生广泛赞誉。

7. 在学习、生活中做出其他让人感动的事迹。

二、最具魅力奖

1. 用心了解学生、关爱学生，对学生循循善诱，精心施教，有独特的人格魅力、学识魅力、教学魅力、个性魅力，深受学生的喜欢和爱戴。

2. 多读书，读好书，好读书。让自己成为更富内涵的教师，在读书中不断提高自己的思想境界,对教师和学生起到很好的引领作用。

3. 个性阳光、率真、健康、爱好广泛,积极参加学校的各项活动,用自己的行动来感染周围的同事。

三、课改先锋奖

1. 刻苦钻研,勤奋好学,不断追求自我的成长发展,有改革和创新精神,敢为人先。

2. 潜心学科教学,学识渊博,造诣精深,对本专业知识有扎实的基本功。积极探索新课改的内容、方法、途径,勇于实践、勤于反思、不断提升。

3. 深入体会并贯彻生本教育理念,在课堂教学中,用心思考,慧心设计,打造独特的生本教学风格,并取得一定成效。

4. 代表学校参加市级以上教学教改比武,成绩优秀,反响甚好,为学校赢得荣誉。

四、创新团队奖

1. 团队具有极强的凝聚力,成员有共同的发展愿景,心往一起想,劲往一起使,团结互助,和谐融洽。

2. 团队具有一定影响力和号召力,勇于探索,勇于挑战,勇挑重担;有好学善思之风,有创新意识,能创造性开展工作,做出一定成绩。

3. 代表学校参加或组织承担重大活动,反响良好,为学校赢得荣誉。

五、优秀教研组

1. 教研组认真完成学期工作计划、总结。

2. 教研组积极认真开展集体备课。

3. 教研组按照学校要求,认真扎实地完成集体教研工作。

4. 教研组认真组织好集体备课,在市教研室组织的常态课巡查中成绩突出。

5. 组内教师参加市级比赛及以上优质课、公开课比赛成绩突出。

6. 在市级及以上课程资源评审中成绩突出。

六、优秀班主任

1. 较好地履行班主任工作职责,所带班级班风正、学风浓。

2. 充分调动科任教师、家长的积极性,做好各方面沟通协调作用。

3. 重视学生德智体各方面的发展,对待学生能够一视同仁,善于发现学生的闪光点并适时表扬,不断激发学生的上进心和求知欲。

4. 班级德智体综合考核列年级前茅(14 个班前 6 名,15、16 个班前 7 名)。

七、优秀教师(优秀教育工作者)

1. 热爱本职工作,承担工作量在中上位置;

2. 尽职尽责做好本职工作,教育教学质量(总务、其他处室人员以民主评议在部门位次)居中上位次。

3. 按照学校虚分名额采取年级(部门)推荐校级候选人,学校成立由领导和教师代表(不少于 12 人)组成的评选领导小组,根据 1、2 两项的情况,先删减,后投票的方式确定并表彰。

后　记

2006年我任荣成市蜊江中学校长期间,开始了以"基于生命、顺遂生命、成就生命"为特征的生命化课堂课题研究。其实质是凸显学生的主体地位,尊重学生的生命价值,发挥学生的主动性,赋予课堂教学以生命的意义,让课堂充满生命的活力。

经过2年多的探索,课堂确实发生了喜人的变化,学生的精神面貌为之一新,学生的学习能力得到了提升,学习的主动性提高了,自主学习能力、口头表达能力都有很大提高。2010年4月,威海市教研室在该校召开了生命化课堂成果展示研讨会,师生课堂上的精彩表现得到与会者的高度评价。

改革实践使我体会到:生命化课堂不仅仅是一种教学模式,而是一种教育理念。以生为本的背后,是"大爱"的生命观。另外,生命化课堂是发展能力的课堂,其关注的不仅仅是学生的分数,而是学生通过课堂学习是否提高了解决问题的能力,是否获得了科学的思维方式,是否掌握了学习的正确方法等。这种大教育观正是我们改变传统教育所需要的。

这次改革实践,给我留下了深深的烙印,使我对教育本质的认识产生了根本性的变化,促使我在以后的工作中能够披沙拣金,透过繁复芜杂的表面现象,紧扣"生命"这一主题,把促进学生发展作为办学的宗旨。

2012年,我任新成立的荣成市实验中学校长。在确立学校的办学理念时,我们广泛征求广大教师的意见,进行了深入细致地调查研究。通过问卷调查,教师们的观点惊人的一致,绝大多数教师都赞同把"提高学生综合素质,实现学生自我发展"作为学校工作的第一要务,对"教育是培育生命的事业,教育的本职是促进人生命的成长"这一观点高度认同。因此,我们确立了"为生命添彩"的办学理念,并继续进行构建"生命化课堂"的研究与实践,使学校甫一上路,就驶上正确的轨道。

2013年,荣成市教育局启动了特色学校建设工作,结合我校实际,我们确立了以"绿色生命教育"为核心的特色建设方向,其目的是在尊重生命的基础上,促进学生和谐发展。之所以做出这样的选择,一方面,我们认为发展生命是教育的永恒话题,尊重生命是教育的伦理起点,也是教育的价值回归。另一方面是基于多年来生命化课堂建设的实践。"绿色生命教育"与"生命化课堂"建设一脉相承,通过多年的生命化课堂构建工作,生命化教育的理念在我校已经深入人心,学校建立起了一套切实可行的机制,教育内容和教育方法日趋完善。在这个成熟的舞台上,可以延续和巩固已有的教育成果,保证特色建设的顺利进行。

我们的整体目标是:通过"绿色生命教育"的深层次研究和实践,将学校引入内涵发展和特色建设之路上来,使学生既获得知识和智能的发展,又获得情感和人文素养的发展,符合国家对未来创新人才的要求。按照目标,我们规划了学校未来三年的发展蓝图,进一步完善确定了教育阵地,用体现绿色生命教育的"和谐"文化促内涵发展,创建生机勃勃的绿色生命化校园。围绕这一目标,学校开展了一系列特色创建活动,在校本课程开发、课堂教学改革、评价体系构建等方面不断实践、不断探索,多个领域有了开拓性的进展,"绿色生命教育"体系正在逐步形成。

这本书稿是我校教师近年来研究实践的结果,更是广大教师智慧的结晶。书中收录的文章,涵盖了"绿色生命教育"的基本理念、运行策略以及细节探究等内容,反映出我校教师的不懈探索。王敏勤教授参与指导我校生本高效课堂建设并在百忙中为本书写了序言,还对书稿的修改提出了宝贵意见,在此表示衷心的感谢。在本书的出版过程中,光明日报出版社的领导和编辑也做了大量工作,对书稿的修改提出了许多建设性的意见和建议,在此一并表示感谢。

由于我校的特色建设工作仍处于探索阶段,因此书中难免存在一些值得商榷的地方,恳请各位专家和同行批评指正。

梁德华
2014 年 2 月 18 日